安徽经济发展研究(2021年)

安徽省经济研究院　著

合肥工业大学出版社

图书在版编目(CIP)数据

安徽经济发展研究.2021年/安徽省经济研究院著.—合肥:合肥工业大学出版社,2022.3

ISBN 978-7-5650-5609-3

Ⅰ.①安… Ⅱ.①安… Ⅲ.①区域经济发展—研究—安徽—2021 Ⅳ.①F127.54

中国版本图书馆CIP数据核字(2021)第247872号

安徽经济发展研究(2021年)

安徽省经济研究院 著　　　　责任编辑 王钱超

出 版	合肥工业大学出版社	版 次	2022年3月第1版
地 址	合肥市屯溪路193号	印 次	2022年3月第1次印刷
邮 编	230009	开 本	710毫米×1010毫米 1/16
电 话	人文社科出版中心:0551-62903205	印 张	19.5
	营销与储运管理中心:0551-62903198	字 数	328千字
网 址	www.hfutpress.com.cn	印 刷	安徽联众印刷有限公司
E-mail	hfutpress@163.com	发 行	全国新华书店

ISBN 978-7-5650-5609-3　　　　定价:78.00元

如果有影响阅读的印装质量问题,请与出版社营销与储运管理中心联系调换。

编辑委员会

序

2021年是党和国家历史上具有里程碑意义的一年。我们隆重庆祝中国共产党成立100周年，实现第一个百年奋斗目标，开启向第二个百年奋斗目标进军新征程。全省上下坚持以习近平新时代中国特色社会主义思想为指导，认真学习贯彻党的十九大和十九届历次全会精神，深入贯彻落实习近平总书记对安徽作出的系列重要讲话指示批示，全面落实党中央、国务院各项决策部署，统筹疫情防控和经济社会发展，加快打造具有重要影响力的“三地一区”，实现了“十四五”良好开局。

一年来，安徽省经济研究院作为全省重点智库和政府参谋助手，以习近平新时代中国特色社会主义思想为指导，积极服务省委、省政府和省发展改革委中心工作，重点围绕长三角一体化发展、扩大有效投资、促进消费、碳达峰碳中和、粮食安全、双招双引、开发区高质量发展等全省经济社会发展重点热点难点问题，深入开展调查研究，形成了一批具有较强应用价值的研究成果，很多成果被省委、省政府领导批示，被相关内刊采用或有关部门吸纳应用，为我省推进高质量发展提供了有力的智力支撑。

2022年是推进“十四五”规划的关键之年，也是加快打造具有重要影响力的“三地一区”、建设现代化美好安徽的重要一年。安徽省经济研究院将深入贯彻落实习近平总书记对安徽作出的系列重要讲话指示批示，紧紧围绕省委、省政府和省发展改革委重点工作，进一步强化党对经济研究工作的领导，加强人才队伍建设，扩大对外交流合作，不断提高调查研究水平，力争形成一批具有影响力的研究成果，以优异成绩迎接党的二十大胜利召开。

编辑委员会

2022年2月

目　录

上篇　专题研究

增强长三角欠发达区域高质量发展动能研究 ……………………………（2）
碳达峰碳中和背景下安徽扩大有效投资研究 ……………………………（24）
安徽省城乡建设绿色发展研究 ……………………………………………（44）
安徽省开发区体制机制改革创新研究 ……………………………………（61）
省际毗邻地区新型功能区发展研究 ………………………………………（88）
深入推进旅游供给侧结构性改革，将我省打造成“三度合一”的大众
　　旅游目的地……………………………………………………………（101）

下篇　对策清样

关于做好外出务工人员就地过年的几点建议……………………………（126）
我省碳排放达峰预测及“十四五”碳减排建议 …………………………（130）
新时代我省粮食安全发展的思考与建议…………………………………（138）
借鉴外省经验推进我省制造业高质量发展的对策建议…………………（144）
关于当前省际产业合作园区经济运行情况的调研报告…………………（150）
合肥都市圈协同打造集成电路产业集群的对策建议……………………（154）
关于长三角公共服务便利共享情况的调研报告…………………………（159）
厘清我省碳减排形势，打好碳达峰、碳中和攻坚战……………………（163）
长三角生态绿色一体化发展示范区蹲点调研报告………………………（169）
推动我省种业高质量发展的对策建议……………………………………（176）
对标上海　学习先进　加快安徽绿色金融发展的几点思考……………（182）
做碳达峰碳中和的“领头雁”
　　——“双碳目标”下开发区减污降碳路径探析 ……………………（188）
把握人口变迁趋势，构建我省区域发展新格局…………………………（194）

关于“加快种业发展、建设种业强省”的调研报告 ……………………（204）
抢抓政策窗口期恢复推动旅游业高质量发展…………………………（210）
“第十二届中国卫星导航年会”观点综述及相关思考 ………………（216）
借鉴衢州经验　以数字赋能推动我省欠发达地区高质量发展…………（221）
塑造园区“多样性”　打造4.0安徽模式
——“十四五”期间我省开发区发展模式探析 …………………（226）
关于全省县域经济发展的调研报告……………………………………（233）
充分利用资本力量，积极推进我省基础设施REITs试点工作 ………（239）
推动“一地六县”合作，探索长三角地区一体化路径 ………………（244）
打造促消费平台——政府亦可大有作为
——上海市举办“五五购物节”的启示 ……………………………（250）
关于“一地六县”合作区建设的调研报告 ……………………………（256）
谋划布局氢能产业，助力安徽“双碳”目标实现 ……………………（261）
推进智慧园区建设，赋能开发区高质量发展
——创新型智慧园区建设调研报告…………………………………（266）
开展GEP核算，助力生态优势高效转化 ………………………………（274）
借鉴沪苏浙相关经验，提升我省产业新城发展质量……………………（280）
加快推动产业承接升级，积极做好产业创新布局………………………（285）
我省市域开发区发展现状、存在问题及对策建议………………………（289）
关于我省培育建设消费中心城市的调研报告……………………………（294）
我省推进碳达峰、碳中和需应对的风险挑战及对策建议………………（301）

上篇　专题研究

增强长三角欠发达区域高质量发展动能研究

长三角是我国发展协调度较好的区域之一，一市三省城乡居民收入差距均低于全国平均水平，百强县数量占全国一半左右，但区域内部发展不平衡问题仍较为突出。2020 年 8 月 20 日，习近平总书记在扎实推进长三角一体化发展座谈会上明确提出，要增强欠发达区域高质量发展动能。这是长三角更高质量一体化发展的必然要求，也是实现共同富裕目标的客观需要。

一、长三角欠发达区域发展现状

长三角欠发达区域包括安徽非中心区 8 市及中心区 7 个持续攻坚县、苏北 5 市、浙江山区 26 县。其国土面积占长三角的 50.9%、常住人口占长三角的 34.4%，但地区生产总值（2020 年）仅占长三角的 18.4%，人均 GDP 水平仅相当于长三角平均水平的 53.6%。多年来，长三角一市三省大力实施区域协调发展战略，加大要素投入、加强对接交流、深化园区合作、创新体制机制，全方位推动欠发达地区发展，但受地理区位、资源禀赋等因素制约，欠发达区域在长三角中总体处于边缘地带，产业层次、创新能力、城乡发展、收入水平与先发区域差距明显。长三角欠发达区域范围如图 1 所示。

（一）发展成效

1. 持之以恒推动区域协调，政策红利叠加释放

江苏省 2001 年就提出“苏南提升、苏中崛起、苏北振兴”区域协调发展战略，开展南北挂钩合作。浙江省 2003 年启动实施山海协作工程，推动区域协调发展从“经济追赶型”向“功能互补型”转变，山海互促共进的良好局面逐渐形成。安徽省高度重视欠发达区域发展，2008 年以来先后出台 4 个“皖北 10 条”，鼓励合肥等市县与皖北开展结对合作，制定系列政策文件，加大对皖西大别山革命老区、皖南地区的支持力度。2020 年以来，国家先后印发《促进皖北承接产业转移集聚区建设的若干政策措施》《沪苏浙城市结对合作帮扶皖北城市实施方案》，通过内外双向发力增强欠发达区域发展动能。

图1 长三角欠发达区域范围图

2. *以园区合作为重点，区域协作机制不断优化*

江苏省于2006年出台支持南北挂钩共建苏北开发区政策，拉开南北共建园区序幕，目前南北共建园区已达45家。浙江省于2012年启动首批9个省级山海协作产业园建设，并推出省级山海协作产业园（示范区），较好地促进了欠发达地区园区发展。安徽省于2012年启动“3+7”南北合作共建园区建设，并进一步推动形成“6+2+N”承接产业转移平台。此外，各地大力探索发展“飞地经济”“反飞地经济”等园区合作模式，成效显著。

3. 以重大项目为抓手，补短板强弱项有力有效

江苏省通过加强财政转移支付的形式提升苏北地区公共服务水平，促进项目建设。“十三五”期间，江苏省对苏北地区转移支付累计总规模近 7 000 亿元。浙江省“十三五”以来，共实施山海协作产业合作项目 1 878 个，到位资金达 2 296亿元；推动建设了 27 个省级山海协作产业园、30 个“消薄飞地”，实现 26 县全覆盖。安徽省狠抓项目建设，10 个南北共建产业园于 2012 年成立以来，累计完成固定资产投资 1 139 亿元。

4. 经济社会加快发展，区域协同发展持续加强

“十三五”期间，江苏省苏中苏北经济总量占全省的比重达 43.3%，比“十二五”末提高 0.5 个百分点。浙江省“四大建设”大平台作用凸显，山区 26 县人均 GDP 年增长率为 7.6%，高于全省 0.3 个百分点。安徽省皖北地区经济总量突破万亿元，与全省经济增速差距比“十二五”期间缩小 0.3 个百分点；皖西大别山革命老区一般公共预算收入、固定资产投资年均增速分别高于全省 1.9 和 1.1 个百分点；皖南交通基础设施大幅改善。

（二）落差短板

1. 产业发展层次不高，与先发区域差距扩大

长三角欠发达区域农业比重偏高，工业基础薄弱，服务业质量不优。2020 年，15 个欠发达城市第一产业占 GDP 比重为 10.9%，高于长三角 6.8 个百分点，其中宿州市第一产业占比达 15.2%。制造业总量不大、质量不优、效益不高问题突出。14 市工业增加值占整个长三角的 13.4%，而规上工业企业利润仅占长三角的 10.6%。近年来与先发区域经济发展差距仍在扩大。“十三五”期间，皖北地区 GDP 年均增速低于全省 0.3 个百分点，苏北地区 GDP 占全省比重由 23.2% 降至 22.8%，浙江山区 26 县 GDP 占全省比重由 2016 年的 10.17% 降至 9.65%。

2. 创新资源短缺，创新发展动能不足

创新是区域发展的原动力。总体看，长三角欠发达区域科教资源短缺，创新投入不足，创新能力远低于中心区。一是科教资源短缺。普通高校数为 65 所，约占长三角的 1/6，其中仅有中国矿业大学一所“211”大学。高等教育学校在校学生数为 75 万人，仅占长三角的 12%。二是创新投入不足。皖北六市除淮北、蚌埠外，其他四市 R&D 经费投入占 GDP 比重均不到 1%，衢州、丽水均不到 2%，远低于长三角平均水平（2.84%）。三是创新主体缺乏，创新产出不高。科

技成果产业化链条不够完备，苏皖欠发达13市高新企业有4400余家，不到长三角的1/13；专利申请授权数为7万余项，不到长三角的1/11。

3. 城镇化水平总体不高，基础设施较为薄弱

2020年15个欠发达城市城镇化率为56.2%，低于长三角平均水平14.6个百分点，特别是皖北地区的阜阳、宿州和亳州以及皖西地区的六安，人口基数较大，城镇化水平均低于50%。交通内外连通性较差，浙江山区26县中尚有5县，皖西霍山、岳西、望江等3县仍不通铁路，皖北固镇县尚不通高速公路。高等级公路不足，安徽高速公路密度仅为长三角平均水平（不包括上海）的77.0%，浙江永嘉、景宁两县三级及以上公路比例仅为5%。

4. 开放通道平台缺乏，开放水平层次较低

长三角是我国对外开放的前沿，但除连云港、盐城外的欠发达区域均处于长三角内陆腹地，开放的水平和层次不高。一是经济外向度不高。2019年，浙皖欠发达区域进出口总额、实际利用外商投资分别仅占长三角的3.0%和13.4%。苏北外贸依存度仅为12.2%，与长三角平均水平（47.7%）差距较大。二是缺少开放通道。江苏国家主要港口和地区性重要港口集中于苏南地区，浙江宁波舟山港贡献了全省绝大多数吞吐量，安徽亿吨级港口分布在芜湖、马鞍山等皖江地区，而欠发达区域主要港口吞吐量小，带动能力弱。同时，多数区域尚未开通中欧班列，与“一带一路”等沿线国家开放交流水平不高。三是缺少大平台加持。自贸试验区已实现长三角省域全覆盖，但对欠发达区域的辐射带动仍需加强。长三角共有海关特殊监管区域45个，而欠发达地区仅4个，不到长三角的1/11，其中浙西南、皖北地区尚无海关特殊监管区域。

5. 要素集聚能力偏弱，资源环境制约明显

长三角地区自然资源和要素分布不均问题突出，供需异地特征显著。人口方面，欠发达各市县人口均为净流出状态。《中国城市人才吸引力排名：2020》指出，长三角有14个城市位列前50名，欠发达区域仅有徐州一市入围，排名第40位。资金方面，15个欠发达城市存款、贷款余额分别仅占长三角的10.8%和11.5%；上市公司数仅有63家，占长三角上市公司数的4.3%。环境容量方面，皖北、苏北地区处在工业化城镇化加速阶段，耕地、林地、水域等生态空间约束趋紧，资源型地区和老工业城市双碳约束加剧，转型艰难。皖南、皖西、浙西南重点生态功能区占比较大，对生态环境保护要求较高，工业发展受限，缺乏完善

的生态价值补偿机制，制约了区域发展。

6. 居民收入水平偏低，优质公共服务供给不足

欠发达15市的城镇和农村常住居民人均可支配收入分别是37 622元和17 846元，仅为长三角平均水平的67.2%和74.9%。15市城镇人均可支配收入均低于长三角地区平均水平，最低的宿迁仅为长三角平均水平的57.2%。除衢州外的14市农村人均可支配收入均低于长三角地区平均水平，最低的阜阳仅为长三角平均水平的59.8%。公共服务与人民群众期盼仍有较大差距。教育、医疗卫生资源较为缺乏，浙江26个山区县土地面积占全省的45%，仅有2所高等院校；苏皖欠发达13市每万人拥有卫生技术人员数为60.3人，仅为长三角平均水平的79.3%。

二、长三角欠发达区域高质量发展的外部环境

增强长三角欠发达区域高质量发展动能，是长三角在区域一体化中先行一步、在构建新发展格局中率先示范的主动而为，也是国家在更大范围优化区域经济布局，实现区域协调发展的战略先手，其时已至、其兴可待。

（一）战略机遇

1. 国家战略支持，省市上下协同，为增强高质量发展动能提供了战略支撑

国家层面，沪苏浙城市结对合作帮扶皖北城市、皖北承接产业转移集聚区等专项政策深入实施；省级层面，“南北共建”“山海协作”深入推进；地方层面，欠发达市县内生动能逐步积累。社会主义现代化建设引领区、共同富裕示范区等重大战略在长三角落地实施，为欠发达区域加快补齐短板，与长三角同步实现现代化提供了战略支撑。

2. 新发展理念落地，多维优势显现，为探索差异化特色化发展路径打开了空间

进入新发展阶段，贯彻新发展理念，高质量发展更加兼顾多维度，粮食安全、生态保护、空间治理愈加重要，农业和生态地区战略地位进一步上升，长三角欠发达区域农业资源富集、生态资源优越，资源优势正逐步转化为特色发展的产业优势。随着我国人口老龄化加速，人口成为宝贵的资源，欠发达区域庞大的人口基数、丰富的劳动力资源，将加快转化为扩大内需和新型城镇化的动力。只要善用先发地区的资源、借鉴先发地区的经验，顺势而为，借风扬帆，区域内有望实现协调发展。

3. 长三角产业链供应链优化重构，产业协同合作加强，为融入长三角产业分工体系创造了条件

全球产业链布局收缩、国内产业格局深度调整，长三角产业链供应链格局优化重构。欠发达区域身处长三角产业分工网络，土地、劳动力、产业配套等承接条件较好。近年来，产业承接载体平台加快构建，开发园区发展框架全面拉开，产业发展集聚能力有效提升，长三角内部城市间结对合作帮扶、省际产业合作园区等进一步深化，有利于欠发达区域更好承接布局资金、技术、产业、人才等的转移，进一步夯实产业根基。

4. 全国统一大市场加快形成，综合区位交通优势凸显，有望在新发展格局中更好发挥节点作用

欠发达区域承东启西、连南接北，处于长三角国际大循环战略支点与国内大市场联通枢纽的双重交汇点，也是多个国家级战略的叠加区，生产力布局和城镇化发展空间广阔。快速通达交通网络和泛在性物联网的改善以及虹桥国际开放枢纽等高能级开放平台的赋能，将有力促进人口、商品、要素流动，更好融入新发展格局，提升对内对外开放水平。

（二）面临挑战

需要注意的是，长三角欠发达区域突破路径依赖、增强高质量发展动能仍面临一些挑战和制约。当前，长三角区域发展不平衡问题较为突出，先发区域率先探索转型路径，已初步转入高质量发展轨道，欠发达区域若不能及时转换发展动能，将面临低端要素锁定、高端要素虹吸的风险，进一步拉大与先发区域发展差距。一市三省在推动省域一体化发展的同时，亟须从更高站位出发，按照长三角一盘棋的理念谋划增强欠发达区域发展动能的路径方法，实现更高层次的一体化。

三、增强长三角欠发达区域高质量发展动能的总体思路

进入新时代，增强欠发达区域高质量发展动能，要以习近平新时代中国特色社会主义思想为指导，立足新发展阶段，贯彻新发展理念，构建新发展格局，以推动高质量发展为主题，以深化供给侧结构性改革为主线，立足比较优势，承认客观差异，坚持创新驱动，强化数字赋能，突出改革牵引，夯实绿色本底，顺应规律、因地制宜、分类指导，充分挖掘欠发达区域资源潜力，科学合理确定新旧动能转换路径，推动欠发达区域跟上长三角一体化高质量发展的步伐，形成优势

互补、高质量发展的长三角区域经济布局。

（一）聚焦“一个目标”形成合力

加快推动欠发达区域高质量发展，实现长三角全域共同富裕，是长三角一体化发展的题中应有之义。以“增强欠发达地区高质量发展动能”为总体目标，立足发挥各地区比较优势和缩小区域发展差距，打破利益藩篱和政策壁垒，形成分工合理、优势互补、各具特色、共享共赢的协调发展格局。在“增强欠发达地区高质量发展动能”总体目标指引下，围绕产业、创新、生态等领域，加快推动产业高质量发展、创新创业赋能区域发展、探索“两山”转化地方实践路径，全方位为“增强欠发达地区高质量发展动能”提供支持保障。

（二）坚持“两个方向”增强动能

针对欠发达区域发展特征，要突出资源转化、协同共建两个方向，坚持“造血”和“输血”相结合，推动欠发达地区加快发展。一是突出“资源转化”，坚持“宜水则水、宜山则山，宜粮则粮、宜农则农，宜工则工、宜商则商”，加强特色资源的深度挖掘和特色资源产业化发展路径的探索，以资源产业化带动区域经济发展，培育自身发展能力，特别是持续发展竞争力。二是突出“协同共建”，更好发挥长三角中心城市等先发地区的积极性，更多运用市场化机制和手段，通过省际产业合作园区、飞地经济等跨区域合作方式，建立发达地区与欠发达地区区域联动机制，促进共同发展。

（三）注重“三个结合”协同推进

增强非中心区高质量发展动能直接影响长三角区域协调发展，要做好“一体化”，也要做好“高质量”，特别是要服务好长三角一体化发展，需要注重三个方面的有效结合。一是注重“市场逻辑”与“政府作用”结合。要巧借政府牵线搭桥和杠杆引导作用，最大程度通过市场力量整合集聚资源，通过市场化的要素流动机制和利益共享机制，引导人才、资本、技术等新型要素向欠发达区域汇聚，形成内在驱动的正向循环反馈。二是注重“重点突破”与“整体推进”结合。发挥长三角先行先试优势，在皖北、省际毗邻地区等区域、领域率先开展探索突破，形成一批良好的区域协调发展政策举措。同时，形成的好经验好做法要及时在欠发达区域整体推广。三是注重“高质量发展”与“高水平保护”结合。欠发达区域高质量发展要建立在高水平保护的基础上，建立健全绿色低碳循环发展的经济体系，形成节约资源和保护环境的空间格局、产业结构、生产方式、生活方式，拓宽“绿水青山就是金山银山”转化通道，实现生态保护与经济发展双赢。

四、推动高质量发展的政策建议

（一）嵌入长三角产业链供应链，培育产业升级新动能

产业是地方经济社会发展的根本。欠发达区域应充分把握自身资源、产业基础等优势，瞄准新兴产业发展方向，立足优势资源产业化、嵌入新兴产业供应链、超前布局数字经济制高点，培育“反虹吸”功能，走出“后发优势陷阱”。

1. 用好资源禀赋，推动资源产业化

充分利用区位、生态、农产品、旅游等资源优势，积极推进“四大基地”建设，加快把资源优势转化为经济优势。一是建设承接长三角产业转移的集聚基地。充分发挥皖北承接产业转移集聚区的引领效应，建设一批产业转移集聚平台，积极开展“研发+生产”“关联+配套”“企业+产业”等新型承接，减少单一的生产基地布局，加快产业组团式承接和集群式发展，构建“重大项目—产业链—产业集群—产业基地”发展模式。二是建设面向长三角的绿色农产品生产加工供应基地。开展“一县一业（特）”全产业链创建，建立一批绿色农产品生产类、加工类、供应类示范基地。加快发展大型冷链物流配送企业，共建长三角3小时鲜活农产品物流圈。要通过公共品牌塑造、标准制定、直播带货、跨境电商、渠道推广、数字赋能、质量可追溯认证等叠加方式，构建长三角区域一体化农产品展销物流平台和长三角绿色农产品展示交易中心，打造从田头到餐桌的绿色农产品全生命周期服务保障体系。三是建设服务于长三角的生态旅游康养基地。顺应新型城镇化老龄化带来的健康消费空间、疫情后健康领域补短板空间以及消费升级趋势，推广“旅游+”“健康+”，积极引进大型旅游集团和先进旅游发展理念，共建长三角西南生态旅游廊道、淮河历史文化旅游廊道。四是建设支撑长三角的清洁能源保障基地。实施“能源供给保障”工程，加快两淮坑口电站、煤层气开发等项目建设，加强骨干电网、城乡配电网和电力输出通道建设，完善油品储备体系，建设智慧能源系统，构建清洁低碳、安全高效的现代能源体系。

2. 布局数字经济，抢占产业转型升级制高点

围绕数字经济高速发展催生的新需求，以“数字产业化”为引领，以“产业数字化”为推动，积极抢占数字经济竞争制高点，不断激发高质量发展新动能。一是培育标志性数字经济产业集群。抢抓“数字江淮”、数字经济“一号工程2.0版”等建设的机遇，深化与数字经济头部企业合作，积极引进一批大企业、大项目，培育大数据、区块链、5G、物联网等新产业新业态。二是强化数字赋能拓展产业新空间。加强工业互联网体系建设，完善工业互联网基础设施，推进企业“上云用数赋智”，实施数字化转型伙伴行动，建设智能工厂、数字化车间。发展新零售、在线消费、直播带货、互联网医疗、线上教育、一站式出行、远程办公、线上会展等新业态。加快农业基础设施数字化改造，促进农业物联网技术示范推广，加强遥感技术在苗情、灾情监测等方面的应用。三是加强数字经济平台载体建设。推进大数据产业园区建设，支持建设云计算大数据创意产业园，完善数据采集、处理、整合、交易等服务平台，形成超大型数据中心集群。加快工业互联网平台、健康医疗大数据中心、智慧能源平台等行业数据平台建设。四是加快数字基础设施建设。推动各市县城区、重点中心镇5G网络全覆盖，部署下一代互联网（IPv6），推动工业互联网、卫星互联网、物联网基础设施建设。

（二）聚焦平台共建，打造借力发展新优势

把平台建设作为对标中心区、借力中心区的主要抓手，围绕科技创新、产业发展和对外开放，谋划建设一批模式新、特色明、效益好的协作载体。

1. 大力推动共建园区，提升产业链接水平

继续巩固南北共建园区等制度成果，放大皖北承接产业转移集聚区、皖江城市带承接产业转移示范区的战略平台效应，推动省际产业合作园区建设。一是拓展省际产业合作园区发展空间。在总结前期省际合作园区建设经验的基础上，有序推广和扩容省际合作园区。争取国家制定推动省际产业合作园区建设的指导性意见，开展省际产业合作园区示范遴选。定期举办三省一市园区合作共建洽谈会，搭建日常工作平台，推进规划衔接和项目对接。二是因地制宜地探索多样化的合作模式。积极探索托管、股份合作、委托招商等多种共建合作方式，加快建设一批“园中园”“托管园”和“共管园”。主动对接高能级产业园区、品牌园区，持续跟进有跨区域发展需求意向的企业和项目，推动合作共建落地落实。鼓

励与具备园区开发建设或管理运营实力的知名企业或机构，或者是具有共建条件的大专院校、科研院所进行合作共建。探索设立长三角园区共建基金，强化园区基础设施、公共服务等方面资金保障，加快提升产城融合发展水平。

2. 积极引育科创平台，提升创新资源集聚水平

绕开原始创新的短板，聚焦转化环节，积极引进外部资源，通过外部带动培育内生动能，加强科技成果转移转化区域联动，促进更多科技成果汇聚转化。一是积极引进和培育研发平台。加强与长三角科研院所、高等院校等开展技术和人才合作，引进建立分院分所或产业化基地，招引一批国家级或省级重点实验室、工程研究中心、企业技术中心落户或建设分支机构。二是完善科技成果转化服务平台。鼓励高校、科研机构加强与上海技术交易所、江苏省技术产权交易市场对接和联动发展，积极参与长三角区域技术市场联盟，加快建设技术成果交易中心、技术转移转化中心等实体平台。不断完善技术需求、成果供给、中介服务、知识产权等服务平台。三是加快创新创业平台布局。“双创”平台是技术转移转化通道，要紧密对接长三角“双创”示范基地联盟，加快建设一批国家级、省级科技企业孵化器，推广创客空间、创业咖啡、创新工场等新型孵化模式。支持科学家和企业家联合开展科技创业，搭建创新创业服务平台。四是探索平台合作新模式。鼓励与上海、南京、杭州、合肥等地区合作设立“创新飞地”，完善创新投入和成果分享机制，探索建立“研发在外、落地在本地”合作模式。推动平台向各类创新主体开放，探索建设跨地区、跨行业的创新资源共享平台和区域性创新券服务平台。

3. 提升开放平台能级，推进全方位高水平开放

积极抢抓自贸区、境外经贸合作区、海关特殊监管区域等政策机遇，通过平台辐射带动区域开放发展，推动从内陆腹地到开放高地转型。一是高水平推进自贸区建设。用好安徽自贸区蚌埠片区、江苏自贸区连云港片区政策红利，借鉴先发自贸区先进经验，开展规则、规制、管理、标准等制度型开放，建立切合本地实际的自贸区制度体系。对标上海、江苏、浙江自贸试验区创新成果，建设自贸试验区联动创新区。二是推进境外经贸合作平台建设。“一带一路”等海外市场是当前国际产能合作的重要方向，要鼓励骨干企业牵头到沿线国家建设境外经贸合作区或合作共建产业园区，为企业抱团“走出去”搭建发展平台。借力世界互联网大会、世界智能制造大会等重大品牌展会和贸易投资活动，联合举办境外

商品展，搭建重点企业、重点品牌和商品推介平台。三是积极拓展海关特殊监管区功能。欠发达地区海关特殊监管区域数量少、层次低、功能单一，应积极发展跨境电子商务、入境检测维修、保税存储展示交易等新业态新模式。支持有条件的地区依托国家级开发区积极开展申建，争取设立更多的综合保税区。

（三）融入区域经济布局，提升综合竞争力

现阶段，区域经济发展增长极已经不再是传统的散点分布，而是大集聚、中心化的分布趋势。欠发达区域应避免各个城市单打独斗，通过抱团发展、融入都市圈、打造区域发展核的方式，加强城市间联动，增强自主发展能力，从而提升区域整体竞争力。

1. 深入开展结对共建合作

2021 年 12 月 8 日，国家发展改革委印发《沪苏浙城市结对合作帮扶皖北城市实施方案》，突破了以往跨经济地带间帮扶的惯例，通过长三角城市群内部结对合作，为长三角欠发达区域特别是皖北地区发展注入了新动能。要以结对帮扶为契机，推动理念对标、产业对接，利益互联。一是探索打造跨省域特别合作区。积极争取国家放权和支持，突破长期阻碍区域协同发展的“行政区经济”，共同争取建设用地安排、基础设施建设补助以及改革试点示范等方面的特殊政策；共同争取赋予合作区市级经济管理的权限，实现“区内事务区内办理”。二是丰富合作共建载体形式。鼓励结对双方的县区、乡镇开展多形式合作，研究利用帮扶城市发达的县域经济带动受帮扶城市相对贫穷落后的县域发展。积极开展“反向飞地园区”建设，在帮扶城市建立飞地型创新孵化与项目招引载体。三是推进人员深度交流学习。积极推动干部互派挂职，把改善基层人事生态结构作为重点，推动基层干部特别是年轻干部双向任职交流。选派优秀中青年干部到沪苏浙相关企业浸润式学习，邀请帮扶城市的知名企业家、学者等对受帮扶地区企业管理人员、专业技术人员等开展专项培训。

2. 探索跨界联动发展

长三角欠发达区域现已基本处在中心都市“一小时或两小时交通圈”可覆盖范围之内，要进一步加强与中心城市的联系，提高经济联系密度。一是全力织密交通网络。以交通接轨为基础，着力打通欠发达区域与中心城市资源双向输送流动通道。推动欠发达市县与中心城市干线铁路、城际铁路、市域铁路、城市轨道交通“四网融合”，全面融入都市圈“一日生活圈”“一小时通勤圈”。二是推动毗邻地区一体发展。支持徐州—宿州—淮北、杭州—黄山等省际毗邻地区圈定特殊功能区，打破行政壁垒，提高政策协同，探索产业协同、城市联管、交通对接、环境共治、设施共享等一体化发展路径。三是全面参与打造经济走廊。要通过经济走廊把中心城市与外围地区连接起来。加快徐淮宿、宁滁合六、合淮蚌、杭黄等发展走廊建设，重点围绕干线通道和市际中间地带，进行创新、产业、园区布局，打造一批高能级小城镇，构筑都市圈衔接带，形成圈层式布局、条带式辐射，提升一体化水平和整体能级。

3. 推动重点城市提质升级

欠发达区域多处于长三角向中西部过渡地带，地广人众，有必要也有条件打造若干区域增长极，聚力建设省际边界“小恒星”。长三角规划中明确提出要加强徐州、衢州、阜阳等区域重点城市建设。需明确中心定位，以跨界思维确定自身经济腹地范围，建立以自身为中心的区域经济坐标系。不断提高徐州都市圈中心城市能级，加快建设衢州四省边际中心城市、阜阳皖豫跨界中心城市。支持各城市按照功能定位完善规划建设，稳妥推进行政区划调整，谋划设立省级新区、郊区新城。

（四）立足县域基本单元，推动城乡融合发展

县域是城乡融合发展的基本载体和基本空间单元，推动城乡融合发展的关键在县域。强化县城和重点城镇对城乡融合的引领带动作用，大力实施乡村振兴战略，构筑空间一体、功能一体的城乡融合发展局面。

1. 以县城城镇化引领城乡融合发展

城乡融合发展离不开城市对乡村发展的带动作用。要夯实并筑牢城乡融合发展的新型城镇化根基，持续提升人口城镇化水平。考虑农民到县城居住发展的需求，加快以县城为载体的城镇化建设，推动农民就地就近的城镇化。一是优化县域空间布局，创建一批新型城镇化示范县城。依据国土空间规划，推进产城融合、职住平衡、生态宜居，支持各县创建国家级、省级新型城镇化示范县城。人口大县或县域经济发展强劲的县，如蒙城、太和、颍上、萧县等，可以按照中等城市标准加快县城建设，积极推进“县改市”。提升重点镇发展水平，促进收缩型乡镇瘦身强体，有序推进合乡并镇，打造一批工业强镇、旅游强镇、文化名镇、生态名镇、康养名镇。二是激发投资活力，推动县城和重点镇品质升级。做好项目谋划，支持鼓励更多社会资本进入县城投资，优先补齐防洪减灾、教育医

疗等公共服务设施、应急设施等短板，适时提升餐饮、购物、娱乐等设施水平。三是培育县域特色产业，推进县域经济向城市经济升级。立足县域资源禀赋和产业基础，抓好特色产业研究和谋划工作，融入周边中心城市的产业链布局和创新体系。围绕培育打造省级县域特色产业集群（基地），大力实施精准招商、基金招商，吸引上下游产业链企业加速集聚。完善产业园区的配套服务设施，扶持发展若干功能设施齐全、生态环境优美、人文气息浓厚、宜居宜游的特色小镇，进一步提升产业集聚发展水平和增强吸纳人口的能力。

2. 以乡村全面振兴夯实城乡融合基础

欠发达地区乡村在产业发展、人居环境、乡风文明诸多方面与发达地区都有明显的差距。要加快推进农业农村现代化，夯实城乡融合发展的基础。一是以人居环境整治为引领，打造一批乡村振兴示范区。进一步推广“千村示范、万村整治”工程经验，高标准开展乡村规划和建设，以农房现代化为着力点，改善乡村人居环境，提升乡村建设水平。鼓励并支持乡镇和村庄在人居环境整治、农业产业化基地建设、村集体经济发展、乡村治理、土地制度改革、文化产业发展等方面先行先试，开展示范创建，打造若干乡村振兴示范区。二是以高质量载体和主体培育为抓手，推动乡村经济发展。依托现有的国家农村产业融合发展示范园、农业高新技术产业示范区、现代农业示范园、农业科技园、田园综合体等载体，细化、落实农村金融、建设用地政策，大力推动农村一二三产业融合发展。顺应传统农业向规模农业转型的需要，以适度规模经营为标准，引导有潜力、有条件的专业大户、农民合作社创办具有现代企业制度的农业产业化龙头企业，构建新型产业组织体系。

3. 以要素流动为重点健全城乡融合体制机制

抓住“人”“地”“钱”等关键要素，以创新为主线，充分发挥政策的导向作用，建立健全城乡融合体制机制和政策体系。一是推动城乡人力资源均衡配置。切实重视农业农村人才的培育和引进，将农业人才的重视力度与工业、商业等各类人才放在同样重要的位置，努力推动社会各界投身农村创业，加大职业化、专业化新型农民培育力度，加强农村科技人才队伍建设，加速城乡人口双向流动，真正实现“以人才为本”促进农村创新创业。二是加快农村土地制度改革。完善农村土地承包经营权确权工作，健全农村土地承包信息管理系统。完善农村宅基地确权登记工作，推进农民住房财产权确权工作。创新农村综合产权抵押产品，探索农村“三权”保证保险贷款试点。在依法、自愿、有偿和保障农民权益的前提下，推进农村集体经济股权活权改革。探索农村宅基地自愿有偿退出和有偿使用机制。三是鼓励资本下乡。建立工商资本入乡促进机制，引导工商资本为城乡融合发展提供资金、产业、技术等支持。发挥财政资金“四两拨千斤”的作用，撬动更多社会资金投入。完善融资贷款和配套设施建设补助等政策，鼓励工商资本投资适合产业化、规模化、集约化经营的农业领域。通过政府购买服务等方式，支持社会资本进入乡村生活性服务业。

（五）统筹基础设施建设，打造畅通大循环强链接

新发展格局下，非中心区以往相对边缘的区位劣势正转化为承东启西、连南接北的节点优势，应着力完善基础设施网络，畅通流通体系，积极布局新基建，挖掘内需市场潜力，打造国内大循环的重要节点和国内国际双循环的战略链接。

1. 打通水陆空网互联互通大动脉

加快畅通互联互通“大动脉”，推动实现水、陆、空、网无缝衔接，打造双循环重要链接。一是提升江河联通、通江达海水平。加快长江、淮河干流航道整治和引江济淮航运工程建设，提升主要干线航道等级，优化布局支流航道，提升通达效率。进一步打通江海河联运中的瓶颈环节。加强港口资源整合，推动阜阳港、蚌埠港、宿迁港、连云港海港等形成“多港联动”的发展格局。二是构建便捷的轨道交通圈。完善加密高铁通道布局，推动实施京沪高铁辅助通道安徽、江苏段，进一步增强皖北苏北腹地融入国家战略能力，强化连云港—南京—黄山通道建设，密切与粤港澳大湾区联系。推动干线铁路、城际铁路、市域市郊铁路和城市轨道交通“四网融合”，加快黄山—衢州、宁宿铁路、徐宿淮盐铁路，淮宿蚌、宁淮城际铁路等线路建设，构建省内城市1小时、长三角城市2小时通达圈。三是优化航空运输体系。优化区域机场布局，重点提升枢纽机场能级，扩容支线机场，进一步融入长三角世界级机场群。加快亳州、蚌埠、宿州、宿迁、丽水等机场建设，支持合肥、淮南、六安联合打造空港示范区。四是加快信息港建设。加快布局新型信息基础设施，加速新老基建深度融合，提高基础设施信息化智能化水平。全面推动国内外信息互联互通，培育以跨境电商为代表的数字贸易新业态，促进各地形成更为紧密的数字经济发展共同体，以信息流带动技术流、资金流、人才流、物资流，畅通网上丝绸之路。五是加快建设多式联运体系。充分发挥各种运输方式组合优势，大力发展江海河联运、铁水联运、空铁联运、空陆联运和空空联运。推动杭衢高铁、浙西航空物流枢纽、衢江航道与周边公路铁路连点成片，皖北城际铁路、淮河航道与阜阳航空港互联互通，加快实现水港、陆港、空港、信息港“四港”联动。

2. 畅通城乡区域毛细血管微循环

皖南—浙西南生态资源丰富，皖北苏北农产品资源丰厚，在畅通“大动脉”的同时，也要下功夫疏通“毛细血管”，畅通资源交换体系。一是打造乡镇半小时通行圈。积极构建乡镇“半小时快速交通圈”，实现所有乡镇半小时通达主城区、重点产业园、交通枢纽站。实施县域高速公路“能通全通”工程，推进“农村公路+产业”融合发展，加快形成以县城为中心、乡镇为节点、建制村为网点的农村公路交通网络。二是畅通城乡流通体系。加强流通基础设施、流通渠道、流通主体及流通环境信息化建设，提升流通体系智慧化水平。鼓励大型流通企业在城乡不同区域设立多层次商业网点，改善落后地区流通环境。支持完善县乡村三级物流配送体系，搭建农村物流共享信息平台，整合邮政、供销、商贸、快递、交通等物流资源，逐步推动商流物流统仓共配。三是打通省际毗邻地区断头路。要创新交通基础设施用地等资源要素保障机制，科学落实用地、环保等配套政策，在用地政策上优先确保区域交通走廊、枢纽等设施的用地指标。进一步优化完善毗邻地区跨省公交客运服务，建立健全客运运营补贴分担机制。

（六）聚焦人口现代化，推动公共服务便利共享

结合长三角欠发达区域人口结构和年龄变化趋势，加快部署实施人口现代化战略，更注重长三角全域统筹，更充分发挥人的积极性、创造性，促进人口红利在质量方面的体现。

1. 以全生命周期理念推动人的全面发展

聚焦儿童、青年、老年等不同群体发展诉求，从区域发展现实出发，找出契合点，建设富有人情味的温情地。一是营造生育友好社会环境。把儿童优先发展战略纳入区域发展战略，加快补齐“幼有所育”基本公共服务短板，加大儿童教育、医疗公共资源供给，从大处着眼、细节落地，为儿童创设安全成长的公共空间和成长环境。二是打造各具特色的职教高地。以发展职业教育为抓手，推动非中心区劳动年龄人口向技能型人才转变，打通青年人口上升通道。深化产教融合、校企合作，布点大型国家现代新型劳动力培训基地和综合性职业教育院校。推动长三角联合开展高层次技能人才定向培养、职业技术培训，打造一批职业技能教育培训基地。三是争做老年友好示范。推动城企联动，加强养老服务设施建设，增加普惠性、护理型养老床位供给，构建居家社区机构相协调、医养康养相结合的养老服务体系。普及公共基础设施无障碍建设，鼓励衢州、丽水、黄山、六安等依托生态资源探索长三角异地养老创新实践，让更多老人享有品质生活。

2. 以全域统筹推动公共服务水平升级

针对制约欠发达区域创新转型发展的人才短板问题，坚守人才第一战略，加快各类人才培养和引进步伐，做到留住人才、用好用尽人才。一是加强高层次人才协作。建立人才共同招引和柔性使用机制，加强高层次人才协同管理，探索建立户口不迁、关系不转、身份不变、双向选择、能出能进的人才柔性流动机制。试行第二居所和职住交换计划，推动户籍准入年限同城化积累互认。复制推广上海海外人才永久居留、外国人来华工作许可、出入境便利服务等试点经验，吸引更多海外人才参与非中心区建设发展。二是推动优质教育医疗资源共享。推动长三角核心城市与非中心区教育医疗人才交流。引导结对共建城市的高校和优质中小学校、医疗机构轮流选派优秀教师、医疗骨干到非中心区工作或开展培训。推动上海、南京、杭州等优质学校与非中心区加强教育合作，在非中心区设立人才联合培养基地。积极引导发达地区的各类社会组织到非中心区举办或合作举办有规模、有特色的医疗服务机构和教育机构。

（七）破解制度堵点，释放体制改革新活力

充分发挥市场在资源配置中的决定性作用，努力实现市场有效、政府有为、企业有利、百姓受益，进一步激发释放改革活力和创造力。

1. 持续深化户籍和土地制度改革

通过深化户籍制度和土地确权、流转制度等改革，解决“同人不同身份”和“同地价格悬殊”等制度性不平等问题。一是继续深化户籍制度改革。支持都市圈城市群内户口通迁。上海、南京、杭州等特大城市间转积分落户，全面建立居住证与户籍准入衔接通道，加快推进户籍人口与居住证人口公共服务均等化。二是加快探索长三角用地指标跨省交易。积极争取在长三角范围内开展土地指标跨区域交易试点，允许欠发达区域建设用地指标进行跨省域流转和交易，搭建长三角土地指标交易平台。三是探索增加混合产业用地供给。在符合国土空间规划和用途管制要求的前提下，调整完善产业用地政策，创新使用方式，推动不同产业用地合理转换类型。

2. 健全区际多元化利益补偿机制

摆脱“转化即变现”的短期逐利思维定式，建立多元主体参与的长效增值体系。一是完善多元化生态补偿机制。鼓励生态受益地区与生态保护地区、流域下游与流域上游在提高生态保护补偿标准外，积极探索利用对口协作、产业转移、技术补偿、人才培训、共建园区等方式建立横向补偿关系。支持金融机构和企业发行绿色债券，探索绿色信贷资产证券化。二是建立粮食主产区与主销区利益补偿机制。把皖北、苏北等粮食主产区视同绿色生态功能区，加快构建以粮食主产区补偿基金为核心的利益补偿机制，建立粮食补贴专项财政资金库，完善产粮奖励资金稳定增长机制，建议取消粮食主产区农业基础设施建设资金配套。三是完善资源市场化交易机制。建设长三角区域性排污权、碳排放权等交易市场，推进水权、电力市场化交易，进一步完善交易机制。搭建生态银行等多主体资本参与的转化平台，促进生态环境资源的市场化配置。

3. 提升“四最”营商环境吸引力

一是等高对接创优营商环境。深入实施创优营商环境提升行动，对标中国营商环境评价指标体系，围绕企业开办、纳税服务等重点领域，加快打造市场化、法治化、国际化营商环境。二是推动政务服务再造。推行政务服务“一网通办”“一事联办”“线上线下集成办”等模式，实现跨部门跨层级跨区域的政务服务系统集成、数据共享、业务协同。三是聚焦新技术、强化新监管。探索“互联网+监管”“智慧监管”“柔性监管”模式，适应新发展需求，借助大数据等方法，提高监管执法规范性和透明度，完善“双随机、一公开”监管、信用监管、跨部门协同监管等有效做法，减少人为干预，压缩自由裁量空间，使监管既“无事不扰”，又“无处不在”。

附件：长三角欠发达区域范围识别

国内学界对“发达”与“欠发达”的标准界定有多种维度，本研究在借鉴参考相关标准的基础上，通过不同方法比选，对长三角欠发达区域范围进行界定。

一、识别方法

1. 按照人均 GDP 标准

经济欠发达地区一般是指人均国内生产总值低于地区平均水平。长三角地区作为全国经济最活跃的地区，全域经济平均水平高于全国，因此在界定长三角欠发达地区时可以考虑以长三角全域的平均 GDP 为标准。发达与欠发达地区分布（情况一）见表 1 所列。

表 1　发达与欠发达地区分布（情况一）

类　别	人均 GDP		城　市
发达地区	>104 585（元/人）	安徽	合肥
		江苏	南京、苏州、无锡、常州、南通、镇江、扬州、泰州
		浙江	杭州、宁波、绍兴、嘉兴、舟山
		上海	
欠发达地区	<104 585（元/人）	安徽	芜湖、马鞍山、铜陵、安庆、滁州、池州、宣城、蚌埠、淮北、六安、宿州、阜阳、淮南、黄山、亳州
		江苏	徐州、宿迁、连云港、盐城、淮安
		浙江	湖州、金华、台州、温州、丽水、衢州

通过表 1 可以看出，在这一标准下，长三角范围内人均 GDP 低于平均水平的城市共有 26 个，占长三角全部城市的比重高达 63.4%，且主要集中在安徽，除合肥外，安徽其他城市均为欠发达地区。

2. 按照主体功能区标准

主体功能区划是建立在自然承载力、地域功能适宜性和发展要素空间配置规律基础上的国土空间开发，体现了“宜水则水、宜山则山、宜粮则粮、宜农则农、宜工则工、宜商则商”的区域分工。根据三省一市主体功能区指引相关规划要求，考虑将农产品主产区和重点生态功能区划分为欠发达地区。欠发达地区分布（情况二）见表2所列。

表2 欠发达地区分布（情况二）

省份	城市
安徽	合肥市：长丰县、巢湖市、庐江县 淮北市：濉溪县 亳州市：涡阳县、蒙城县、利辛县 宿州市：砀山县、萧县、灵璧县、泗县 蚌埠市：怀远县、固镇县、五河县 淮南市：凤台县 阜阳市：临泉县、太和县、阜南县、颍上县、界首市 六安市：裕安区、寿县、霍邱县、舒城县、金寨县、霍山县 滁州市：来安县、全椒县、定远县、凤阳县、明光市、天长市 芜湖市：湾沚区、南陵县 马鞍山市：含山县 池州市：东至县、石台县、青阳县、泾县、旌德县、绩溪县、宁国市 安庆市：桐城市、怀宁县、宿松县、望江县、太湖县、岳西县、潜山市 宣城市：郎溪县、广德县 黄山市：歙县、黟县、祁门县、休宁县、黄山区
江苏	南京市：溧水区、高淳区 徐州市：贾汪区、邳州市、新沂市、睢宁县、沛县、丰县 常州市：金坛区、溧阳市 南通市：如东县、海安县 连云港市：赣榆区、灌云县、东海县、灌南县 淮安市：金湖县、盱眙县、洪泽区、涟水县 盐城市：东台市、大丰区、射阳县、阜宁县、滨海县、响水县、建湖县 扬州市：高邮市、宝应县 镇江市：句容市 泰州市：兴化市 宿迁市：沭阳县、泗阳县、泗洪县

（续表）

省 份	城 市
浙江	嘉兴市：平湖市、海盐市 衢州市：衢江区、龙游县、江山市、开化县、常山县 杭州市：淳安县、桐庐县、建德市、临安市 温州市：文成县、泰顺县、永嘉县 金华市：磐安县、武义县、浦江县 丽水市：遂昌县、云和县、庆元县、景宁畲族自治县、龙泉市、青田县、缙云县、松阳县 湖州市：安吉县 绍兴市：新昌县 舟山市：滦泗县 台州市：天台县、仙居县
上海市	崇明区

通过表 2 可以看出，在这一标准下，欠发达区域范围深入县级行政区，点多面广，且与当前各区域发展实际有所偏差，其中如东县、溧阳市、天长市等早已迈入全国百强县行列。

3. 按照中心—外围为基础的区域标准

2019 年，中共中央、国务院印发《长江三角洲区域一体化发展规划纲要》，明确将 27 个城市确定为中心区，其余 14 个城市为非中心区。非中心区经济社会各项指标总体滞后于中心区，可考虑将其作为欠发达区域的标准。发达与欠发达地区分布（情况三）见表 3 所列。

表 3　发达与欠发达地区分布（情况三）

类 别		城 市
发达地区	安徽	合肥、芜湖、马鞍山、铜陵、安庆、滁州、池州、宣城
	江苏	南京、苏州、无锡、常州、南通、镇江、扬州、盐城、泰州
	浙江	杭州、宁波、绍兴、嘉兴、舟山、温州、湖州、金华、台州
	上海	
欠发达地区	安徽	蚌埠、淮北、亳州、宿州、阜阳、淮南、六安、黄山
	江苏	徐州、宿迁、连云港、淮安
	浙江	丽水、衢州

通过表 3 可以看出，在这一标准下，属于欠发达地区的城市一共有 14 个，其国土面积、人口、经济总量分别占长三角的 37.2%、38.1% 和 30.1%。其中，安徽欠发达城市数量最多，为 8 个，主要集中在皖北、皖西、皖南地区；江苏省有 4 个，全部集中在苏北地区；浙江省有 2 个，集中在浙西地区。

二、识别原则

主要考虑以下三个方面：一是标准的共识性。长三角欠发达区域高质量发展已经上升至国家战略层面，其范围识别需在国家和一市三省层面形成共识，以便更好地落实国家战略和争取政策支持。二是范围的协调性。长三角既是全国区域发展协调度最好的区域之一，也是引领全国高质量发展、打造强劲活跃增长极的先行区，为有效体现长三角发达区域辐射带动作用，欠发达区域的范围界定不宜过宽。三是研究的可操作性。考虑到后期欠发达区域政策的协调落实，以及区域间帮扶合作的可行性，范围不宜过细过散。

三、识别结果

综合比选以上三种方法，并征求国家和一市三省相关部门以及专家意见，本研究以非中心区范围为基础，进一步结合各省实际，划定长三角欠发达区域范围。近年来，江苏、浙江分别聚焦苏北 5 市和山区 26 县等相对弱势区域出台政策举措，补齐发展短板；将江苏欠发达区域范围拓展为包括盐城在内的苏北 5 市，浙江欠发达区域范围拓展为山区 26 县。同时，安徽中心区范围内仍有 7 个县（市）在省“十四五”规划纲要中明确为完成脱贫攻坚目标后的持续攻坚区，因此一并纳入欠发达区域范围。长三角欠发达区域范围见表 4 所列。

表 4　长三角欠发达区域范围

安徽	非中心区 8 市	蚌埠市、淮北市、亳州市、宿州市、阜阳市、淮南市、六安市、黄山市
	持续攻坚 7 县（市）	定远县、石台县、潜山市、太湖县、望江县、岳西县、宿松县
江苏	苏北 5 市	非中心区：徐州市、宿迁市、连云港市、淮安市、盐城市

（续表）

浙江	山区 26 县	非中心区： 丽水市——莲都区、龙泉市、缙云县、遂昌县、松阳县、景宁畲族自治县、青田县、云和县、庆元县 衢州市——衢江区、柯城区、常山县、开化县、龙游县、江山市
		杭州市：淳安县 温州市：永嘉县、文成县、平阳县、泰顺县、苍南县 金华市：磐安县、武义县 台州市：天台县、仙居县、三门县

部　门：宏观服务部

指　导、审　稿：樊明怀

执　笔：窦　瑾　陈　香　张淑娟

余茂军　江　鑫　吴文俊

碳达峰碳中和背景下安徽扩大有效投资研究

一、背景和意义

（一）碳达峰碳中和的背景和内涵

一是碳达峰碳中和的内涵。碳达峰指二氧化碳排放在设定后达到峰值，不再增长，之后逐步回落。联合国政府间气候变化专门委员会将碳中和定义为由人类活动造成的二氧化碳排放量与人为的二氧化碳吸收量在一定时间段内达到平衡，换言之，是指国家、地区、企业、团体或个人在一定时间内直接或间接产生的温室气体排放总量，通过植树造林、碳捕捉及储存等形式人为抵消，实现“零排放”。

二是碳达峰碳中和的背景。自 1992 年国际社会达成《联合国气候变化框架公约》，到 1997 年通过《联合国气候变化框架公约的京都议定书》（简称《京都议定书》），再到 2015 年由全世界 178 个缔约方共同签署的《巴黎协定》，《巴黎协定》明确规定将全球平均气温上升幅度控制在 2℃以内，力争控制在 1.5℃以内，并在 2050—2100 年实现全球碳中和目标，全球气候治理进入前所未有的新阶段。目前已有 50 多个国家碳排放实现达峰，约占全球碳排放总量的 40%，其中大部分为发达国家。百余个国家明确了碳中和的时间节点，英国、法国、德国、美国、日本、韩国、加拿大、南非等国家把实现碳中和的目标年份定在 2050 年。乌拉圭（2030 年）、芬兰（2035 年）、冰岛（2040 年）、奥地利（2040 年）、瑞典（2045 年）等 5 国的碳中和目标年份是 2030 年—2045 年。

2020 年 9 月 22 日，习近平主席在第七十五届联合国大会一般性辩论上宣布，我国将采取更加有力的政策和措施，二氧化碳排放力争于 2030 年前达到峰值，努力争取 2060 年前实现碳中和，这是党中央、国务院统筹国内国际两个大局作出的重大战略决策。2021 年 3 月 15 日，习近平总书记主持召开中央财经委员会第九次会议并发表重要讲话强调，实现碳达峰碳中和是一场广泛而深刻的经济社会系统性变革，要把碳达峰碳中和纳入生态文明建设整体布局，拿出抓铁有痕的劲头，如期实现2030年前碳达峰、2060年前碳中和的目标。2021年10月下旬，国家先后发布《中共中央　国务院关于完整准确全面贯彻新发展理念做好碳达峰碳中和工作的意见》和《2030年前碳达峰行动方案》，我国碳达峰碳中和“1+N”政策体系初步建立，碳达峰的时间表、路线图、施工图基本明确。2021年12月召开的中央经济工作会议提出要正确认识和把握碳达峰碳中和，实现碳达峰碳中和是推动高质量发展的内在要求，要坚定不移推进，但不可能毕其功于一役。根据国家部署，我省制定了碳达峰碳中和工作实施意见和2030年前碳达峰行动实施方案，碳达峰碳中和将成为我省“十四五”期间乃至更长一段时间内经济社会发展的重大任务之一。

碳达峰碳中和目标的提出，意味着我国要用不到10年时间实现碳达峰、用不到30年时间完成从碳达峰向碳中和过渡。与一些发达国家早已实现碳达峰、再经历60~70年时间从碳达峰向碳中和过渡相比，我国碳达峰碳中和的速度更快、力度更大、任务更艰巨。

（二）现实意义

一是我省如期实现碳达峰碳中和目标的强力支撑。碳达峰碳中和目标的实现是一个复杂的系统性工程，发展方式、能源结构、社会观念等将发生全方位深层次的变革。加强碳达峰碳中和投资，调整拓展投资空间和优化投资方向，着力扩大有效投资，有利于推动我省产业结构、能源结构、交通运输结构、消费结构等加快调整，推动以低碳为特征的新一轮能源生产和消费革命，特别是能源技术革命，加快形成绿色生产方式和生活方式，促进经济社会全面绿色低碳转型，为我省如期实现碳达峰碳中和目标注入强劲动力。

二是我省加快打造“三地一区”的重要抓手。碳达峰碳中和会带来一系列的经济社会进步，催生出新科技、新能源、新工业、新交通、新建筑和新投资等，超前优化投资布局、扩大投资规模，有利于我省发挥科技创新和新兴产业发展优势，抢占绿色低碳技术制高点、抢抓产业创新大机遇，推进低碳、零碳、负碳领域核心技术攻关，加快绿色低碳技术创新成果转化，助推新兴产业“扩容倍增”、主导产业“聚核延链”、数字经济“赋能提效”、服务业“迭代升级”，培育新的产业增长点，构建新的产业链，加快科技创新到新兴产业聚集的演化，锻造区域竞争新优势。

三是我省持续扩大有效需求的重要动能。碳达峰碳中和背景下，我省稳增长和结构转型需求迫切，持续扩大有效投入，加快转变投资增长方式，有利于增强我省投资新动能，以投资转型升级引领经济转型升级，推动一批事关安徽转型升级、长远发展的重大产业、基础设施、节能减排、生态环保和民生项目建设，构筑我省经济增长的新引擎；同时，有利于进一步释放内需潜力，提振传统消费，培育绿色消费，实现扩大需求和改善供给的良性互动，在服务于构建“双循环”发展格局中发挥重要作用，加快经济跨越赶超步伐。

二、现状和问题

（一）发展现状

一是碳达峰碳中和投资力度不断加大。“十三五”期间，我省固定资产投资年均增长 9.7%，高于全国 4 个百分点，位列长三角三省一市第 1 位，有力支撑了我省经济健康稳定发展。自 2020 年 9 月国家正式提出“3060”战略目标以来，我省加快制订了新能源汽车、光伏、装配式建筑、节能环保等产业发展专项行动计划，大力开展“双招双引”，主动承接沪苏浙绿色低碳产业转移，全省新能源汽车项目累计投资近 200 亿元，4 个国家战略性新兴产业集群在建亿元以上项目约 260 个，累计完成投资超 2300 亿元。

二是投资结构绿色低碳转型加快。“十三五”以来，我省积极调整优化投资结构，引导资金投向人工智能、信息技术、新材料、新能源等低耗能、低排放、低污染的绿色低碳产业，加大传统产业绿色低碳改造投资力度，投资结构绿色低碳转型步伐加快。六大高耗能产业投资占比持续降低，从 2016 年的 22% 降至 2019 年的 19.4%。绿色技改投资持续增长，“十三五”期间，全省技改投资总额达 2.2 万亿元，年均增长 14.8%。生态环保领域投资力度加大，生态保护与环境治理行业投资额逐年增加，投资增速从 2015 年的 17.5% 增加到 2019 年的 48.8%。

三是资源型城市投资动能显著增强。阜阳、亳州、宿州等农业大市固定资产投资增长较快，“十三五”期间年均增速分别位于全省第 1、第 3、第 5。淮南、淮北等煤炭型城市转型成效显著，加快淘汰煤炭落后产能，加大新兴产业投资力度。淮南市大力培育煤电化气全产业链千亿产业集群以及大数据、新型功能材料、新能源汽车、现代装备制造、煤系固废物综合利用五大百亿产业，2021 年 1 月到 9 月，引进市外项目资金额达 510.93 亿元，新兴产业项目落户步伐加快；

淮北市加大5G、陶铝新材料、硅基、生物基为代表的新技术、新产业投资力度，累计完成投资2555亿元。

四是绿色低碳融资规模持续扩大。近年来，我省绿色金融市场规模快速增长，已初步形成了绿色信贷、绿色债券、绿色基金、绿色低碳企业上市等多层次绿色金融产品体系。截至2021年9月末，全省绿色贷款余额为3836.47亿元，同比增长38.6%，高于全国10.7个百分点；累计公开发行绿色金融债券、绿色企业债券等绿色债券为145.6亿元；设立全国首个跨省流域绿色基金“新安江绿色发展基金”；先后落地全省首单碳中和债券6.5亿元、可持续发展挂钩债15亿元等绿色债券创新品种；全省节能环保、新能源、循环经济等绿色低碳企业主板上市达到10家，市值规模超过31亿元。

五是政府碳达峰碳中和支持政策不断完善。一方面，我省以综合性意见为主、若干专项政策为辅的相关政策体系日益完善，相继出台了《重大新兴产业基地新三年（2019—2021年）建设规划》《安徽省人民政府关于印发支持新能源汽车产业创新发展和推广应用若干政策的通知》《安徽省人民政府关于促进装配式建筑产业发展的意见》《安徽省新能源汽车产业发展行动计划（2021—2023年）》《安徽省光伏产业发展行动计划（2021—2023年）》《安徽省节能环保产业发展规划（2021—2023年）》等专项政策，构建了“1+N”政策支持体系，明确重点，精准扶持。同时，省发改委牵头成立碳达峰碳中和工作领导小组，起草制订我省碳达峰工作方案，明确我省碳达峰碳中和的目标、实现路径和重点工作方向。另一方面，加强要素保障。在资金方面，安排省级工业转型升级专项资金，明确统筹1000亿元左右信贷资金，引导社会资金投向工业技术改造和信息化改造；研究设立碳达峰碳中和专项资金或引导基金，采取“借转补”、事后奖补等方式吸引社会资金，积极推动碳达峰碳中和相关产业投融资工作。在用地保障方面，建立土地要素保障会商协调推进机制。由省自然资源厅、省发展改革委共同组织，利用视频会商等信息化手段，对纳入“两个清单”的碳达峰碳中和投资项目开展集中会商，促进重大建设项目及时落地。在科技创新方面，开展碳达峰碳中和重大技术关键攻关，为推进实现碳达峰碳中和目标不断加大要素保障力度。

（二）突出问题

一是碳达峰碳中和投资资金缺口大。经粗略测算，到2030年，我省为实现碳达峰目标需要的投资规模近万亿元，主要用于高耗能行业改造、绿色交通、可再生能源、新基建等重点领域。但是，目前我省碳达峰碳中和投资对政府财政补贴依赖较大，当下政府财政收支矛盾突出，难以满足巨大绿色低碳转型资金需求，加之绿色低碳项目的经济效益不明显，社会资本进入热情不高，碳达峰碳中和投资动能不足。

二是碳达峰碳中和市场化投融资渠道少。当前，我省碳达峰碳中和投融资主要依赖绿色信贷、绿色债券、绿色权益等渠道，而对于国内外常用的风险投资、私募股权投资、融资租赁、碳交易等投融资方式运用较少、规模较小。同时，我国已启动绿色碳中和基础设施 REITs，首单绿色碳中和基础设施 REITs 已正式获批上市，但我省尚未出台基础设施 REITs 专项支持政策或实施意见，省内碳达峰碳中和项目资产证券化路径尚不清晰，低成本直接融资较少。

三是碳达峰碳中和投资缺乏有效技术支撑。推动实现碳达峰碳中和目标，必须依靠低碳技术创新和突破。但是就目前来看，可再生能源智能电网、储能等技术尚未完全攻关，新型燃料发展尚不成熟，碳捕集与封存技术应用成本过高，经济效益偏低，低碳技术大规模推广应用存在困难。在当前技术约束条件下，碳达峰碳中和投资普遍具有回报率不高、融资期限较长、潜在风险不确定等特点，企业碳达峰碳中和投资意愿不强。

四是碳达峰碳中和投资政策体系尚须进一步健全。省级层面尚未形成促进碳达峰碳中和投资的系统性政策体系，各项优惠政策配套性较差，政策效果不明显。碳达峰碳中和产业投资相关的财税、金融等政策有待完善。一方面，碳达峰碳中和财政政策整体性不足，我省已经出台多项专项扶持政策，如新能源汽车补贴贯穿于生产到消费的多个环节，而装配式建筑仅对生产端有补贴，消费端则没有相应的激励政策等，难以形成绿色低碳转型的政策合力；另一方面，金融政策支持力度不够，与碳达峰碳中和目标密切挂钩的金融产品创新较少。此外，还存在政策落地不到位，相关激励政策和保障措施不足等问题。

三、碳达峰碳中和背景下安徽扩大有效投资环境分析

（一）面临机遇

一是国家大力实施 2030 年前碳达峰行动，有利于我省扩大碳达峰碳中和投资。我国《2030 年前碳达峰行动方案》提出，将碳达峰贯穿于经济社会发展全过程和各方面，重点实施碳达峰十大行动，能源、交通运输、城乡建设等重点领

域面临重大的投资机遇，投资规模将实现倍增。我省光伏产业优势明显，未来将着力争创国家能源综合改革创新试点省，加快打造长三角千万千瓦级绿色储能基地，可再生能源新材料、新工艺以及电站、电网基础设施等投资空间巨大，以智能化为特征的能源生产消费新业态、新模式将持续涌现。同时，我省新能源汽车产销量居中部第一、全国前列。预计到2023年，新能源汽车产量占全国比重将超过10%。随着一大批轨道、高速、航空、水运等交通重大项目推进，交通工具绿色更新迭代、交通基础设施绿色化建设和改造等面临重大空间和机遇。我省仍处于新型城镇化快速发展阶段，建设更多净零排放的居住小区和工业园区将成为趋势，绿色低碳建筑空间广阔，污水处理、生活垃圾收集处理、绿地系统、生态廊道等绿色城镇化基础设施需求巨大。

二是绿色低碳科技革命加快推进，有利于我省培育碳达峰碳中和投资新增长点。绿色低碳关键领域技术突破是实现碳达峰碳中和目标的前提，低碳、零碳、负碳等技术创新及产业化将加速推进，也将倒逼钢铁、石化、化工等传统高耗能行业转型升级，引领绿色低碳产业发展壮大。我省绿色低碳科技创新和产业转型发展基础坚实，合肥综合性国家科学中心等“五个一”创新主平台优势明显，“人造太阳”超导核聚变国家大科学装置落户，能源研究院、环境研究院等相继组建，新能源汽车、新能源和节能环保产业、新一代信息技术等十大新兴产业发展势头强劲，我省将围绕光伏、氢能、储能以及碳捕获、利用与封存技术等重点领域，超前进行前沿科学研究布局，突破一批支撑产业和区域发展的“卡脖子”技术瓶颈，率先推进碳达峰碳中和技术创新成果应用示范，引领相关行业技术标准，增强绿色低碳关键技术源头供给，催生自主可控、国内领先的绿色技术产品，打造具有全国影响力的绿色低碳新兴产业集群，为全省投资增长提供新引擎。

三是国家大力发展绿色金融，有利于我省拓宽碳达峰碳中和融资渠道。国家把发展绿色金融作为碳达峰的重要保障措施，支持大力发展绿色贷款、绿色股权、绿色债券、绿色保险、绿色基金等金融工具，引导社会资本投向绿色产业、绿色基建等领域。近年来，我省绿色金融规模快速扩大、产品日益丰富，各地市积极争创绿色金融改革创新试验区，随着国家绿色金融标准体系和政策体系的不断完善，我省绿色金融支持领域将大幅拓展，对清洁能源、节能环保、低碳交通、绿色建筑、绿色低碳等科技创新项目支持力度将不断加大，金融机构创新绿色金融产品、服务碳达峰碳中和发展的能力将进一步提高，绿色项目的融资渠道将有效拓宽，特别是直接融资渠道，如绿色企业上市、发行债券、产业投资基金等我省绿色金融发展的薄弱环节将有效改善，有助于推动我省绿色低碳企业和项目加快建立多元化、市场化的融资渠道。

四是长三角一体化等国家战略深入推进，有利于我省拓展碳达峰碳中和投资空间。在碳达峰、碳中和的目标任务下，长三角区域有实力率先引领形成绿色低碳发展的新范式，区域产业协同发展、能源结构协同转型、技术创新协同共享、交易市场协同运行、减污降碳协同增效等区域绿色低碳合作将向纵深推进。借助区域一体化政策红利，依托一市三省基础设施、产业分工、市场体系、公共服务等全方位融合的契机，有助于我省发挥优势、补齐短板、夯实基础，打造更加优质的营商环境。通过区域内更高层次对外开放、持续放宽市场准入等政策，安徽将在更大范围、更高层次上参与长三角创新链、产业链、价值链分工合作，更好地集聚要素、配置资源、优化布局，进一步推动招商引资提质增效，在缓解本地资金短缺的同时，也带来技术创新、管理现代化、市场营销等外溢效应，为我省投资增长带来新空间与新机遇。

（二）主要挑战

一是低碳领域招商引资竞争日趋激烈。碳达峰碳中和对现有产业发展模式加速转型的要求更加迫切，也将引发区域产业竞争格局重构，各地对绿色低碳产业的招商力度将持续加大。由此带来区域产业发展尤其是招商引资理念发生改变，除政策支持、土地空间、营商环境等因素外，碳排放量也成为重要因素，碳排放准入标准成为产业发展硬约束门槛。江苏在光伏、风电等新能源产业领域优势突出，集中了全国一半以上的重点光伏制造企业；浙江目前正在开展多层次、多领域的“零碳”试点示范工程建设；上海是国内首批 7 个碳排放权交易试点地区之一，并承建了全国碳排放交易系统。江浙沪对低碳产业和金融资本的吸引力较强，我省在长三角区域绿色低碳产业招商引资竞争力不强，将面临激烈的竞争。

二是项目投资的资源环境约束力进一步增强。国土空间作为实现碳达峰碳中和目标的核心载体，国家将强化国土空间用途管制，加强对各类用地碳排放核查管理，强化建设用地总量管控；同时，注重保护碳汇高区域空间，项目在用地和环境准入方面的要求将更加严苛，用地矛盾也将日益突出，特别是可再生能源项目用地需求较大、占地性质复杂，对生态环境有一定影响，项目落地将更加困难。面对激增的绿色低碳产业发展需求，我省面临着巨大的项目建设用地供求缺口和生态红线、能耗指标等硬约束，在较大程度上制约了我省投资增长。

三是碳达峰碳中和投资资金供求矛盾突出。根据国内各主流研究机构的测算，我国 2030 年实现碳达峰需要的投资规模均在 20 万亿元以上，2060 年实现碳中和的资金需求均在 100 万亿元以上。我省预计 2021—2030 年实现碳达峰目标至少需要新增投资规模近万亿元，年均近千亿元。巨大的资金需求，政府资金只能覆盖很小一部分，缺口要靠市场资金弥补。我省财政实力不强，政府投资资金面临巨大压力。企业运营成本上升、利润下滑，企业扩产和投资意愿持续下降，民间投资增长后劲不足，资金短缺问题突出。

四是碳达峰碳中和金融风险不容忽视。一方面，落后产能集中退出、高碳行业信贷政策过度收紧可能导致次生金融风险。如淮南矿业集团大规模退出产能对其盈利及还贷能力产生负面影响；淮北矿业集团某矿井关闭退出，导致当地银行业形成约 2. 2 亿元不良贷款。另一方面，在碳达峰碳中和目标激励下，一些地方新能源、节能环保等绿色低碳行业盲目扩张，光伏、新能源汽车等产业已出现一些投资过热苗头和结构性产能过剩现象，由此形成的不良贷款、债券违约等金融风险需要高度关注。

四、国家碳达峰碳中和政策举措和外省经验做法

（一）国家相关政策措施

一是加强碳达峰碳中和工作顶层设计。自 2020 年 9 月习近平总书记在联合国大会上提出碳达峰碳中和目标以来，党中央、国务院高度重视碳达峰、碳中和工作，把碳达峰碳中和纳入生态文明建设整体布局，在中央层面成立了碳达峰碳中和工作领导小组，全面指导和统筹全国碳达峰碳中和工作，着力构建“1+N”政策体系，先后出台《中共中央　国务院关于完整准确全面贯彻新发展理念做好碳达峰碳中和工作的意见》《2030 年前碳达峰行动方案》等一系列指导文件，明确了我国碳达峰碳中和时间表、路线图、施工图。为确保如期实现 2030 年前碳达峰目标，国家将重点实施能源绿色低碳转型行动、节能降碳增效行动、工业领域碳达峰行动、城乡建设碳达峰行动、交通运输绿色低碳行动、循环经济助力降碳行动、绿色低碳科技创新行动、碳汇能力巩固提升行动、绿色低碳全民行动、各地区梯次有序碳达峰行动等“碳达峰十大行动”。

二是完善碳达峰碳中和投融资体系。碳达峰碳中和目标提出以来，我国加快构建碳达峰碳中和投融资政策体系。2020 年 10 月，生态环境部、国家发改委、人民银行、银保监会、证监会五部门联合发布《关于促进应对气候变化投融资的指导意见》，首次从国家政策层面将应对气候变化投融资（简称气候投融资）提上议程，明确了气候投融资的定义和支持范围，提出了加快构建气候投融资政策体系和标准体系，鼓励和引导民间投资与外资进入气候投融资领域，引导和支持气候投融资地方实践等重点任务。这里的气候投融资与碳达峰碳中和投融资的概念基本一致。2021 年 10 月发布的《中共中央　国务院关于完整准确全面贯彻新发展理念做好碳达峰碳中和工作的意见》明确提出完善投资政策，充分发挥政府投资引导作用，构建与碳达峰碳中和相适应的投融资体系；要求严控煤电、钢铁、电解铝、水泥、石化等高碳项目投资，加大对节能环保、新能源、低碳交通运输装备和组织方式、碳捕集利用与封存等项目的支持力度；完善支持社会资本参与政策，激发市场主体绿色低碳投资活力；国有企业要加大绿色低碳投资，积极开展低碳零碳负碳技术研发应用。

三是强化绿色金融支撑保障。早在 2016 年，中国人民银行、财政部等七部委就联合发布了《关于构建绿色金融体系的指导意见》，明确绿色金融的发展方向和目标任务，我国成为全球首个制定绿色金融顶层设计的国家。我国先后在浙江、江西、广东、贵州、甘肃和新疆六省（区）九地开展国家绿色金融改革创新试验区建设，未来将适时启动试验区扩容工作。目前我国已形成包括绿色贷款、绿色债券、绿色保险、绿色基金、绿色信托、碳金融产品等多层次绿色金融产品和市场体系，为绿色项目提供了多元化的融资渠道，服务绿色低碳发展的效率不断提升。截至 2020 年年末，我国本外币绿色贷款余额达 11.95 万亿元，存量规模居全球第一；绿色债券存量规模达 8132 亿元，居世界第二。

四是推进绿色低碳投融资国际合作。我国在建立健全国内绿色金融政策体系的基础上，主动通过 G20、“一带一路”等一系列多双边场合，加强绿色金融发展经验交流，发起或参与多个绿色金融国际合作。2016 年，我国在任 G20 轮值主席国期间，提议将绿色金融作为全新议题纳入 G20 讨论，并发起成立了 G20 绿色金融研究小组，推动形成和发展了绿色金融的国际共识。中国、欧盟等经济体共同发起可持续金融国际平台（IPSF），重点推动全球绿色金融标准趋同等工作。2018 年 11 月，我国牵头发起《“一带一路”绿色投资原则》，持续推进“一带一路”绿色投资。2020年上半年，中国对“一带一路”建设相关国家的可再生能源投资首次超过化石能源投资，逐步形成集设备制造、联合研发、工程设计与建设、项目投资与运营于一体的清洁能源国际合作体系。

（二）先进省市的经验做法

一是加强碳达峰碳中和领域投资。近年来，国内先进省市均加大绿色低碳投资力度，积极推进投资结构优化，以投资结构优化带动产业升级。浙江省实施数字经济“一号工程”，加大节能环保、新能源等绿色低碳产业投资力度。2020年，浙江省数字经济核心产业增加值占GDP的比重达到10.9%，节能环保产业总产值突破万亿元大关，分布式光伏装机规模连续多年位居全国第一，清洁能源发电装机占比达到52.0%，较2015年提高11.7个百分点。四川省12月初发布《中共四川省委关于以实现碳达峰碳中和目标为引领推动绿色低碳优势产业高质量发展的决定》，提出要加大绿色低碳优势产业投资力度，着力打造在全国大局中有影响力、对四川发展有支撑力的绿色低碳优势产业集群，加快把四川建设成为全国重要的先进绿色低碳技术创新策源地、绿色低碳优势产业集中承载区、实现碳达峰碳中和目标战略支撑区、人与自然和谐共生绿色发展先行区。

二是加大碳达峰碳中和财政资金支持力度。各省市不断加大节能环保、新能源等绿色低碳产业领域的财政支持力度。广东省在2021年财政预算中特别提到积极应对气候变化，安排42亿元支持绿色循环发展与节能降耗、降低碳排放强度。2021年，辽宁省大力发展生态经济，设立清洁能源资金，推进重点行业和重要领域绿色化清洁化改造，培育壮大氢能等新能源产业，加快新能源汽车推广，促进能源清洁低碳安全高效利用，支持推动碳排放达峰行动。海南省对工业节能改造项目，按节能量500元/吨标准煤给予奖励。对建筑、交通、商贸酒店等非工业节能改造项目，按设备技术投资额的20%给予奖励，单个项目奖励金额不超过500万元。

三是创新发展碳金融产品。碳达峰碳中和目标提出以来，各省市纷纷加大碳金融产品和服务创新的力度，多渠道满足低碳发展需求。上海市积极推动金融市场与碳排放权交易市场合作与联动发展，大力发展绿色债券，促进以碳排放权为基础的各类场外和场内衍生产品创新，先后开发出包括首单绿色可交换公司债券、首单绿色市政专项债券、首单应对气候变化专题“债券通”绿色金融债券、首单“碳中和”专题“债券通”绿色金融债券、首单国家核证自愿减排量

（CCER）质押融资业务以及首单碳排放权（SHEA）、国家核证自愿减排量（CCER）组合质押融资等绿色金融产品。广州市首创碳排放权抵质押金融产品。目前，碳排放配额抵质押贷款已在天津、江苏、江西、山东、浙江等22个省市开展，贷款总金额超20亿元。武汉市设立碳达峰基金和碳中和基金，是国内首只百亿级碳达峰基金，基金将优选碳达峰碳中和行动范畴内的优质企业、细分行业龙头开展投资，重点关注绿色低碳先进技术产业化项目。

四是建立绿色低碳项目库。“十三五”以来，各地纷纷建设绿色低碳项目库，作为扩大绿色低碳投资的有效手段。浙江省2018年制定出台了全省绿色项目清单，梳理了今后五年准备实施的1800余个绿色项目，总投资金额超2万亿元。人民银行重庆营业管理部联合重庆市、县（区）政府共建形成全市统一的绿色低碳项目库，促进绿色项目（企业）与金融机构进行融资对接。内蒙古自治区建立了应对气候变化及低碳发展项目库，相关专项资金优先支持入库项目。深圳探索建立应对气候变化国家自主贡献项目库，通过信息公开和标杆项目示范推动和引导地方落实碳达峰行动，增强我国气候项目对国际投资者的吸引力。山西也在积极建立省碳减排项目库，作为申报国家自愿减排项目、公益性碳交易等储备项目库。

五、对策建议

（一）调整优化碳达峰碳中和导向的投资结构

深入挖掘“两高”行业碳达峰碳中和投资潜力。加大高耗能行业节能低碳改造投资力度。坚决遏制钢铁、有色、建材、化工等传统高耗能行业“两高”项目盲目发展，对标国家发改委发布的《高耗能行业重点领域能效标杆水平和基准水平》，加大高耗能行业节能降碳技术改造投资力度，全面提升能效水平，助力我省工业领域实现碳达峰目标。钢铁行业大力推广低能耗高炉冶炼技术、高效绿色电炉冶炼技术、高效低成本洁净钢冶炼技术等先进适用技术，实施全废钢电炉工艺和非高炉炼铁技术示范项目，探索开展氢冶金、二氧化碳捕集利用一体化等试点示范。有色金属行业大力实施粗铜连续吹炼、铅富氧闪速熔炼、铝液直供等节能低碳技术改造项目，提升有色金属生产过程余热回收水平，确保铜冶炼、铅冶炼等综合能耗保持国内先进水平。建材行业加快实施电力、天然气等清洁能源替代，清洁窑炉余热余压综合利用等技术改造项目，加大新型胶凝材料、低碳混凝土、木竹建材等低碳建材产品研发应用的投资力度。化工行业抢抓原料用能不纳入能源消费总量控制的机遇，严控新增炼油和传统煤化工生产能力，稳步发展现代煤化工，鼓励企业节能升级改造，加快部署二氧化碳捕集驱油和封存项目、二氧化碳用作原料生产化工产品项目。

加强城乡建设绿色低碳转型投资。当前我省已初步进入城市型社会，仍处于城镇化快速发展阶段，城乡建设绿色低碳投资空间巨大。要大力实施城乡建设碳达峰行动，加大城乡建设绿色低碳发展投资力度，加快建设低碳城市和美丽乡村。一是大力建设绿色建筑和装配式建筑。实施建筑领域绿色低碳发展工程，重点推进既有建筑节能改造、可再生能源建筑应用等项目，推动超低能耗建筑、低碳建筑规模化发展。大力发展装配式建筑，加快装配式建筑产业基地、工业园区等项目建设。二是加快补齐绿色低碳市政基础设施建设短板。结合城市更新工程，加大老旧供热管网等市政基础设施节能降碳和智慧化改造力度。实施城市水环境治理工程、城市生活垃圾分类处理工程和城市生态修复工程，持续改善城市生态环境。加强城市生命线工程建设，完善城市管网系统，稳步推进地下综合管廊建设。实施城市防洪体系建设工程和城市内涝治理整体工程，加强海绵城市建设，增强城市韧性。实施县城建设补短板强弱项工程，加强县城绿色低碳建设。三是加快建设绿色生态宜居的美丽乡村。加大乡村建设行动投入力度，重点实施美丽乡村建设“441”工程，深化农村改厕、生活垃圾处理和污水治理“三大革命”，继续实施村庄清洁、畜禽粪污资源化利用、村庄规划建设提升“三大行动”，全面提升农村人居环境和乡村建设绿色低碳水平。

加大绿色低碳交通投资力度。交通运输领域是我省碳排放量较大的领域之一，也是未来我省加大碳达峰碳中和的投资重点。实施交通运输绿色低碳行动，将绿色低碳理念贯穿于交通基础设施规划、建设、运营和维护全过程，降低全生命周期能耗和碳排放。一是加强综合立体交通干线网络投资建设。重点实施“轨道上的安徽”“高速公路上的安徽”“航道上的安徽”“翅膀上的安徽”建设工程，加快马鞍山慈湖过江通道、芜湖北京路过江隧道、芜湖城南过江隧道、铜陵开发区过江通道等过江通道建设，加密提升交通干线网络，加快构建“安徽123出行交通圈”。二是大力发展公共交通和综合交通枢纽。实施公共交通优先发展战略，推进公交都市建设，支持有条件的城市发展市域市郊铁路和城市轨道交通，推动城市公交线路向周边重点乡镇延伸和农村客运班线公交化改造。推进综合交通枢纽一体化建设，提高旅客换乘和货物接驳换装效率，重点推进以轨道交通客站、机场为中心的综合客运枢纽项目建设。三是加大充电基础设施投资力度。实施新一轮公共充电设施布局规划和全省城际互联互通充电设施规划，大力推进居民小区、公共停车场，公交、出租、环卫等专用停车场，党政机关、企事业单位办公场所，旅游景区、高速服务区等充电基础设施建设，建成统一管理、布局合理、运营高效、开放共享的充电基础设施体系。四是实施智慧交通建设工程。加大智慧交通大数据中心、综合交通运行监测与协调指挥中心等智慧交通投资力度，推动不同运输方式合理分工、有效衔接，降低空载率和不合理客货运周转量。

补齐薄弱地区碳达峰碳中和投资短板。一是加大皖北地区“四化同步”投资力度。积极利用沪苏浙城市结对合作帮扶皖北城市机制，高水平打造皖北承接产业转移集聚区，推动煤基产业、建材、装备制造、农产品加工、纺织服装等传统优势产业绿色低碳升级，培育壮大先进结构材料、新型功能材料、生物医药、资源循环利用、云计算、大数据、智能制造装备等特色新兴产业，布局发展生物制造和氢能等未来产业，加快推进资源型城市产业升级和转型发展。实施一批农业一二三产融合发展项目，加快打造长三角绿色农产品生产加工供应基地。实施淮河行蓄洪区安全建设、皖北地区群众“喝上更好水工程”、采煤沉陷区生态修复、皖北城际铁路建设等重大工程，加快补齐皖北城乡基础设施短板。二是加大皖西大别山老区生态碳汇投资力度。稳定现有生态系统固碳作用，实施生态保护修复重大工程，重点推进自然保护地建设、野生动植物保护、林地保护、湿地保护修复、天然林保护修复、农田林网修复以及大别山—黄山地区水土保持与生态修复等项目。持续增强生态系统增碳能力，实施森林质量精准提升工程，不断提高森林覆盖率和森林蓄积量。加快建设国家储备林基地、富民林业产业提质增效等项目，大力发展林业特色产业。深入实施“四旁四边四创”国土绿化提升行动，大力建设城郊公园、郊野片林、环城绕村林带和城乡生态廊道。

鼓励支持循环经济投资。大力发展循环经济，全面提高资源利用效率，充分发挥减少资源消耗和降碳的协同作用，对于我省实现碳达峰碳中和目标具有重要意义。一是加大园区循环化改造力度。积极推动园区企业循环式生产、产业循环式组合，组织企业实施清洁生产改造，打造一批国家级循环化改造示范试点园区和国家级绿色工业园区。二是推进工业固废规模化综合利用。支持淮南市、马鞍山市、淮北市、阜阳市等国家大宗固体废弃物综合利用基地建设，加快磷石膏、煤矸石综合利用项目建设。三是推进农林废弃物资源综合利用。围绕肥料化、饲料化、基料化、能源化、工业原料化等重点利用领域，引进和实施一批秸秆能源化资源化、畜禽养殖废物利用项目。四是加强再生资源综合利用。围绕废旧汽车、家电、废金属、废旧塑料、再生铅和轮胎等废弃资源回收利用，实施“城市矿山”重点工程，建设一批高水平集散与处置区域中心，创建一批国家“城市矿产”示范基地。加大废旧动力电池回收网络建设力度，打造一批废旧动力电池资源化利用基地。加强生活垃圾、餐厨垃圾资源化利用项目建设，建立覆盖全社会的生活垃圾收运处置体系。

（二）着力培育碳达峰碳中和投资新增长点

加大煤炭和新能源优化组合投资力度。2021 年中央经济工作会议提出，要立足以煤为主的基本国情，抓好煤炭清洁高效利用，增强新能源消纳能力，推动煤炭和新能源优化组合。我省要在确保能源供应的前提下，统筹推进煤电机组改造升级、清洁能源发电设施和新型电力系统建设，推动煤炭和新能源优化组合，加快构建清洁低碳安全高效的能源体系，建设能源强省。一是加大煤电机组改造升级力度。按照《全国煤电机组改造升级实施方案》，加快现役煤电机组节能降耗改造、供热改造和灵活性改造“三改联动”，推动煤电向基础保障性和系统调节性电源并重转型。二是大力发展光伏发电、风电等新能源发电设施。实施光伏发电重点工程，重点加快建设工业园区、公共建筑、居民住宅屋顶分布式光伏发电项目，因地制宜推进农光互补、渔光互补等集中式光伏电站项目。实施风力发电重点工程，重点在亳州、滁州、蚌埠、池州等市建设集中式风电项目，探索在淮北、滁州等市建设分散式风电项目。实施生物质能多元利用工程，加快建成肥东、利辛等生活垃圾焚烧发电项目和农林生物质热电联产项目。三是加快建设适应更高比例可再生能源的新型电力系统。实施一批电化学储能等新型储能电站项目，积极推动“可再生能源+储能”模式发展，提高新能源消纳和存储能力。加快推进安庆市高新区、颍东区、来安县经开区等源网荷储一体化项目和淮南潘集区风光火储一体化等多能互补项目。重点推进桐城、宁国、岳西、石台、霍山等抽水蓄能电站项目，加快建设长三角千万千瓦级绿色储能基地。

积极投资绿色低碳新兴产业。新能源、节能环保、新能源汽车等绿色低碳型战略性新兴产业既是我省碳达峰碳中和的重要产业支撑，也是我省“十四五”

期间重点发展的十大新兴产业，是未来五年乃至更长时间我省扩大产业投资的重点领域。新能源汽车产业要加大合肥、芜湖重大新兴产业基地建设力度，重点引进和实施新能源汽车整车项目和动力电池、氢燃料电池、电机电控等关键零部件项目，提升本地配套能力，逐步形成“纯电动为主、混动为辅、氢燃料示范”的发展格局，加快打造世界级新能源汽车和智能网联汽车产业集群。新能源产业要重点加大光伏、生物质能、风电、氢能等重点领域投资力度。实施《安徽省光伏产业发展行动计划（2021—2023 年）》，支持合肥、滁州、蚌埠、六安、马鞍山、芜湖、宣城等市引进和布局光伏玻璃、电池、组件、逆变器、储能等光伏产业链重点项目，打造成为绿色能源产业发展新高地。高效节能产业要加大高效电机、节能锅炉（窑炉）、余热余压利用、绿色照明、节能服务等重点领域投资力度。先进环保产业的投资重点为大气治理、水处理、环境修复、环境监测设备、智慧环保等行业领域。

加强绿色低碳科技创新投资。强化碳达峰碳中和的技术支撑，培育绿色低碳领域新的投资增长点。一是加强绿色低碳科技基础设施项目建设。加快聚变堆主机关键系统综合研究设施、合肥先进光源、大气环境模拟系统、强光磁集成实验设施等绿色低碳领域大科学装置项目建设。做大做强合肥综合性国家科学中心能源研究院、环境研究院等绿色低碳新型研发平台，积极创建国家级能源和环境研究平台。加快谋划建设一批绿色低碳领域的前沿交叉研究平台项目。积极创建一批绿色低碳产业领域的国家产业创新中心、国家技术创新中心和国家制造业创新中心。二是实施绿色低碳关键共性技术攻关项目。针对基础元器件和零部件、基础工艺、关键基础材料等实施一批节能减碳研究项目。重点围绕可控核聚变，制氢、储氢及运输，小分子催化，煤炭清洁利用，智能电力电网、分布式能源，高比能动力电池、氢燃料电池，高功率密度电机驱动系统、毫米波雷达与激光雷达等我省优势领域，实施一批关键核心技术攻关项目，力争突破一批绿色低碳领域“卡脖子”技术。

（三）拓宽碳达峰碳中和融资渠道

发挥政府碳达峰碳中和资金的杠杆作用。实施更加积极的绿色低碳财政支持政策，积极争取中央预算内投资资金，加大对我省碳达峰碳中和重点领域建设支持力度。建议省市政府整合相关财政资金，设立碳达峰碳中和专项资金，重点支持清洁能源、高效节能、循环经济、工业绿色改造、绿色建筑、低碳交通、低碳技术、生态碳汇等碳达峰碳中和重点领域的企业和项目。积极发行地方政府专项债券用于绿色低碳项目。充分发挥财政资金“四两拨千斤”的引导带动作用，创新财政支持方式，因地制宜采用政府与社会资本合作（PPP）、政府购买服务、设立引导基金、资本金注入、融资担保、贷款贴息、以奖代补、风险补偿等措施，引导和撬动更多金融资本、民间资本和社会资本投向碳达峰碳中和领域。发挥财政性存款资源的激励作用，完善信贷考核奖励办法，增强金融机构支持绿色低碳项目的积极性。鼓励地方政府设立绿色低碳发展风险补偿专项资金或依托利用现有政府风险补偿资金，加大对绿色低碳项目融资支持的风险补偿和财政贴息力度。依托我省完善的政策性融资担保体系，鼓励设立绿色低碳专营融资担保机构或绿色产业担保基金，完善新型政银担合作机制，灵活调节担保费率，为我省绿色低碳中小微企业融资提供增信服务。

创新绿色低碳信贷产品和服务。支持金融机构设立绿色金融事业部、绿色金融特色支行、绿色金融服务中心、绿色产品创新实验室等绿色金融专营机构和部门。借鉴江苏银行、湖州银行、重庆农商行等经验做法，鼓励徽商银行等省内商业银行打造“赤道银行”。鼓励我省地方金融机构积极利用碳减排支持工具和煤炭清洁高效利用专项再贷款等央行结构性货币政策工具，加大对清洁能源、节能环保、煤炭清洁高效利用、碳减排技术等重点领域的信贷支持力度。积极争取国家开发银行、中国农业发展银行等政策性银行，为我省碳达峰碳中和投资提供长期、低成本信贷支持。支持金融机构创新发展碳排放权、用能权、森林碳汇、节能环保项目特许经营权、合同能源管理未来收益权等新型抵质押贷款产品，推广碳中和挂钩贷、绿色创新投资组合贷款等特色绿色信贷产品。依托“信易贷”平台，积极发展绿色低碳信用贷款产品，加大对绿色低碳中小微企业的信贷支持力度。

拓宽绿色低碳直接融资渠道。支持金融机构发行绿色金融债券，支持符合条件的绿色低碳企业发行绿色企业债券、公司债券、债务融资工具等，积极推广碳中和债券、可持续发展挂钩债券等创新绿色债券产品。支持绿色低碳产业中优质的、具有稳定现金流的项目开展基础设施公募 REITs 等资产证券化业务。支持符合条件的绿色企业在主板、创业板、科创板、北交所、新三板、省股权托管交易中心等多层次资本市场上市或挂牌。充分利用省“三重一创”产业发展基金、省中小企业（专精特新）发展基金、省科技成果转化引导基金等政府母基金及其子基金，加大对可再生能源、节能环保、新能源汽车等绿色低碳新兴产业优质企业和项目的支持力度。研究设立省碳达峰碳中和主题基金，鼓励社会资本设立市场化的绿色低碳产业投资基金。积极争取国家绿色发展基金、国家绿色低碳转型母基金等国家基金对我省绿色低碳项目的支持。鼓励发展重大节能低碳环保装备融资租赁业务。推动符合条件的企业参与全国碳排放权交易市场，鼓励金融机构围绕碳资产管理、资金清算、业务培训等方面为碳排放权市场交易主体提供融资融智服务。

（四）加大碳达峰碳中和领域“双招双引”力度

实施绿色低碳产业链精准招商。新能源、节能环保、新能源汽车等战略性新兴产业是我省重点发展的十大新兴产业之一，也是我省碳达峰碳中和领域招商引资的重点。要贯彻落实好新能源与节能环保产业、新能源汽车和智能网联汽车产业“双招双引”实施方案，分析优势产业基础，明确产业链短板和薄弱环节，加快编制产业地图和产业链招商目录，紧盯世界500强、制造业100强、央企、知名民企、独角兽企业、制造业单项冠军企业、“专精特新”小巨人企业等，大力开展产业链补链强链延链精准招商和靶向招商，着力引进一批科技含量高、投资规模大、支撑和拉动力强的高端高质高效项目。抢抓央企向外转移的机遇，积极引进节能环保、新能源、循环经济等碳达峰碳中和领域央企或子公司落户我省。我省新能源产业招商引资重点领域为光伏、新能源电池、生物质能、氢能、新能源电厂等。高效节能产业重点招引节能锅炉、绿色照明、高效电机和节能咨询等领域企业。碳中和产业重点招引碳捕集、封存和利用技术、过程减碳、碳汇和碳交易等领域龙头企业。新能源和智能网联汽车产业重点招引新能源汽车整车，新能源汽车专用动力电池、燃料电池、新能源汽车专用电机和电控系统，环境感知、决策控制和执行系统，新一代车联网通信、人机交互和地图导航，充电桩、加氢站运营，以及汽车金融、租赁和智能出行等领域龙头企业。

推广市场化专业化招商引资方式。充分运用市场化手段和专业化力量，鼓励市县政府、产业园区等因地制宜采用商会协会招商、重大节会招商、专业中介招商、园区基地招商、科研院所招商、头部企业招商、产业基金招商、众创孵化招商等新模式、新方法，推进招商主体多元化、招商模式多样化、招商对象精准化，提升碳达峰碳中和领域招商引资的质量和效益。发挥行业协会商会链接产业资源的优势，支持安徽省新能源协会、安徽省环境保护产业发展促进会、安徽省节能协会、安徽省建筑节能与科技协会等绿色低碳产业协会和各地商会进一步拓展专业化招商职能，积极对接沪、苏、浙、京、粤等国内先进地区绿色低碳行业协会商会，鼓励在异地安徽商会设立“双招双引”工作站，把协会商会打造成我省招商引资的重要渠道。积极探索市场中介委托招商，鼓励设立专业化招商公司或中介机构，支持聘请国内外知名中介组织开展委托招商。充分发挥专家智库对“双招双引”工作的支撑作用，支持各地组建绿色低碳产业专家咨询委员会，引入企业家和专家团队参与“双招双引”全过程，强化招商引资的专业化力量支撑。

提升碳达峰碳中和招商引资平台载体。充分利用重大展会平台开展绿色低碳产业“双招双引”，继续办好世界制造业大会、中国（安徽）科技创新成果转化交易会、中国国际徽商大会、安徽秸秆暨畜禽养殖废弃物综合利用产业博览会、中国（合肥）国际园林博览会、中国·合肥苗木花卉交易大会等省内重点展会，积极组织参加中国国际进口博览会、中国国际投资贸易洽谈会、中国中部投资贸易博览会、中国国际环保展览会等国家级展会，常态化举办绿色低碳产业“双招双引”专题推介会。壮大提升绿色低碳产业承接平台，支持合肥高新区、合肥经开区、蜀山经开区、芜湖高新区、马鞍山经开区、界首高新区等开发园区做大做强新能源汽车、光伏、节能环保等绿色低碳产业集群。鼓励符合条件的开发区以“园中园”方式建设绿色低碳特色产业园，重点发展新桥智能电动汽车产业园、合肥高新国际环保科技园、长三角 G60 科创走廊环境产业合作示范园区、滁州市报废汽车循环经济产业园、界首市再生金属和再生塑料循环利用产业园、马鞍山和县经济开发区等绿色低碳特色产业园区。培育发展中德（合肥）智能制造国际创新园等国际合作产业园，打造绿色低碳产业外资项目聚集地。

（五）强化碳达峰碳中和重大项目支撑

建立碳达峰碳中和重点项目库。坚持把项目建设作为扩大碳达峰碳中和有效投资的重要抓手，加快实施一批战略性、标志性、引领型的绿色低碳重大项目，支撑我省碳达峰碳中和目标的顺利实现。建议省碳达峰碳中和领导小组办公室在制订我省碳达峰行动实施方案的同时，建立配套的碳达峰碳中和重点项目库，强化碳达峰行动的项目支撑。支持市县政府及开发区制定本区域的碳达峰碳中和重点项目库。围绕清洁能源设施、光伏、节能环保、新能源汽车、高耗能行业节能技术改造、生态碳汇等重点领域，强化碳达峰碳中和项目谋划储备，加快项目前期工作，争取更多的碳达峰碳中和重点项目纳入省重点项目投资计划、储备计划、省级调度计划和重大前期工作计划，形成开工一批、投产一批、储备一批的良性循环。

完善碳达峰碳中和重大项目顶格协调推进机制。坚持顶格倾听、顶格协调、顶格推进，在省碳达峰碳中和工作领导小组的指导下成立碳达峰碳中和重大项目协调推进工作专班，加强对碳达峰碳中和重大项目的组织领导和协调推进。按照“管行业必须管投资”“抓行业必须抓项目”的要求，不断建立和完善“四督四保”“三个走”“集中开工”等工作机制，推动省发展改革委、省经信厅、省生态环境厅、省自然资源厅、省林业局等碳达峰碳中和重点领域行业主管部门加强本行业投资运行及重点项目谋划、招引、纳统、推进工作。充分利用省重点办已建立的重点项目协调调度机制，通过专项调度、会议调度以及问题交办单等方式，协调解决绿色低碳重点项目推进中存在的突出问题，重大问题适时提请省政府召开重点项目调度推进会。推动市县政府建立相应的碳达峰碳中和项目协调推进机制。建立碳达峰碳中和项目分级分层调度机制，属于市县政府和行业主管部门职责范围内的事项，由其组织协调推进；需要省级以上层面协调解决的事项，及时转交省有关单位办理。

提升碳达峰碳中和项目投资和建设便利度。全面落实《优化营商环境条例》及安徽省实施办法，坚持“不是最好就学习最好”的原则，对标国内外一流水平，开展创优营商环境提升行动，持续深化“放管服”改革，打响“四送一服”行动和7×24小时不打烊“随时办”服务品牌，持续优化“四最”营商环境，推动我省营商和投资环境走在全国前列。进一步深化投资审批制度改革，加快“皖事通办”与投资项目在线审批监管平台、省工程建设项目审批管理系统、国土空间基础信息平台等深度融合，以项目代码为唯一标识优化项目审批流程，持续提高投资审批效率。借鉴江苏的经验做法，加快推广投资项目信用承诺制，编制企业投资信用承诺制负面清单，凡清单外领域实行信用承诺管理，企业投产前完成相关审批手续即可。借鉴浙江的经验做法，以开发园区为重点全面推行“标准地”制度，推广投资项目能评、环评等区域评估制度，降低投资项目运行成本。持续推进工程建设项目审批制度改革，清理审批中存在的“体外循环”“隐性审批”等行为。加快制定符合“拿地即开工”等基本要件“正面清单”及安全、环保、能耗等刚性要求“负面清单”，对简易低风险工程建设项目实行“清单制

+告知承诺制”审批。

强化碳达峰碳中和项目要素保障。坚持“要素跟着项目走”机制，强化资源要素省级统筹力度，提前谋划好绿色低碳项目的土地、能耗、资金等要素，促进项目与政策体系的精准匹配和衔接平衡。建立碳达峰碳中和重大项目要素优先保障机制，纳入省碳达峰碳中和重点项目库和省级各类重点项目投资计划的项目，要优先保障用地、用能、环境容量等指标，优先安排各类专项资金、政府专项债券和 PPP 模式支持，优先争取金融机构资金支持。对关系到全局和长远发展的标志性绿色低碳项目开设绿色通道。重点加强绿色低碳项目用地保障，全面落实《安徽省人民政府关于委托用地审批权的决定》，将依法由省人民政府审批的分批次农用地转用、土地征收及城乡建设用地增减挂钩实施规划事项，委托给设区市和县级市、省直管县人民政府批准，提高用地审批质效。对纳入国家重大项目清单的项目用地和纳入省重大项目清单的单独选址的绿色低碳项目用地，直接配置使用国家用地计划。

审　稿：樊明怀

执　笔：王　斌　吕朝凤　夏兴萍

程洪野　赵皓矾

安徽省城乡建设绿色发展研究

城乡建设是贯彻新发展理念和构建新发展格局的重要落脚点，更是推动碳达峰碳中和目标如期实现的重要环节。当前，城乡建设中仍存在一些突出问题与绿色发展要求相悖，开展城乡建设绿色发展措施研究对于全面贯彻新发展理念，从全过程和各方面夯实城乡建设高质量发展的基础，构建更高质量、更有效率、更加公平、更可持续、更为安全的发展格局，具有十分重要的意义。

本专题在梳理国家政策要求和导向的基础上，通过分析安徽省城乡建设绿色发展的现状、存在的问题，总结借鉴其他省市的经验做法，提出安徽省推进城乡建设绿色发展的措施建议。

一、国家政策要求和导向

2021 年 10 月，中共中央办公厅、国务院办公厅印发了《关于推动城乡建设绿色发展的意见》（以下简称《意见》）。《意见》坚持人与自然和谐共生，整体与局部相协调、效率与均衡并重，公平与包容相融合，保护与发展相统一、党建引领与群众共建共治共享相结合，提出到 2025 年城乡绿色发展体制机制和政策体系基本建立，建设方式绿色转型成效显著，碳减排扎实推进，城乡发展质量和资源环境承载能力明显提升，综合治理能力显著提高，绿色生活方式普遍推广；到 2035 年，城乡建设全面实现绿色发展，碳减排水平快速提升，城乡品质全面提升，治理体系和治理能力基本实现现代化，美丽中国目标基本实现。

《意见》提出通过促进区域和城市群绿色发展，建设人与自然和谐共生的美丽城市，打造绿色生态宜居的美丽农村；建设高品质绿色建筑，提高城乡基础设施体系化水平，加强城乡历史文化保护传承，实施工程建设全过程绿色建造，推动形成绿色生活方式来转变城乡建设发展方式；统筹城乡规划建设管理，建立城市体检评价制度，加大科技创新力度，推动城市智慧化建设，推动美好环境共建共治共享；加强党的全面领导，完善工作机制，健全支撑体系，加强培训宣传。

二、其他省市的经验做法

近年来，各省市以绿色低碳发展为路径，在城乡建设过程中积极探索适合绿色发展要求的体制机制和政策措施，开展了很多有益的尝试，取得了积极成效，为我省推进城乡建设绿色发展提供了借鉴。

（一）强化政策引领，注重制度创新

一是强化政策引领。上海市制定了《关于推进本市绿色生态城区建设的指导意见》《上海市绿色发展行动指南》等政策文件，将绿色发展理念纳入城市规划、建设、运营各方面。江苏省发布了《江苏省绿色建筑发展条例》等15部绿色建筑系列地方标准，将绿色建筑要求纳入立项审批、规划设计、施工图审查、竣工验收等环节，启动了法制保障下全面推广绿色建筑的进程。二是注重制度创新。广东省率先对绿色建筑运行启动“后评估”，要求县级以上住建部门动态监管绿色建筑的运行情况。浙江省积极推进市场机制创新，在生态保护补偿、水权交易、排污权交易、矿业权交易等方面进行了市场化改革和实践。江苏省将绿色建筑发展指标纳入全省生态文明建设规划、人居环境奖创建指标、大气污染防治行动计划以及高质量发展监测评价等考核体系之中，形成了省、市、县协调联动的长效推进机制。

（二）科学确定国土空间，构筑合理城镇体系

一是科学确定国土空间。江苏省统筹划定落实“三线一单”，加强重点功能区建设，形成“生态优先、带圈集聚、腹地开敞”的国土空间总体格局。上海市构建了“一主、两轴、四翼，多廊、多核、多圈”的国土空间结构，实现规划编制、审批、实施、监管全过程管理。广东省明确建立“四级三类”国土空间规划体系，围绕实现“一核一带一区”区域发展格局，打造“一核两极多支点”的国土空间开发利用格局，构建“一链两屏多廊道”的国土空间保护格局。二是构筑合理城镇体系。上海市以主城区、新城和城镇圈为抓手，统筹空间资源要素，对乡村地区进行分类指引，形成“主城区—新城—新市镇—乡村”的城乡体系。江苏省在乡村空间优化领域突出差异化特征，分类分层规划镇村布局，构建“三圈两带”的城镇空间格局与特大城市、大城市、中等城市、小城市协调发展的城镇体系。

（三）加强设施建设，强化共建共享

一是打造绿色基础设施。广东省分层次、分区域、分类别打造完善的绿色基础设施网络，推进绿道功能完善、城市绿带、城乡水网连接等“链接系统”项目建设。上海市积极推进生态廊道建设，打造“公园城市”“森林城市”“湿地城市”的生态空间。江苏省将生态环保理念贯穿于交通基础设施规划、建设、养护和运营全过程，全面加强高铁、城际轨道建设，大力发展江海河联运，积极推广新能源车辆，建设绿色循环低碳交通运输体系。浙江、福建等省份通过PPP模式引入社会资本，集中成片推进海绵城市改造建设，推进公园绿地建设和自然生态修复，以及城市排水防涝设施等基础设施建设。二是公共服务共建共享。广东省全省“一盘棋”推进，构建基本公共服务标准化体系，明确省级与市县财政事权和支出责任，强化基本公共服务标准实施应用和绩效考核，推进城乡和区域之间基本公共服务均衡发展。山东省强化财政投入、用地保障和人才要素调配，优化城乡公共服务设施布局，统筹规划建设教育、医疗、养老和社区服务设施，建立劳动就业、社会保障省内跨区域流转衔接制度。四川、重庆出台便捷生活行动方案，提出户籍迁移跨省市“一站式”快捷办理、跨省异地住院定点医院门诊费用直接结算、养老保险关系无障碍转移接续、住房公积金跨区域转移接续和互认互贷等16条便民政策举措。

（四）强化技术创新，推动智慧化管理

一是完善绿色技术创新体系。河北省强化绿色技术创新政策支持，对符合条件的绿色技术创新企业，实施税收优惠政策。湖北省加大政府绿色采购范围及力度，探索以政府购买方式向社会免费推广应用共性关键绿色技术。上海市开展绿色技术银行的探索和实践，积极构建“绿色科技成果+金融”的转化机制。浙江省设立国家绿色技术交易中心，打造具有国内引领性、国际影响力、全面开放的市场化绿色技术交易综合性服务平台。江苏省建立绿色技术知识产权公共服务平台，利用知识产权大数据推动绿色创新发展。二是加强智慧化建设管理。浙江省开展“城市大脑”建设应用行动，杭州市构建了“531”① 城市大脑逻辑架构体

① “5”即“五个一”：打通“一张网”，一张确保数据无障碍流动的网，通过统一标准，支撑“城市大脑”的数据资源需求；做大“一朵云”，一朵将各类云资源连接在一起的“逻辑云”；汇聚“一个库”，形成城市级数据仓库，同时做好数据治理，确保数据鲜活、在线；建设“一个中枢”，作为数据、各系统互通互联的核心层，实施系统接入、数据融合、反馈执行；建强“一个大脑”，在全市实施统一架构、一体化实施，彻底打破各自为政的传统建设模式，实现市、区两级协同联动，防止重复建设。

“3”即“三个通”：第一个“通”是市、区、部门间互联互通；第二个“通”是中枢、系统、平台、场景互联互通；第三个“通”是政府与市场的互联互通。

“1”即“一个新的城市基础设施”。城市大脑通过全面打通各类数据，接入各业务系统，实施融合计算，将为城市建设一个会思考、能迭代进化的数字化基础设施。

系，打造“全国数字经济第一城”和“全国数字治理第一城”。银川市出台了全国首部智慧城市建设地方法规《银川市智慧城市建设促进条例（草案）》，搭建“一图一网一云”① 架构。北京海淀区搭建了“城市大脑”运行管理平台，构建起接入能力达500 万量级的全区物联感知网络平台，初步实现城管事件的智能发现和自动化处置。

（五）推行绿色建造，倡导低碳生活

一是深化建筑绿色节能。浙江省全面实施民用建筑节能评估制度，创新提出购买二星级以上绿色建筑的公积金贷款额度最高可以上浮 20%。上海市构建“全市统一、分级管理、互联互通”的国家机关办公建筑和大型公共建筑能耗监测系统，将建筑能源数据资源的管理升级到“数据治理”，逐步形成规范、开放的“大数据服务生态体系”。湖南省建立健全建筑能耗统计、能源审计、能耗监测、能效测评和信息公示制度，实施能耗限额管理。二是加快实施绿色建造。湖南省、深圳市、常州市作为首批绿色建造试点，出台了绿色建造试点实施方案，加强相关配套政策和技术指导文件的制定和贯彻实施，探索建立绿色建造技术体系、管理体系、实施体系和评价体系。江苏省构建贯穿设计、建造、运营、拆除建筑全生命周期绿色发展新格局，探索建立工程项目绿色施工动态考核评价体系和绿色建材采信应用工作机制，鼓励发展绿色建筑、装配式建筑，推广绿色建材产品。三是推动形成绿色生活方式。山西省通过开展节约型机关、绿色家庭、绿色学校、绿色社区等绿色生活创建行动，推广简约适度、绿色低碳、文明健康的生活理念和生活方式。广东省部署开展环境卫生提升、绿色生活普及等行动，推动全社会向绿色环保的生活方式转变。江苏省在省级层面设立了城市生活垃圾分类和治理创新重点项目，探索创新垃圾分类模式，引入垃圾分类积分机制，通过开设垃圾分类主题直播、发布公益广告等方式积极推广生活垃圾分类。天津市广泛开展绿色生活创建行动，推进绿色低碳消费，推行绿色交通、低碳出行，引导民众形成简约适度、绿色低碳、文明健康的生活方式。

---

① “一图”即利用真三维地图，对城市各要素进行空间节点定位；“一网”即建设骨干容量 8000G 的光纤有线专用网络，将城市空间各节点进行网络连接；“一云”即将各节点要素产生的数据通过一网传到大数据中心，进行数据存储挖掘、分析应用。

三、我省城乡建设绿色发展的现状与问题

（一）我省城乡建设绿色发展的现状

“十三五”以来，安徽省以习近平新时代中国特色社会主义思想为指导，把新发展理念落实到城乡建设绿色发展的各个领域，城乡建设水平日益提升，城乡生态环境质量和资源环境承载能力显著增强。

1. 城乡规划引领作用持续增强

省域空间规划体系不断完善，“多规合一”试点工作顺利开展，国家新型城镇化试点省建设全面完成。长三角城市群建设深入推进，城镇体系规划积极落实，合肥都市圈、芜马城市群、皖北等三个城镇体系规划获省政府批准实施，“一圈五区”区域发展布局基本形成。城市总体规划修编及实施有序开展，合肥长三角城市群副中心辐射力和带动力进一步增强，安庆、蚌埠、阜阳等区域性中心城市建设深入推进，中心城市能级大幅提升。新一轮县城规划编制全面完成，宜居县城建设试点工作顺利开展。91 个县（市、区）完成了县域乡村规划编制，乡村布局体系进一步确定，规划对基础设施和公共服务建设项目的指导性进一步增强。

2. 城乡建设水平日益提升

海绵城市建设逐步推开，16 个省辖市全部完成海绵城市建设专项规划编制。地下综合管廊建设加快推进，开工建设地下综合管廊 257.43 公里，累计新建改造排水管渠 5860.8 公里。城乡公共服务设施不断完善，建成运营城市轨道交通 4 条、在建 11 条，总里程达 343 公里；新建改建农村公路 12.7 万公里；新建、改造、开放城镇公厕 8257 座。居民居住条件显著改善，开工建设棚户区改造住房 135.81 万套，改造城镇老旧小区 3024 个，建成保障性安居工程 156.44 万套，改造农村危房 47.37 万户。城市步行和公共自行车交通系统试点省建设不断深化，宿州、蚌埠、阜阳、芜湖四市公交都市建设扎实推进。数字化城市管理平台全面建成，全省实现数字城管全覆盖。城乡居民基本医疗保险和大病保险实现统一，基本医疗保险、基本养老保险实现全覆盖。文化事业和文化产业繁荣发展，入选地级全国文明城市总数居全国第 2 位。美丽乡村建设顺利推进，建成省级美丽乡村中心村 8290 个。

3. 城乡生态环境质量显著改善

全面开展城市街区整治提升行动，城镇市容环境显著改善。新建城镇污水处理厂 27 座、垃圾处理厂 30 座，生活污水、垃圾日处理能力分别增加 350 万立方米、26 403 吨。安徽省在全国率先出台省级《城市生活垃圾分类导则》，生活垃圾分类积极推进，所有市县享有生活垃圾无害化处理设施。全省 PM2.5 平均浓度下降 25%，空气质量优良天数比例达到 82.9%，森林覆盖率达到 30.22%，地表水国家考核断面优良比例达到 87.7%，城市黑臭水体基本消除。设区城市生活污水集中处理率、建成区绿化覆盖率等指标均居全国中上水平。省域"万里绿道网"全面形成，14 个省辖市、4 个县级市、22 个县城成为全国园林城市（县城）。农村人居环境质量不断改善，基本构建了"户集中、村收集、乡镇转运、市县处理"的农村生活垃圾收运处置体系，农村生活垃圾无害化处理率达到 70% 以上。传统村落保护力度加大，400 个村落列入中国传统村落保护名录、数量居全国第七位。

4. 建筑业绿色转型步伐加快

装配式建筑和绿色建筑发展规模稳步扩大，新增国家级装配式建筑产业基地 12 个、省级装配式建筑产业基地 20 个，新开工装配式建筑年均增长 26.85%，新增绿色建筑 2 亿平方米，城镇新建建筑执行节能强制标准比例达到 100%，新建建筑按绿色建筑标准设计建造率达到 76.99%，可再生能源建筑应用比例达到 70.25%。新增施工总承包特级资质建筑企业 25 家，总量居全国第七位。建筑业增加值占全省 GDP 的比重达到 10% 以上，解决了近 200 万人的就业问题。

5. 绿色科技创新能力不断提升

构建市场导向的城乡建设绿色技术创新体系工作取得长足进展。建设合肥综合性国家科学中心能源研究院、环境研究院等绿色创新平台，积极开展可再生能源、生态环境等领域绿色技术创新。全面推进建筑科技创新，依托安徽建筑大学成立安徽省建设领域碳达峰碳中和战略研究院，开展建设领域碳达峰碳中和关键技术、标准体系等专题研究。积极开展绿色技术创新转移转化示范，企业绿色发展意识和绿色制造水平显著提升。"十三五"以来，全省共创建国家级绿色工厂 107 家（全国第 6）、绿色设计产品 305 种（全国第 2）、绿色园区 11 个（全国第 2）、绿色供应链管理示范企业 11 家（全国第 9），培育安徽省绿色工厂 249 家，工业产品绿色设计示范企业 8 家，数量均居全国前列。

（二）我省城乡建设绿色发展的问题

“十三五”期间，我省城乡建设绿色发展整体向好，成效明显。但同时，我省城乡建设绿色发展不平衡不充分问题仍然突出，一些领域仍然存在薄弱环节。

1. 地区间和城乡间发展不均衡

安徽省不同地区之间、城乡之间绿色发展不均衡，皖北和皖南发展差距大。2020 年皖北六市空气质量综合指数在 4. 43 以上，高于省内其他各市及全省平均值，地表水质量整体也较其他地市差。城乡之间发展不平衡不充分，城乡生态统筹不足，农村基础设施和公共服务仍然薄弱，教育、医疗、养老等发展滞后于城市，城乡基本公共服务均等化还有待进一步推进。

2. 城市品质有待进一步提升

城市绿色节约型基础设施建设水平总体不高，绿色低碳发展理念贯彻的深度和广度有待提升。2020 年安徽省城市人均公园绿地、建成区绿化覆盖率、建成区绿地率分别位于全国第 13、12、13 位，城市绿化水平整体不高。城市市政基础设施历史欠账较多，“短板”依然突出。2020 年安徽省城市建成区供水管道密度、排水管道密度、路网密度、绿化覆盖率分别位于全国第 12、7、14、12 位，与江苏、浙江等省份相比还存在一定差距。县城在宜居性规划建设方面有待提升，2020 年我省县城建成区绿化覆盖率达到 37. 67%，分别低于江苏、浙江 4. 97 个百分点、5. 58 个百分点。城市特色风貌缺失，一些地区开发建设模式简单复制问题突出，空间资源集约利用程度需要进一步提升，历史风貌保护需要进一步加强。部分城市建设的整体性、系统性、包容性不足，城市设计的推进机制有待进一步健全。

3. 乡村建设绿色发展有待加强

尚未建立适宜于我省乡村经济发展水平的乡村规划、设计、建造、运营、配套技术和产品建设体系。农房建设管理还相对薄弱，农房功能品质、设计建造质量水平还有待进一步提高，配套设施不够完善。乡村人居环境问题仍是短板，脏乱差问题在一些地区还比较突出。农业面源污染形势严峻，农药、塑料薄膜使用量大，多种禁用农药、非标地膜仍在销售使用。乡风文明建设有待加强，大操大办、铺张浪费、盲目攀比等陋习仍不同程度存在。乡村产业生态化和生态产业化有待加强。乡村产业融合发展仍处于初级阶段，各产业之间融合度不高、融合规模较小、程度较低，农产品加工深度不足、产业链条不长，经营主体合作方式单一。

4. 绿色建造体系尚不完善

住宅建设与人口资源环境状况不完全适应，科技贡献率低、资源消耗高。农房设计水平和建造质量不高，农房建设的技术指导和服务不够。工程建设领域标准不足、满足市场多元需求的团体标准尚处于起步阶段，标准国际化程度低。建筑业仍然存在资源消耗大、污染排放高、建造方式粗放等问题，与“创新、协调、绿色、开放、共享”的新发展理念的要求还存在一定差距，建筑领域碳达峰、碳中和任务艰巨。2020 年全省装配式建筑占新建建筑面积比例为 17.78%，分别低于江苏、浙江约 13 个百分点、12.5 个百分点；绿色建筑占新建民用建筑面积比例为 60%，分别低于江苏、浙江约 38 个百分点、37 个百分点。

5. 绿色科技创新水平有待提升

支撑建设行业绿色科技创新的内生动力不足。绿色建筑推广主要以行政力量约束为主，市场绿色消费氛围尚未完全激发，建筑各方责任主体积极性不足，难以吸引企业主动投入绿色科技研发及绿色商品的生产。建设绿色科技创新平台辐射有限，建设科技创新和成果推广应用的机制不够健全，成果转移转化力度不足。绿色科技研发投入占比不高，政府引导绿色科技创新的税收激励制度有待进一步完善。绿色金融支持力度亟待提升，还存在组织机构不健全、信息基础设施不完善、激励约束体制不足、专业人才短缺，产品创新不够、协同机制不到位等问题。

四、推进我省城乡建设绿色发展措施建议

（一）加强城乡建设绿色发展的顶层设计

1. 构建城乡建设绿色政策体系

加快城乡建设和历史文化保护传承等法律法规的制修订工作，夯实城乡建设绿色发展的法治保障基础。落实和完善绿色建筑、资源综合利用、绿色技术研发等税收优惠政策，建立健全有利于城乡绿色低碳发展的税收政策体系。制定促进绿色建筑发展的配套奖励政策，促进绿色建筑高质量发展。研究出台运输装备改造升级、公共交通发展等方面的支持政策，建设绿色交通体系。建立完善节能减碳、城市更新、乡村建设、历史建筑保护修缮等技术标准体系。

2. 完善城乡建设绿色规划体系

坚持“多规合一”，完善国土空间规划，统筹布局生态、农业、城镇空间，

划定生态保护红线、永久基本农田、城镇开发边界等管控边界，发挥国土空间规划在规划体系中的基础性作用，强化空间保障。统筹开展生态环境保护、文物保护、林业等专项规划的编制，构建完善的交通、能源、建筑、农业、市政等基础设施、公共服务设施体系，系统推进城乡建设绿色发展。推进县域乡村规划编制，科学安排县域乡村布局、资源利用、设施配置、产业发展、生态保护修复和综合整治、历史文化保护及特色风貌引导，推动城乡融合发展，打造美丽乡村。

（二）推动区域和城市群绿色发展

1. 加快城市群绿色发展

提升合肥都市圈绿色发展水平。立足都市圈生态系统的整体性，以巢湖绿心建设为引领，加强生态环境共保联治，积极推动国土绿化，提升各类生态空间建设水平；加强城市绿地建设，提升城市生活品质；加强与南京都市圈绿色协同发展、区域联动，对标对表上海大都市圈，强化绿色城乡建设能力。强化合芜蚌国家自主创新示范区绿色创新能力。坚持市场导向，充分发挥各类创新平台支撑作用，加快突破绿色建筑、绿色建造等领域技术发展瓶颈；加强城乡建设领域高水平绿色技术研发人才和产业人才的培育和引进，积极培育高成长性创新型企业，打造高水平创新型园区。推动皖江城市带承接产业转移示范区绿色转型。推动生态廊道建设，强化重点企业污染防治，限制长江沿线新建石油化工、煤化工项目，禁止建设新增长江水污染物排放项目。强化工业集聚（园）区污染治理，引导工业企业向园区集中，全面推行园区企业废水量、水污染物纳管总量双控制度，建设绿色工厂和绿色园区。强化沿江湿地、自然保护区保护和管理，恢复湿地生态功能，建设完善生态防护林体系。统筹整合港口资源，形成功能互补、联动发展的港口群。加大对取水口、引江口、湿地、河势不稳定区域岸线保护力度，推进崩岸治理，加快河段整治。加快构建多中心、多层级、多节点的网络型城市体系，打造与沪苏浙同步的现代化基础设施体系。提升皖北地区资源环境承载力。探索流域水资源和水环境综合管控路径，加快现代水网体系建设；稳步提高粮食综合生产能力，发展节水设施农业，打造国家重要的粮食生产和现代农业基地；健全淮河两岸生态防护体系，高标准推动淮河流域环境联防联控。积极推进引江济淮生态走廊建设，构建农田林网、骨干道路林网，推进石质山造林绿化。深入推进皖西大别山革命老区绿色振兴发展。巩固拓展脱贫攻坚成果，突出发展适应性产业和特色经济，积极打造全国重要的特色优势农产品供应基地、长三角高品质红色旅游示范基地和旅游康养基地；进一步加强交通基础设施建设，不断完善对外联通的立体交通网；加强生态环境保护，强化大别山区水土保持综合防护建设，强化长江和淮河中下游地区生态安全屏障的重要作用。加快皖南国际文化旅游示范区绿色发展。依法依规开发利用生态资源，全面推进全域旅游，进一步加大皖南古村落保护力度，完善非遗保护体系，促进生态、文化、旅游深度融合，提升旅游产业含绿量；加快杭黄世界级自然生态和文化旅游廊道建设，逐步建成以大黄山国家公园为主体的自然保护地体系。

2. 构建绿色发展的城乡空间体系

构建“多规合一”的国土空间规划体系，分解下达耕地保有量、生态保护红线面积、城乡建设用地规模等约束性指标，实行总量管控。统筹布局生产、生活、生态空间，构建低碳高效的国土空间新格局。推动城市组团式发展，科学确定建设规模，控制新增建设用地过快增长。综合考虑城乡功能定位、文化特色、建设管理等因素，优化城乡建设绿色发展空间布局，推动空间结构与城镇规模、产业发展和生态容量相适应，建立“城镇群经济圈+县域经济+重点镇+园区发展”城乡融合新型城镇体系。

3. 加快绿色交通体系建设

加强以合肥为中心，芜湖、蚌埠、阜阳、安庆、黄山为支撑，其他各市为节点的综合交通枢纽体系建设。完善加密高速铁路通道布局，加快形成以合肥为中心、通达全国主要城市的现代高效铁路网。加快通用机场建设。大力推进内河航道建设，建成引江济淮航运工程，建设沙颍河、新汴河、新安江等主要支流航道。实施公交优先战略，推进“公交都市”建设，持续完善城市轨道交通、公交专用道、快速公交系统等公共交通基础设施建设，推动城市公交线路向周边重点乡镇延伸和农村客运班线公交化改造。全面推广应用新能源和清洁能源车船，加强充电加气设施的规划与建设，在城市公交、出租汽车、城市物流配送、公务用车等领域优先使用新能源汽车。加强自行车专用道和行人步道等城市慢行系统建设。在交通建设领域推行生态环保设计。

（三）推进绿色城市建设

1. 提升城市生态环境质量

实施流域污染治理，系统开展江河、湖泊、湿地等水体生态修复，坚持生产、生活、生态用水“三水共治”，推进水系跨区域联防联治，统筹考虑河、湖、岸、植物、生物等生态要素，防涝、治污、生态一起抓。推动涉重金属污染企业搬迁和转型升级，开展垃圾填埋场等综合治理修复工程。推进工业减排，进一步深化燃煤锅炉综合治理，提高工业锅炉、窑炉清洁生产水平。深化道路、建筑工地等扬尘综合整治，强化对渣土运输车辆的监控和密闭化管理，提升道路作业方式的机械化和低尘化水平。将噪声污染防治纳入城市规划，合理规划各类功能区域和交通干线走向。推行城市立体绿化建设，丰富屋顶、棚架、墙面、立交桥等空间绿色层次。

2. 全域推进韧性城市建设

留好应急反应的战略留白空间，建设应急避难场所，构建结构化、网络化、分层级的公共开放空间体系。提高基层医疗卫生机构建设标准，均衡布局发展基层医疗设施，减少病人集中就诊大型医院产生的交叉感染风险。提升大型公共建筑应急功能，加快推进现有基础设施改造提升。构建弹性高效的社区治理体系，建立健全应急医疗服务体系，通过“分布式接诊，集中式治疗”方式缓解突发性公共卫生事件就诊压力。高标准建设各项生命线工程，提升给排水、供电、供气、交通、信息通信、铁路、公路路基、输电线路等建设、运行调度和养护维修技术标准。将海绵城市建设要求融入城市规划建设管理各环节，因地制宜建设湿地公园、雨水花园等海绵绿地，推进综合“渗、滞、蓄、净、用、排”功能的雨水控制利用系统。完善城市防洪排水系统，对城市易涝点的雨水口和排水管渠进行改造，开展深隧排水系统建设、中心城区低洼易涝区综合治理，提升新建城区排涝系统建设标准。

3. 推进绿色街区建设

提升住房市场供给品质，优化空间布局，促进住房供需平衡、职住就近平衡。加快推进老旧小区绿色改造。建立推行社区人居环境建设整治制度体系，深入开展绿色社区创建行动，有序推进社区节能节水、绿化环卫、垃圾分类、设施维护等工作。推进社区基础设施配套工作，充分考虑设施资源服务半径，配套中小学、幼儿园、菜市场，以及社区养老、医疗卫生、文化服务等设施。合理布局建设公共绿地，增加公共活动空间和健身设施，建成一批小微游园、街头绿地、社区公园和市民休闲森林公园。组建街区志愿者服务队，开展街区环境综合整治活动，提升公共空间的市政市容环境水平。打造涵盖安保、公共设施管理、环境卫生监测等功能的社区综合管理平台，提升精细化、信息化、智能化管理水平。

营造社区宜居环境，优化停车管理，规范管线设置，加强噪声治理。通过线上线下相结合的宣传教育渠道，开展丰富多样的宣传活动，培育社区绿色文化，广泛普及绿色低碳知识，推动居民生活方式绿色低碳转型。强化历史文化资源保护传承与科学利用，修缮和建设一批历史文化建筑和特色街区。

4. 推动城市智慧化建设

进一步完善数字城管平台功能，实施网格化、精细化管理，提升城市综合管理智慧化水平，加大物联网、云计算、大数据等数字化信息技术在市政道路、桥梁、供排水、供气、供热等城市管理领域的应用。推广“合肥模式”，建设各市城市生命线安全工程监测中心，升级建设覆盖全省的省级城市生命线安全工程运行监管平台，打造城市生命线安全工程“1+16”运行体系，形成全省城市生命线安全工程监测网。提高5G网络城镇覆盖率、4K/8K超高清承载能力，推广智慧广电建设。完善城乡一体的公共安全视频监控网络，推进平安乡村、智安小区建设和居住出租房屋“旅馆式”管理。打造智慧交通，建成城市公共交通诱导、智慧停车系统，提高通行效率。打造智慧服务，建立涵盖社保、公交、金融、医疗、旅游、水电气缴费等范围的市民一卡通。打造智慧政务，推广线上业务办理，提高涉民服务和审批网上办理的比例，提升政务服务效能。

（四）打造绿色生态宜居的美丽乡村

1. 推进农村环境治理

严格执行生态保护红线管控制度，强化耕地、水域岸线、湿地等用途管控，加强山体、森林、湿地、水体、植被生态保育和修复，严禁不合理开发建设活动对资源环境的破坏。开展农用地土壤污染状况详查，划定农用地土壤环境质量类别，开展污染耕地分类治理。加大农业面源污染治理力度，严格落实工业和城镇污染物处理和达标排放。加大对破坏农业资源环境违法行为的查处力度，对典型案件实施挂牌督办。依法落实秸秆禁烧制度，建立秸秆禁烧目标责任制。全面推广秸秆精细化还田、秸秆青贮等技术，深入推进秸秆多元利用体系建设。加快畜禽粪污资源化利用，加强粪污收集、贮存、处理、利用设施建设。加强废旧农膜回收处理，普及可控全生物降解地膜。探索农药包装废弃物回收和集中处理方式，依法落实使用者妥善收集、生产者和经营者回收责任。坚持自然、乡土、经济原则，加强村边、山边、农田林网绿化和庭院绿化。推进农村改厕规范升级，完善农村改厕后续管护机制，探索农厕粪污资源化利用路径，鼓励建设有机肥加工、生物质制气等资源化利用项目。严格落实“河长制”“湖长制”，推动河湖管理保护专业化、社会化。

2. 推进绿色村镇建设

传承村镇风貌特色，突出乡村自然人文特色，加强村庄规划的编制落实工作，推行农房设计指导。制定完善村镇基础设施建设总体规划，持续完善村镇文化教育、医疗卫生、养老、供水供电、娱乐等基础设施建设。构建绿色低碳能源体系，推进屋顶分布式光伏建设，推广分散式风电，加强配电网、储能、电动汽车充电桩等能源基础设施建设，实施“气化乡村”工程，推动供气设施向农村延伸，提高生产生活用能清洁化水平。统筹大中小河流、水渠及毛细渠建设，加快完善管道输水、喷灌、微灌等先进节水灌溉工程体系。完善农村路网建设，加强农村公路管理养护，形成县乡村三级管理养护体系。推进农村电网改造升级，全面提高电网承载率。实施村内主干道和公共活动区域亮化工程。完善电信普遍服务，开展宽带乡村工程，加快农村高速宽带网络建设，降低网络资费，扩大农村宽带普及，提高行政村互联网宽带入户率。因地制宜利用村内空闲地、拆后空地建设公共休憩空间、生态停车位，合理设置充电桩等公共服务设施。

3. 推进乡村产业振兴

大力推广粮经饲统筹、种养加结合、农林牧渔融合循环发展等方式，积极发展农业循环经济。积极发展绿色、有机和地理标志优质特色农产品，围绕园艺产品、畜产品、水产品、林特产品、杂粮、中药材等，打造一批品种丰富、集群发展、绿色高效的特色农产品优势区，鼓励创建区域特色农产品品牌。大力发展木本油料林、特色经济林、苗木花卉和林下经济，因地制宜发展农副产品加工、手工制作、乡村旅游、农村康养、乡村共享经济等产业。推广应用绿色技术模式和新机具、新设备，实施农产品加工业提升行动，推进农产品就地加工转化增值。利用电商服务平台、农村电商服务站点、寄递业（快递、村邮站）服务站点，大力发展农村电商，拓展农副产品、旅游资源等营销渠道。培育壮大“新农人”，扶持种养大户、家庭农场、农民专业合作社、农业龙头企业等新型农业经营主体，辐射带动小农户，不断增强乡村产业发展新动能。

4. 加强乡村乡风建设

开展生态文明教育宣传，全面抓好践行社会主义核心价值观的宣传教育。深入实施“乡村文明行动”，认真抓好农村“四德”建设，广泛开展建设“好家庭”，弘扬“好家风”主题活动，宣传发掘更多平民“道德明星”，倡导崇善向上、勤劳致富、邻里和睦、尊老爱幼、诚信友善、扶贫救弱的乡村文明新风尚。制定和完善村规民约，推进移风易俗，引导村民摒弃陋习。加强历史文化保护传承，做好历史文化建筑保护，对具有乡村传统风貌和历史文化价值的传统村落、古民居、古建（构）筑物，建立完善名录档案，实施维修与保护性开发。传承农村优秀传统文化，加强对农村优秀民族民间文化资源的系统发掘、整理和保护，积极开发具有民族传统和地域特色的剪纸、绘画、陶瓷、泥塑、雕刻、编织等民间工艺项目。丰富农民群众精神文化生活，充分利用农闲、节日和集市，组织花会、灯会、赛歌会、文艺演出、劳动技能比赛等群众文化活动，继续开展“三下乡”、文化对口支援活动。

（五）建立绿色建造体系

1. 全面提升绿色建筑品质

全流程推进绿色建筑建设。加快覆盖设计、施工、监理、检测、验收等全流程建筑节能与绿色建筑标准体系建设，城镇新建建筑严格执行绿色建筑标准，鼓励各地制定更高要求的绿色建筑技术标准。积极开展超低、近零、零碳排放建筑项目示范，加快碳中和建设项目试点。推行绿色建筑运行“后评估”，建立绿色建筑信息平台，强化市县的动态监管，建立绿色建筑监管的长效机制。深入开展机关办公建筑和大型公共建筑能源统计、审计和公示工作。建立绿色住宅使用者监督机制，鼓励将绿色低碳性能指标纳入商品房买卖合同。从室内空气、水质、温度、隔声等方面，提升绿色建筑安全性、舒适性、智能化水平。推进既有建筑绿色改造。结合老旧小区改造，有序推进既有居住建筑绿色改造，鼓励在既有建筑绿色改造中使用节能玻璃、发电玻璃、储能等绿色材料。推动可再生能源应用。提高可再生能源在建筑中的应用水平，积极发展分布式能源，在绿色建筑、绿色生态住宅小区中因地制宜推进可再生能源的深度、复合应用，鼓励有条件的地区建设可再生能源区域集中供冷供热、分布式光伏发电、储能等技术，实施“智能光伏+绿色建筑”，持续优化建筑用能结构。

2. 建立健全绿色建造体系

把绿色发展理念融入工程建造的全要素、全过程，建立健全绿色建造技术体系、管理机制和政策体系。坚持绿色设计引领，将绿色设计贯穿项目建设全过程和全生命周期，减少污染物排放和能源、资源消耗。推广建筑信息模型（BIM）

技术运用，推进绿色建筑设计主导下的多专业协同，推动建筑技术与艺术、科技与人文融合发展。培养一批有行业影响力的绿色建筑设计人才，培育一批有影响力的绿色建筑设计企业。深入推进绿色施工，加强建筑市场与施工现场联动，加强智慧工地建设，创建绿色施工科技示范工程，探索建立工程项目绿色施工动态考核评价体系。持续落实建筑垃圾减量化，建立建筑垃圾分类管理制度，规范建筑垃圾堆放、中转和资源化利用场所建设和运营管理，加强工程渣土泥浆、建筑垃圾等资源化利用，支持符合条件的城市开展建筑垃圾资源化利用示范城市建设。推进绿色建材产品认证和采信应用，建立健全绿色建材监督管理体系，鼓励绿色建筑、装配式建筑优先采用绿色建材产品。提升绿色运营管理水平，规范绿色建筑标识管理，积极引导项目单位申报三星级绿色建筑标识。完善建筑能耗分项计量、监测和评估制度，开展绿色建筑运行评估，加强建筑能效测评工作，强化能效测评机构信用管理。指导各地定期更新维护建筑能耗监管平台，实现建筑能耗实时采集、实时监测，并及时公示披露重点用能建筑能耗信息。强化绿色建筑标识应用，引导物业管理企业开展绿色物业管理。

（六）倡导绿色生活方式

1. 加强绿色生活方式宣传示范

广泛开展全民生态文明宣传教育活动，积极利用互联网、微信及公众号、微博、抖音等新媒体工具，创新市场化宣传方式，探索社会资本参与，实现“双赢”“双促进”，持续完善绿色生活宣传体系。聚焦节水节电节材、环保再生产品消费、垃圾分类投放、绿色低碳出行、餐饮光盘行动等公众参与度高的绿色生活行为，增强宣传实效，帮助居民掌握生活方式绿色化的基本知识，树立绿色消费观念，自觉抵制攀比和浪费的不良消费行为。发挥示范引领作用，加强生活方式绿色化行动中典型经验、典型案例的宣传推广，用绿色发展观念引导正确生活行为，推动绿色生活消费方式成为居民自觉行动。加强对青少年等重点人群的教育引导，将绿色低碳知识融入家庭教育、学校教育等体系，组织多样化社会实践活动。

2. 开展生活方式绿色化创建行动

从衣食住行用游全领域、全方位、全环节入手，开展生活方式绿色化创建行动，在全社会积极营造绿色生活氛围。推动绿色产品标准、认证、标识在省内的使用和采信，提高省内绿色产品供给数量及质量，打通绿色产品流通渠道，积极利用电商平台促进绿色产品销售。深入推进绿色消费革命，提升绿色产品在政府采购中的比例，深入开展绿色生活创建行动。倡导低碳绿色出行，优先发展公共交通，推广新能源汽车使用，深入推动城市慢行系统建设，实施慢行系统完善工程，打造慢行系统示范区，合理限制小汽车交通，鼓励“步行+自行车”出行。强化生活垃圾分类处置，积极探索智能生活垃圾分类系统、积分制等垃圾分类的新模式、新技术、新理念，加快建设生活垃圾和再生资源回收站点、分拣中心、集散市场“三位一体”的回收网络，采取奖惩并行的方式，构建城市生活垃圾分类全过程体系。建立长效管理机制，在全省范围内有序禁止、限制一次性消费用品，深入开展塑料污染全链条治理。倡导餐饮快递行业绿色发展，鼓励餐饮企业提供节俭用餐服务，提升餐饮外卖、快递包装等行业绿色发展水平。

（七）强化创新支撑

1. 建立城乡建设绿色发展评估考核机制

建立城市体检评估机制。构建城市体检评估模型，按照“一年一体检、五年一评估”的方式，建立常态化城市体检评估机制。对年度城市建设重点任务实施情况进行体检监测；每五年对城市阶段性建设进行全面评估。建立“部门自检—统筹评估—公众参与”三位一体的工作组织模式。多渠道开展社会满意度调查，将百姓对城市发展的满意程度作为检验城市建设成效的标尺，实现居民建言献策与政府体检评估的有效衔接。完善城乡建设绿色发展考核体系。参考生态文明建设相关的指标体系，建立城乡建设绿色发展指标体系，用以统计和评估各地区城乡建设绿色发展情况，推动城乡建设管理向绿色发展方式转变。建立城乡建设绿色发展绩效评价考核和责任追究制度。切实发挥考核评价结果的作用，增加城乡建设绿色发展水平在考核评价中的权重和分量，让考核评价结果作为领导干部政绩考核和提拔使用的重要依据。

2. 完善城乡建设绿色发展科技创新体制机制

完善支持方式。不断完善和用好“揭榜挂帅”“赛马”等项目攻关机制。加快设立“双碳”基金，积极对接国家绿色发展基金，完善绿色信贷政策，探索“绿色技术转化+绿色金融”模式，开展城乡建设绿色金融产品创新。完善人才培养和激励政策。围绕绿色建筑、绿色建造、智慧城市、韧性城市等领域，建立多层次人才培育体系；建立健全高端人才引进优惠政策、激励机制和评价体系，完善人才、智力、项目相结合的柔性引进机制。探索建立绿色低碳招投标制度。

设置绿色建筑、绿色建造招标清单，对在城乡建设中实施绿色建筑、绿色建造的企业给予优先支持。健全绿色技术转移和成果转化体系。依托合肥创新馆，加快建设绿色技术大市场。加快发展专门从事绿色技术基础和应用基础研究、产业共性技术研发服务和成果转化的新型研发机构；加快构建绿色技术信息服务平台，搭建绿色技术信息智能共享云平台。加快绿色技术银行建设，为城乡建设绿色发展提供“技术+人才+资金”的系统性解决方案，探索可复制、可推广的绿色技术创新与发展的经验模式。

3. 强化市场化体制机制

建立生态资源产权制度。全面实行耕地、水体、森林、山脉、荒地、滩涂以及探明储量的矿产资源等自然生态空间统一确权登记，建成归属清晰、权责明确、监管有效的自然资源资产产权制度和自然资源开发使用评估机制。加快构建生态系统生产总值（GEP）核算体系，建立 GEP 核算的技术规范和标准体系。健全多元化生态补偿机制。将“新安江模式”推广到长江、淮河、巢湖等全省水域和森林、湿地、耕地、空气等其他生态领域。探索多元化生态补偿方式，由单一资金补偿转向产业扶持、共建园区、技术援助、人才支持、就业培训等。加快建立推广上中下游开发地区、受益地区与生态保护地区的横向生态补偿机制。健全生态产品交易机制。加快生态产品市场化改革和实践，建立健全碳排放权、用能权、排污权、水权等交易机制，探索建设政府主导，生态产品利用型企业参与的生态产品交易平台。加快构建用能权分配、企业能源监测、报告与核查、交易市场监管等体制机制；加快建立集企业温室气体排放监管、碳配额管理、碳交易市场管理于一体的专业化的碳交易管理机制；探索将城乡建设项目的节能量和自愿碳减排量纳入用能权交易和碳排放交易范围。

指　导：蒋旭东
执　笔：马金龙　徐　鑫　汤丽洁
王　涛　邵　超　杨　庆

安徽省开发区体制机制改革创新研究

一、研究背景

（一）研究意义

开发区建设是我国改革开放的成功实践，对促进体制改革、改善投资环境、引导产业集聚、发展开放型经济发挥了不可替代的作用，开发区已成为推动我国工业化、城镇化发展和对外开放的重要平台①。自1991年合肥高新区获批全省首个国家级开发区，我省开发区发展经历起步、发展、成熟、融合阶段，产业优势和制度优势日益凸显，牵引带动我省经济高质量发展。“十四五”时期，面对百年未有之大变局，开发区发展从“增量扩张”进入“存量变革”阶段，探索我省开发区体制机制改革创新路径意义重大。

1. 对新时期开发区高质量发展具有战略意义

经过30年的实践探索，我省开发区已普遍跨越“一次创业”，逐步开启“二次创业”“三次创业”。随着国内统一的市场机制逐步健全，开发区的各项优惠政策将逐步普惠化与均等化，区域间、开发区间的竞争日趋激烈。唯有不断推动开发区体制机制创新，才能激发开发区发展新活力。积极探索开发区体制机制改革路径，对优化开发区营商环境、推动开发区发展模式升级、提升开发区发展软实力和综合竞争力、加快开发区高质量发展具有重要的战略意义。开发区不同发展阶段的特点如表1所列。

表1　开发区不同发展阶段的特点

一次创业	设立之初和低水平发展阶段，以粗放式增长方式为主
二次创业	从硬环境建设向软环境建设转变，从渐进式改革向建立新体制新机制转变
三次创业	从纯粹工业生产的开发区向具备综合城市职能的新城区转型，实现产业提升和人口集聚

① 《国务院办公厅关于促进开发区改革和创新发展的若干意见》（国办发〔2017〕7号）

2. 对完善我省开发区体制机制具有现实意义

近年来，我省相关开发区在“法定机构”“标准地”“薪酬制度”等方面积极开展改革创新，取得显著成果。但与沪苏浙等地区相比，开发区发展软环境依然存在差距。本研究总结我省开发区体制机制改革创新成效和存在的不足，梳理先发地区开发区改革经验，等高对接沪苏浙体制机制，提出可复制可推广的开发区体制机制改革创新模式路径，可为我省各开发区进一步完善体制机制提供决策参考。

3. 为我省开发区转型升级提供制度保障

推动产业转型升级、构建现代化产业体系是开发区建设的重要内容。开发区体制机制关乎开发区软竞争力的高低[①]。我省拥有优越的创新资源，依托开发区建成一批重量级新兴产业集群。通过开发区体制机制改革创新研究，提出与现代产业发展相匹配的园区管理机制、园区建设模式、人事薪酬制度、创新创业机制和开放合作机制，有助于我省开发区优化产业发展软环境，形成转型升级的有力支撑。

（二）国内外研究现状

世界上第一个具备开发区特征的意大利热那亚港口于400年前建立，数百年来国内外学者对开发区建设开展大量研究。其中，国外研究主要侧重于开发区建设及演化理论、开发区（保税区）与城市关系、开发区对经济增长的影响等方面。我国第一个国家级开发区于1984年批准成立，开发区在中国经济奇迹中发挥了重要的桥梁和平台作用。近年来针对我国开发区改革创新经验的研究已成为研究热点。

1. 开发区演化及评价研究

科学评价开发区发展状态、发展效率、制度效果是相关研究热点。王慧将开发区的发展划分为成型期、成长期、成熟期以及后成熟期四个阶段[②]。王峰玉等

① 雷霞．我国开发区管理体制问题研究［D］．济南：山东大学，2009.

② 王慧．开发区与城市相互关系的内在肌理及空间效应［J］．城市规划，2003（3）：20-25.

认为开发区最终将实现从功能经济区向新城市转变[1]。赵晓雷等[2]、丁悦等[3]则分别运用生产率指数、地理探测器等方法对开发区进行定量评价。

2. 开发区发展动力研究

开发区作为重要的功能单元，其发展演化和转型升级受到内外部多种因素影响。归纳总结主要有政策[4]、战略[5]、区位[6]、土地要素[7]、管理体制[8]、治理结构或治理模式[9]等。

3. 开发区改革创新研究

国内外开发区经过多年发展，形成了一批经典模式和路径。美国硅谷、德国慕尼黑高科技园、新加坡裕廊工业园等国外典型园区，苏南模式、广东模式和温州模式则是国内典型模式，成为国内外研究和效仿的热点。国内开发区转型升级和改革创新研究主要集中在生态建设与绿色转型、产业转型和空间转型等领域。刘晶茹等对开发区绿色转型开展了研究[10]。连远强[11]、曹贤忠[12]等分别从产业集群和产业协作等方面提出了产业转型的路径。张艳对经开区政策应用空间的泛化现

---

① 王峰玉，吴怀静，魏清泉．现阶段我国开发区几个战略问题的思考［J］．地域研究与开发，2006（1）：23-27.

② 赵晓雷，邵帅，杨莉莉．管理体制与中国开发区经济发展效率增长——基于 Malmquist 指数和 GMM 的实证分析［J］．财经研究，2011，37（8）：4-15.

③ 丁悦，蔡建明，任周鹏，等．基于地理探测器的国家级经济技术开发区经济增长率空间分异及影响因素［J］．地理科学进展，2014，33（5）：657-666.

④ 郑江淮，高春亮，张宗庆，等．国际制造业资本转移：动因、技术学习与政策导向——以江苏沿江开发区产业配套为例的实证研究［J］．管理世界，2004（11）：29-38+46.

⑤ 樊纲．开发区的定位与创新［J］．中国土地，2004（3）：15-16.

⑥ 王兴平，崔功豪．中国城市开发区的区位效益规律研究［J］．城市规划汇刊，2003（3）：69-73+96.

⑦ 王贺封，石忆邵，尹昌应．基于 DEA 模型和 Malmquist 生产率指数的上海市开发区用地效率及其变化［J］．地理研究，2014（9）：1636-1646.

⑧ 赵晓冬，王伟伟，吕爱国．国家级经济技术开发区管理体制类型研究［J］．中国行政管理，2013（12）：56-59.

⑨ 杨磊，刘建平．权力边界模糊与策略化治理：土地冲突演变机制研究——基于对湖北省 L 市和 G 开发区的调查［J］．公共管理学报，2014（4）：71-82.

⑩ 刘晶茹，聂鑫蕊，周传斌，等．农工共生型生态产业园的构建——以郑州经开区为例［J］．生态学报，2015（14）：4891-4896.

⑪ 连远强．集群与联盟、网络与竞合：国家级扬州经济技术开发区产业创新升级研究［J］．经济地理，2013，33（3）：106-111.

⑫ 曹贤忠，曾刚．基于熵权 TOPSIS 法的经济技术开发区产业转型升级模式选择研究——以芜湖市为例［J］．经济地理，2014（4）：13-18.

象进行研究[①]。此外，余义勇等综合转型发展各方面要求，提出涵盖面更广的开发区转型升级路径和发展模式[②]。

从国内外相关研究现状来看，开发区改革创新研究有如下发展趋势：一是更加注重新时期影响开发区转型发展的新因素及其面临的发展瓶颈。二是更加注重开发区定量评价结果的应用。三是更加注重开发区转型发展经典模式的个性化实践。四是更加注重“复合型”政策体系的构建。

（三）“十四五”宏观环境

“十四五”时期是我国全面建成小康社会、实现第一个百年奋斗目标之后，乘势而上开启全面建设社会主义现代化国家新征程、向第二个百年奋斗目标进军的第一个五年。世界进入动荡变革期，我国转向高质量发展阶段，我省开发区处于重要的战略机遇期和创新升级的关键期，对体制机制改革创新提出新的更高要求。

1. 世界经历百年未有之大变局

全球经济重心、科技创新和产业分工格局面临重构，我国在世界经济中的地位将持续上升，对我省开发区更多参与国际产业分工合作提供了支撑，对开发区构建与之适应的体制机制提出新的要求。与此同时，全球保护主义、单边主义上升，国际发展格局深刻调整，新冠肺炎疫情全面冲击全球生产和需求。我省开发区发展也不可避免面临诸多不确定因素和风险挑战。

2. 我国经济转向高质量发展阶段

“十四五”时期我国经济由高速增长阶段转向高质量发展阶段。一方面，我国制度优势显著、市场空间广阔、发展韧性强大、社会大局稳定、经济长期向好，为开发区体制机制改革和创新发展提供了较为稳定的国内发展环境；另一方面，我国发展不平衡不充分矛盾依然突出，国际和周边安全环境更趋复杂，要求开发区把握好不确定中的确定性因素，通过加快体制机制改革，科学应变、主动求变、乘势而上。

3. 长三角一体化发展全面提速

“十四五”时期，我国经济发展空间结构发生深刻变化，中心城市和城市群

---

① 张艳．我国国家级开发区的实践及转型［D］．上海：同济大学，2008.

② 余义勇，张骁．“产—人—环”一体化常熟经济技术开发区转型升级路径与发展模式研究［J］．科技进步与对策，2019，36（22）：43-50.

将成为承载发展要素的主要空间形式，长三角一体化发展进入全面提速的新阶段，区域合作更加紧密。开发区是区域交流合作的主平台，也是我省参与区域竞争的前沿阵地，必须把握长三角一体化发展的重大历史机遇，深化区域园区合作，加快体制机制软环境等高对接，在更大范围、更高层次优化配置要素资源，全面提升开发区综合竞争实力。

4. 区域竞争日趋白热化

“十四五”时期我省开发区发展面临高端产业向发达国家和地区回流、中低端产业向低成本地区分流的双重压力，开发区竞争由一般性成本竞争向效率环境竞争转变，低成本优势、人口红利等传统要素支撑能力进一步弱化，针对高端要素的区域竞争日趋白热化。开发区要以改革创新为发展主线，实现发展方式、发展动能和管理经营方式的全面换挡升级。

二、安徽省开发区体制机制改革创新现状

（一）安徽省开发区发展概况

经过三十多年的发展，我省开发区从无到有、从少到多、从弱到强，保持良好发展态势。截至2020年年底，我省共有省级以上开发区130个，其中包括12个国家级经开区、6个国家级高新区、88个省级经开区、14个省级高新区、4个海关特殊监管区。国家级开发区数量占全国比例达到4.4%，位列中部第一、全国第七。各类开发区实际管理面积超2800平方千米。特别是“十三五”以来，我省大力推动开发区改革创新发展，开发区规模能级、承载能力、发展活力和管理水平不断提升。

1. 规模能级不断提升

“十三五”以来，我省开发区聚焦产业发展主责主业，规模能级不断提升。2020年全省开发区经营销售收入达50 000亿元以上，比“十二五”末提升近万亿元。培育形成千亿级园区10家。规模以上工业增加值6700亿元，主导产业集中度超80%。固定资产投资8000亿元以上，其中工业投资占比达52%。合肥经开区、合肥高新区、芜湖经开区等开发区在全国开发区综合考核中位居前列。

2. 创新引擎动力更足

“十三五”以来，开发区坚持创新驱动战略，不断加大创新投资、建设创新平台、提升企业自主创新能力。截至2020年，全省开发区拥有高新技术企业和

战新企业数均超过6000家，占全省比例达到95%以上。我省以开发区为载体，大力推进“三重一创”建设，形成一批国家级战略性新兴产业集群，高新技术产业及战新产业增加值占开发区规上工业的比重均超过45%。

3. 基础设施保障有力

截至2020年3季度末，开发区新开工重大项目2850项以上，在建5500项，竣工1700项。“十三五”以来，开发区路网通达度显著改善，通信基础设施配套更加完善，基本实现网络光纤到企、到户。国家级开发区和市管省级开发区建成区基本实现5G信号全覆盖。生产条件日益改善，物流、住宿、商业、娱乐休闲等服务配套日益完善，综合服务能力不断提高。

4. 开放合作步伐加快

开发区是我省对外贸易和招商引资最大的平台和载体。2020年全省开发区进出口总额超600亿美元，占全省比例达到70%以上。前三季度实际利用外资为141.71亿美元，占全省的75%，吸引了一批跨国公司和世界五百强企业。中新苏滁高新区等一批省际合作产业园、南北共建合作园区建设成效显著，成为全面推进“五个区块链接”建设的重要内容。

5. 绿色园区成效突出

“十三五”以来，开发区生态环境治理明显加强，环境状况得到改善，年度节能减排任务顺利完成。开发区工业废水集中处理率达到90%，工业固体废弃物综合利用率达到85%。建成宁国经开区等国家级绿色园区11个。开发区单位土地面积投资强度、单位土地面积销售收入不断提升。

（二）安徽省开发区改革创新主要举措

1. 实现园区优化整合

一是实现“一县一区”。以国家级开发区和发展水平高的省级开发区为主体，对产业相关、空间相邻的开发区进行整合升级，建立统一管理的发展模式，实现“一县一区”。全省累计撤销各类开发区和特别政策区47个，省级以上开发区数量缩减为130个。32个省级筹建开发区实现转正，15个特别政策区纳入管理。我省以开发区整合为契机，统一开发区名称，完成45家开发区更名，结束我省开发区命名无序混乱的局面。二是实现深层次优化。依托开发区优化整合成果，鼓励桐城经开区、宁国经开区等开发区开展“一区多园、跨区托管”试点。明确职责定位，理顺职能关系，整合机构人员，统筹产业定位，实现资源集聚、要素集约、功能集成，放大“国字号”园区品牌力。除“三重一大”事项外，给予被托管园区日常事务决策权，优化简化审批和日常内部运转流程。安徽省开发区优化整合情况见表2所列。

表2　安徽省开发区优化整合情况

<table>
<tr><th>地　市</th><th>整合前</th><th>整合后</th></tr>
<tr><td rowspan="17">合肥市</td><td>合肥经济技术开发区</td><td>合肥经济技术开发区</td></tr>
<tr><td>合肥高新技术产业开发区</td><td>合肥高新技术产业开发区</td></tr>
<tr><td>合肥出口加工区</td><td>合肥出口加工区</td></tr>
<tr><td>合肥综合保税区</td><td>合肥综合保税区</td></tr>
<tr><td>安徽合肥庐阳经济开发区</td><td>安徽合肥庐阳经济开发区</td></tr>
<tr><td>安徽合肥蜀山经济开发区</td><td>安徽合肥蜀山经济开发区</td></tr>
<tr><td>安徽合肥包河经济开发区</td><td>安徽合肥包河经济开发区</td></tr>
<tr><td>安徽合肥新站高新技术产业开发区</td><td rowspan="2">安徽合肥新站高新技术产业开发区</td></tr>
<tr><td>安徽合肥庐江高新技术产业开发区</td></tr>
<tr><td>安徽庐江龙桥工业园区（筹）</td><td>安徽合肥庐江高新技术产业开发区</td></tr>
<tr><td>合肥巢湖经济开发区</td><td>安徽巢湖经济开发区</td></tr>
<tr><td>安徽肥西桃花工业园区</td><td>安徽肥西经济开发区</td></tr>
<tr><td>安徽肥东经济开发区</td><td rowspan="2">安徽肥东经济开发区（合肥上海产业园）</td></tr>
<tr><td>安徽合肥商贸物流开发区（筹）</td></tr>
<tr><td>安徽长丰双凤经济开发区</td><td>安徽长丰经济开发区①</td></tr>
<tr><td>安徽居巢经济开发区</td><td>安徽居巢经济开发区</td></tr>
</table>

① 2019年更名为“安徽长丰（双凤）经济开发区”。

（续表）

地　市	整合前	整合后
淮北市	安徽淮北高新技术产业开发区	安徽淮北高新技术产业开发区
	安徽淮北龙湖高新技术产业开发区	
	安徽濉溪经济开发区	安徽濉溪经济开发区（安徽淮北新型煤化工合成材料基地、濉溪芜湖现代产业园）
	安徽淮北临涣工业园（筹）	
	濉溪芜湖现代产业园	
	安徽淮北凤凰山经济开发区（筹）	安徽淮北相山经济开发区
	安徽淮北烈山经济开发区（筹）	安徽淮北烈山经济开发区
	安徽淮北杜集经济开发区（筹）	安徽淮北杜集经济开发区
亳州市	安徽亳州经济开发区	安徽亳州经济开发区①
	安徽谯城经济开发区	安徽亳州谯城经济开发区
	安徽涡阳经济开发区	安徽涡阳经济开发区
	安徽蒙城经济开发区	安徽蒙城经济开发区
	安徽利辛经济开发区	安徽利辛经济开发区
	亳州芜湖现代产业园	亳州芜湖现代产业园
宿州市	安徽宿州经济开发区	安徽宿州经济开发区
	安徽萧县经济开发区	安徽萧县经济开发区
	安徽砀山经济开发区（筹）	安徽砀山经济开发区
	安徽灵璧经济开发区	安徽灵璧经济开发区
	安徽泗县经济开发区	安徽泗县经济开发区（泗县当涂现代产业园）
	泗县当涂现代产业园	
	安徽宿州高新技术产业开发区（筹）	安徽宿州高新技术产业开发区
	安徽宿州埇桥经济开发区（筹）	
	宿州马鞍山现代产业园区	宿州马鞍山现代产业园区

① 2018年更名为“安徽亳州市高新技术产业开发区”。

（续表）

地　市	整合前	整合后
蚌埠市	蚌埠高新技术产业开发区	蚌埠高新技术产业开发区
	安徽蚌埠高新技术产业开发示范园区（筹）	
	安徽蚌埠经济开发区	安徽蚌埠经济开发区
	安徽怀远经济开发区	安徽怀远经济开发区
	安徽怀远龙亢经济开发区（筹）	
	安徽五河经济开发区［蚌埠铜陵（五河）现代产业园］	安徽五河经济开发区［蚌埠铜陵（五河）现代产业园］
	安徽固镇经济开发区	安徽固镇经济开发区［蚌埠铜陵（固镇）现代产业园、蚌埠台湾产业园］
	蚌埠铜陵现代产业园	
	安徽蚌埠工业园区	安徽蚌埠淮上经济开发区（安徽蚌埠精细化工集聚区）
	蚌埠沫河口工业园区	
阜阳市	安徽阜阳经济开发区	安徽阜阳经济开发区
	安徽阜阳界首高新技术产业开发区	安徽阜阳界首高新技术产业开发区
	安徽临泉经济开发区	安徽临泉经济开发区（临泉庐阳现代产业园）
	临泉庐阳现代产业园	
	安徽太和经济开发区	安徽太和经济开发区
	安徽阜南经济开发区	安徽阜南经济开发区
	安徽颍上工业园区	安徽颍上经济开发区
	安徽颍州经济开发区（筹）	安徽阜阳颍州经济开发区
	安徽颍东经济开发区（筹）	安徽阜阳颍东经济开发区
	安徽颍泉经济开发区	安徽阜阳颍泉经济开发区
	阜阳合肥现代产业园区	阜阳合肥现代产业园区
淮南市	淮南经济技术开发区	淮南经济技术开发区
	淮南高新技术产业开发区	淮南高新技术产业开发区
	安徽寿县新桥国际产业园	安徽寿县经济开发区（安徽寿县新桥国际产业园、寿县蜀山现代产业园）
	安徽寿县工业园区	
	寿县蜀山现代产业园	
	安徽凤台经济开发区	安徽凤台经济开发区
	安徽淮南现代煤化工产业园	安徽淮南潘集经济开发区（安徽淮南现代煤化工产业园）
	淮南平圩经济开发区（筹）	
	安徽淮南毛集经济开发区（筹）	安徽淮南毛集经济开发区

（续表）

地　市	整合前	整合后
滁州市	滁州经济技术开发区	滁州经济技术开发区（滁州承接产业转移集中示范园区）
	滁州承接产业转移集中示范园区	
	苏滁现代产业园	苏滁现代产业园①
	安徽滁州高新技术产业开发区	安徽滁州高新技术产业开发区
	安徽天长秦栏经济开发区（筹）	
	安徽明光经济开发区	安徽明光经济开发区
	安徽全椒经济开发区	安徽全椒经济开发区
	安徽来安汊河经济开发区（筹）	安徽来安经济开发区
	安徽来安经济开发区（筹）	
	安徽定远盐化工业园（筹）	安徽定远经济开发区（安徽定远盐化工业园）
	安徽定远经济开发区	
	安徽凤阳经济开发区	安徽凤阳经济开发区（小岗产业园、凤阳宁国现代产业园）
	安徽凤阳硅工业园（筹）	
	凤阳宁国现代产业园	
	安徽滁州琅琊经济开发区（筹）	安徽滁州琅琊经济开发区
	安徽滁州南谯工业园区（筹）	安徽滁州南谯经济开发区
六安市	六安经济技术开发区	六安经济技术开发区
	安徽霍邱经济开发区（合肥高新区霍邱现代产业园）	安徽霍邱经济开发区（合肥高新区霍邱现代产业园）
	安徽霍山经济开发区	安徽霍山经济开发区
	安徽霍山高桥湾现代产业园（筹）	
	安徽金寨经济开发区	安徽金寨经济开发区（金寨现代产业园区）
	金寨现代产业园区	
	安徽舒城经济开发区	安徽舒城经济开发区（舒城包河现代产业园）
	安徽舒城杭埠经济开发区（筹）	
	安徽六安金安经济开发区（筹）	安徽六安金安经济开发区（六安承接产业转移集中示范园区）
	六安承接产业转移集中示范园区	
	安徽裕安经济开发区	安徽六安裕安经济开发区②
	安徽叶集经济开发区	安徽六安叶集经济开发区

① 2019 年更名为“中新苏滁高新技术产业开发区”。
② 2019 年更名为“安徽六安高新技术产业开发区”。

（续表）

地　市	整合前	整合后
马鞍山市	马鞍山经济技术开发区	马鞍山经济技术开发区（马鞍山承接产业转移集中示范园区）
	马鞍山承接产业转移集中示范园区	
	安徽马鞍山高新技术产业开发区	
	马鞍山慈湖高新技术产业开发区	马鞍山慈湖高新技术产业开发区
	安徽花山经济开发区（筹）	
	马鞍山综合保税区	马鞍山综合保税区
	安徽含山工业园区	安徽含山经济开发区
	安徽含山经济开发区（筹）	
	安徽和县经济开发区	安徽和县经济开发区
	安徽当涂经济开发区	安徽当涂经济开发区
	安徽马鞍山雨山经济开发区（筹）	安徽马鞍山雨山经济开发区
	安徽博望高新技术产业开发区（筹）	安徽马鞍山博望高新技术产业开发区
	郑蒲港新区现代产业园区	郑蒲港新区现代产业园区
芜湖市	芜湖经济技术开发区	芜湖经济技术开发区
	芜湖高新技术产业开发区	芜湖高新技术产业开发区
	芜湖综合保税区	芜湖综合保税区
	安徽省江北产业集中区	安徽省江北产业集中区
	安徽新芜经济开发区	安徽新芜经济开发区
	安徽新芜高新技术产业开发区	
	安徽繁昌工业园区（筹）	安徽繁昌经济开发区
	安徽芜湖孙村经济开发区（筹）	
	安徽南陵工业园区（筹）	安徽南陵经济开发区
	安徽芜湖许镇经济开发区（筹）	
	安徽无为经济开发区	安徽无为经济开发区（高沟电线电缆产业园）
	安徽无为高沟经济开发区（筹）	
	安徽芜湖鸠江经济开发区	安徽芜湖鸠江经济开发区
	安徽芜湖长江大桥经济开发区	安徽芜湖三山经济开发区（芜湖承接产业转移集中示范园区）
	芜湖承接产业转移集中示范园区	
	安徽芜湖三山经济开发区	

（续表）

地　市	整合前	整合后
宣城市	宣城经济技术开发区	宣城经济技术开发区（宣城承接产业转移集中示范园区）
	宣城承接产业转移集中示范园区	
	宁国经济技术开发区	宁国经济技术开发区（安徽宁国港口生态产业园）
	安徽宁国港口生态工业园区（筹）	
	安徽宣城高新技术产业开发区	安徽宣城高新技术产业开发区
	安徽广德经济开发区	安徽广德经济开发区（安徽广德皖苏浙产业合作园区）
	安徽广德新杭经济开发区（筹）	
	安徽郎溪经济开发区（筹）	安徽郎溪经济开发区（安徽郎溪皖苏产业合作园区）
	安徽郎溪十字经济开发区（筹）	
	安徽泾县经济开发区（筹）	安徽泾县经济开发区
	安徽泾县云岭经济开发区（筹）	
	安徽绩溪经济开发区（筹）	安徽绩溪经济开发区
	安徽旌德经济开发区（筹）	安徽旌德经济开发区
	安徽宣州狸桥经济开发区（筹）	安徽宣城宣州经济开发区
铜陵市	铜陵经济技术开发区	铜陵经济技术开发区（铜陵承接产业转移集中示范园区）
	铜陵承接产业转移集中示范园区	
	安徽铜陵狮子山高新技术产业开发区	安徽铜陵狮子山高新技术产业开发区
	安徽枞阳经济开发区	安徽枞阳经济开发区
	安徽铜陵大桥经济开发区	安徽铜陵郊区经济开发区
	安徽铜陵金桥经济开发区	安徽铜陵义安经济开发区
池州市	安徽省江南产业集中区	安徽省江南产业集中区
	安徽池州经济技术开发区	安徽池州经济技术开发区（池州承接产业转移集中示范园区）
	池州承接产业转移集中示范园区	
	安徽池州高新技术产业开发区	安徽池州高新技术产业开发区
	安徽贵池前江工业园区（筹）	
	安徽东至经济开发区	安徽东至经济开发区
	安徽青阳经济开发区（筹）	安徽青阳经济开发区
	池州大渡口经济开发区（石台工业园区）（筹）	安徽池州大渡口经济开发区（安徽石台经济开发区）

（续表）

地　市	整合前	整合后
安庆市	安庆经济技术开发区	安庆经济技术开发区（安庆承接产业转移集中示范园区）
	安庆化工新材料产业集中区（安庆市承接产业转移集中示范园区）	
	桐城经济技术开发区	桐城经济技术开发区
	安徽桐城双新经济开发区（筹）	
	安徽安庆高新技术产业开发区	安徽安庆高新技术产业开发区
	安徽怀宁经济开发区	安徽怀宁经济开发区
	安徽潜山经济开发区	安徽潜山经济开发区
	安徽潜山源潭经济开发区（筹）	
	安徽太湖经济开发区	安徽太湖经济开发区
	安徽宿松经济开发区	安徽宿松经济开发区
	安徽宿松临江产业园（筹）	
	安徽望江经济开发区	安徽望江经济开发区
	安徽望江桥港经济开发区（筹）	
	安徽岳西经济开发区（筹）	安徽岳西经济开发区
	安庆临港经济开发区（筹）	安徽安庆迎江经济开发区
	安徽安庆海口经济开发区（筹）	安徽安庆大观经济开发区
	安徽安庆长江大桥经济开发区	安徽安庆宜秀经济开发区
黄山市	安徽黄山经济开发区（筹）	安徽黄山经济开发区①
	安徽歙县经济开发区	安徽歙县经济开发区
	安徽歙县北岸经济开发区（筹）	
	安徽祁门经济开发区（筹）	安徽祁门经济开发区
	安徽休宁经济开发区（筹）	安徽休宁经济开发区
	安徽黟县经济开发区（筹）	安徽黟县经济开发区
	安徽徽州经济开发区（筹）	安徽黄山徽州经济开发区、
	安徽黄山工业园区（筹）	安徽黄山太平经济开发区

① 2019年更名为“安徽黄山高新技术产业开发区”。

2. 深化“放管服”改革

一是简化审批流程。近年来我省开发区对标沪苏浙，复制推广相关先进政策，在开发区建立全流程审批代办制，园区企业的审批、审核等事项由管委会实行全程代办，积极探索“一枚公章管审批、一个中心全覆盖”的便利化审批方式。深化“互联网+政务服务”，大力推进政务服务一网通办，实现“一站式”办公和“一条龙”服务。如广德经开区深入推进承诺制审批制度改革，郎溪经开区成立“马上办”办公室，开展重大项目“绿色通道”“容缺审批”等特色服务。二是开展“多评合一”。开展区域评价，实行区内新建改扩建项目各项评价审批“一窗受理、内部流转、限时办结、统一反馈”的多评合一模式，简化审批手续、优化审批流程、压缩审批时间。三是全面推开“标准地”改革。首批选择黄山高新区、新芜经开区、宣城经开区等26个开发区开展“标准地”改革试点，深化“亩均论英雄”理念，围绕“事先做评价、事前定标准、事中做承诺、事后强监管”等关键环节，深入探索操作层面的途径和方法。推进“标准地+承诺制”，变“先批后建”为“先建后验”，实现企业投资项目标准量化、服务前移、承诺即办，最大限度精简审批环节，使企业拿地后在最短时间内办结各类审批手续。截至2020年10月，各试点开发区已按照“标准地”模式出让土地1112亩。

3. 开展管理体制改革

一是下放经济管理权限。各地市依照法定程序向开发区下放同级人民政府相应的经济管理权限。据前期调研，约有22%的开发区享有部分市级以上审批权限，26%的开发区享有部分县区级审批权限。合肥经开区、六安金安经开区、安庆经开区等3家开发区享有部分省级审批权限，合肥高新区等20余家开发区已形成并公布赋权清单。我省初步形成政区合一、完全授权、部分授权等多种授权形式。二是法定机构改革试点。2018年以来，我省借鉴前海管理局、天津滨海新区等先进经验，相继确定合肥高新区、亳州高新区、铜陵经开区等2批6家法定机构改革试点，探索自主、规范、高效、精简的开发区体制和与国际惯例接轨的发展模式，系统构建“职责法定”的开发区管理体系。目前合肥高新区、郑蒲港新区、中科大先研院等实施方案已通过省政府审批。三是薪酬人事制度改革。以合肥高新区等为代表的开发区，打破人员身份和编制管理限制，探索全员聘用和公司化运营模式，实现园区扁平化管理、公司化运营、绩效化考核，有效激发干部职工干事创业的热情和干劲。四是剥离部分社会管理职能。以铜陵经开区为代表的部分开发区，积极探索剥离开发区部分社会管理职能。按照“属地管理、分级负责”和“财权、事权相一致”的原则，将部分社会性事务剥离至市区政府管理。强化开发区经济发展、招商引资、项目建设等主责主业。

4. 探索园区合作模式

一是加快建设省际合作园区。在现有省级以上开发区、服务业集聚区、特别政策区或其“区中园”基础上，建设“安徽省际产业合作园区”，形成与沪苏浙园区全方位多领域深层次合作格局。目前已授牌18个省际合作园区。首批18家省际合作产业园如图1所示。二是探索多种“飞地园区”合作模式。以省际毗邻地区开发区为代表的各类园区，与沪苏浙各级政府、园区、企业开展多层次、多方位合作，积极发展“飞地经济”，形成“政府主导型”“混合治理型”“企业主导型”等多种园区合作模式。“飞地园区”合作模型如表3所列。三是实施园区整体承接转移。利用沪苏浙等省市园区“腾笼换鸟”“产业溢出”机遇，分类组建专业招商队伍，实行“点对点”招商和“产业链”招商，承接沪苏浙等地产业集群式转移，迅速壮大产业规模和竞争实力。如郎溪经开区设立无锡工业园和常州工业园，集群式承接无锡和常州100余家工业企业，该县规上工业企业也几乎全部来自近十年江浙产业转移。

表3　“飞地园区”合作模式

合作类型	建设主体	合作方式	典型案例
政府主导型	双方政府或开发区	由两地园区共建合作园区，导入沪苏浙“飞出地”优质企业，并进行税收分成；利用“飞出地”产业基础和品牌优势，提升“飞入地”产业层次和运营水平	青浦郎溪产业园 张江萧县高科技园
混合治理型	政府、园区与开发公司	由两地园区与开发公司三方共同出资合作建立园区，共同对园区进行管理	苏滁高新区 郎溪（中国）经都产业园
企业主导型	合资公司	由双方园区或企业共同成立的合资公司负责规划开发、招商引资和经营管理等	郎溪新材料智能制造产业园

（三）安徽省开发区创新发展存在的不足

1. 产业同质化竞争激烈

总体上来看，我省开发区发展块头不大，“小散低”的问题较突出，尚有4

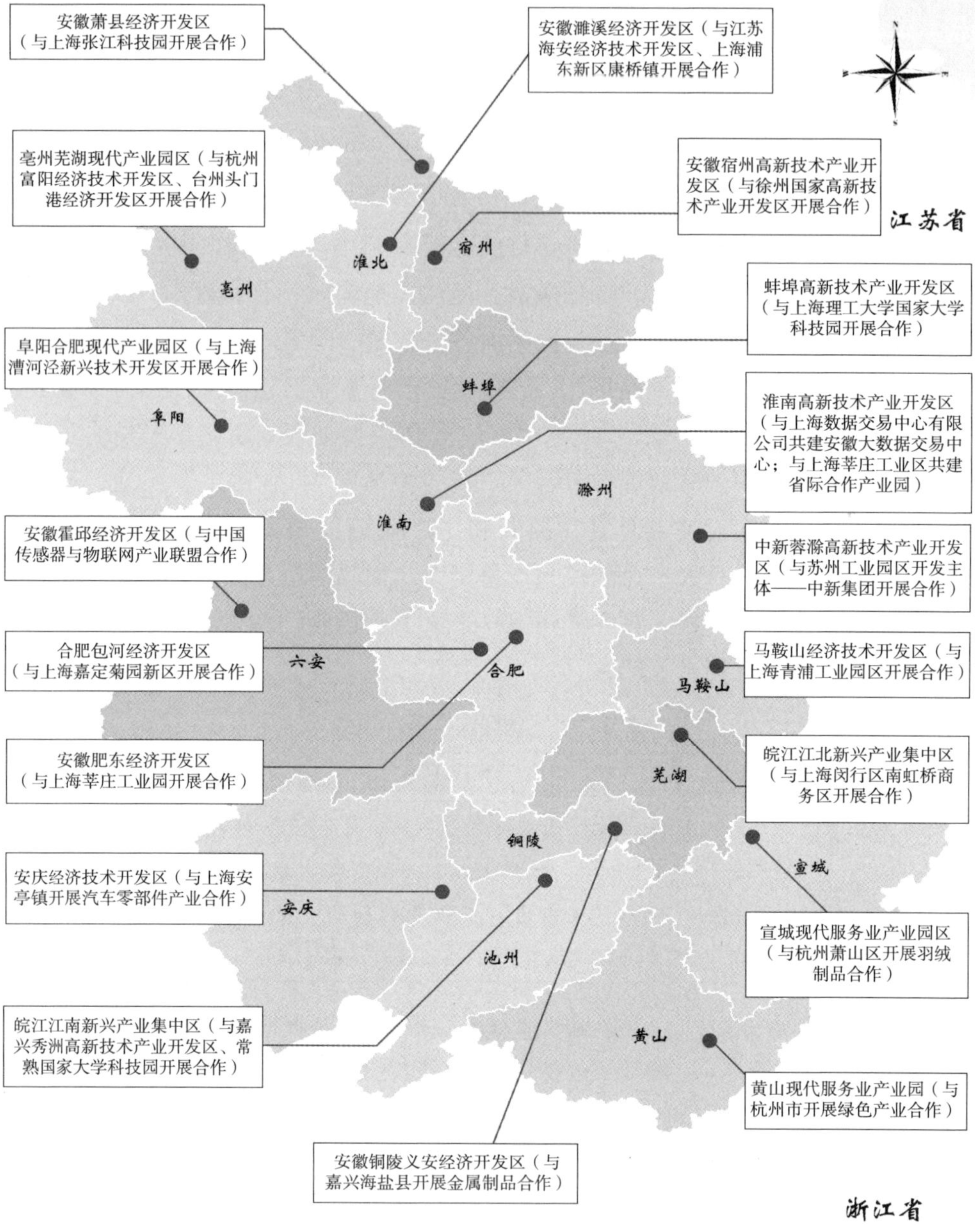

图1　首批18家省际合作产业园

个地级市没有国家级开发区，部分县属开发区规模小、竞争力弱。部分开发区仍以劳动密集型、资源依赖型产业为主，处于产业价值链中低端，产业创新能力不足，亩均投资和产出效益较低。开发区之间产业协作能力不足，集群集约发展程度不高，同质化现象突出。部分开发区产业布局混乱，碎片化现象严重。如全省6家国家级高新区中，约有67%主导装备制造；全省12家国家级经开区中，约有58%主导装备制造，约有41%主导电子信息产业和汽车产业。

2. 创新能力有待提升

部分县属省级开发区科技创新能力弱，科技创新对产业转型升级的支撑作用发挥不够。支撑开发区产业创新的高层次创业创新型人才尤其是领军人才不足，实用技能型中高级技术人才及专业高级管理人才紧缺。鼓励创新创业的政策措施力度不够，政策碎片化现象不同程度地存在。服务开发区企业的知识产权、金融服务机构相对缺乏。亟待完善创新政策体系，进一步提升开发区产业创新能力。

3. 建设运营机制不优

一是我省各开发区管理体制主要是行政主导型，仅有中新苏滁高新区采用公司化模式运营，其他开发区均采用政府派出机构管委会管理模式，开发区更类似行政管理区而非建设运营主体。第三方专业化运营机构参与较少，应对市场能力和专业化管理能力较弱。二是经济管理权限不明晰，笔者调研发现省际毗邻开发区均没有明确的管理权限目录，目前享有的经济管理权限主要集中在项目审批、备案等方面，财政、自然资源、住房建设、生态环境等部门权限下放较少。与沪苏浙等地开发区相比，我省存在管理权限授权不到位、享有权限不明晰等短板。开发区管委会与被授权、委托部门权限划分不清，管理运营效率不高。三是开发区人员岗位设置受到身份编制限制，人事薪酬制度改革尚处于探索阶段，缺乏差异化考核和薪酬激励机制，干部成长空间窄、收入激励弱。

4. 园区合作机制尚不健全

一是合作层次有待提升，目前开发区合作内容多集中于承接产业转移，承接的主要为沪苏浙等地退出的传统产能。市场共建、人才合作、研发合作、创新成果转化合作等深层次合作相对较少。如郎溪经开区前期承接的多为环太湖和天目湖流域治理迁出的传统企业。二是“飞地经济”共建共享机制不健全。从共建模式来看，以“硬基础”共建为主，“软环境”共建滞后，市场环境、服务配套等方面未实现无缝对接。从共享模式来看，以短期内税收分成为主，长期利益再分配机制缺失，统计考核、要素资源、人才技术等共享机制尚未建立。这些因素导致“飞出地”合作积极性不高，“飞入地”发展后劲受限。

三、开发区体制机制改革创新典型案例及启示

（一）国外案例

1. 爱尔兰香农开发区

香农开发区是建立最早、建设最成功的经济开发区之一，为我国的经济特区建设特别是在管理模式上提供了有益借鉴①。一是采用由政府主导、企业自主经营的发展模式。爱尔兰政府在 1968 年成立了香农开发公司，全面负责整个香农地区的经济开发。该公司由政府控股但自负盈亏。二是重点加强建设创新能力体系。先后建立利默里克大学、默里克国家技术园，较早实现劳动密集型向技术密集型产业的转变②。之后继续调整香农开发区发展方向，逐渐转变为服务业集聚区。除爱尔兰香农开发区“政府主导、企业自主经营”模式以外，东南亚等部分国家进一步强化政府在开发区建设中的主导地位，像日本筑波科学城、韩国大德科技园、新加坡裕廊工业园区等开发区管理机构均为政府派出机构。

2. 美国硅谷科技园区

硅谷是美国也是全球最成功的科技园区。一是采用市场为主和政府为辅的高度融合的管理体制。硅谷被视为政府规划痕迹最少的高科技园区，园区聚集大量创业投资机构，在投资技术、阶段、区域上全面实现投资风险的市场化规避，在资源匹配上最大限度地提高了“高科技升级创新—投入产业—市场”的速度。同时，政府通过国家科技战略规划、政府采购、研发支持、财税支持等方式对园区发展进行支持引导。二是构建产学研体系。硅谷支持斯坦福大学、加州大学伯克利分校等科研院所主导制订产业联盟计划，促进研究人员同外部企业的合作。

3. 法兰西岛科学城

法兰西岛科学城集聚了法国 40% 的科研机构和 60% 的高等院校，重点发展新材料研发、生物技术、交通能源等产业③。管理模式为协会主导型。科学城协

---

① 杜尚泽．习近平参观考察爱尔兰香农开发区［N］．人民日报，2012-02-20（1）．
② 薛冰．我国国家级开发区管理体制创新研究［D］．长沙：湖南师范大学，2015.
③ 钟坚．法国科学工业园区的发展与现状［J］．特区经济，2000（10）：47-48.

会由企业、大学及研究机构组成，在此基础上还成立了独立理事会进行决策。同时，园区管理以资金管理为主导，推动技术管理和行政管理以及管理权力和利益风险挂钩，达到了高效运行的目的①。

（二）国内案例

1. 苏州工业园

作为中国和新加坡两个国家合作共建的项目，苏州工业园区自建立之初就承担着改革开放“试验田”和“窗口”的功能。苏州以新加坡的先进管理经验为参考和指导，建立了符合我国国情的管理体制。苏州遵循“小政府、大社会”要求和扁平化管理模式，只保留必要的管理层次，将经营管理职能与行政管理职能分别独立。政府机构根据苏州工业园区管理委员会的工作量支付其行政管理职能费用。建制区党委政府的一切管理职能由园区党工委和管委会承担。对园区的成片开发以及企业管理则交由专业的开发公司负责②。

2. 深圳前海新区

深圳前海新区主要采用“政府机构+法律机构+企业机构+社会机构”管理模式。新区拥有自由贸易综合协调办公室等多个管理部门，负责园区日常管理、社会发展、招商引资等职责。新区下属深圳市前海开发投资控股有限公司、前海科创投控有限公司、前海金融控股有限公司等多个产业融资平台，负责前海的产业发展和建设、科技创新产业运作服务、综合金融投资等职责。

3. 上海张江高新区

上海张江高新区主要采用“管委会+专项工作组+行业协会”管理模式。高新区管委会内设综合处、政策研究处、发展规划处、创新促进处等多个部门，负责日常事务。建立统筹协调工作机制，设置专项工作组包括战略规划与体制改革工作协调小组、创新体系与政策工作协调小组专项小组，负责中长期规划纲要制定报批、行政审批权下放试点等事项。建立以企业为主体的行业协会，并成立政府主导的基金会，搭建园区内外企业交流平台，解决行业发展突出问题，提供产业发展咨询。

① 刘海琳．青岛国家高新技术产业开发区管理体制转型研究［D］．济南：山东大学，2020.

② 林冠呈．大连经济技术开发区管理体制对策研究［D］．大连：东北财经大学，2018.

4. 天津经济技术开发区

天津经开区体制机制中最具特色的是“一区多园滚动开发”模式，该模式的实际应用体现了开发区管委会的职能存在周期性特征并且具有跨园转移能力。每个园区的管委会职能在建设与发展中都经历了由增量型区域开发过渡到存量型管理服务的过程。新的过渡也在新园区的建立过程中重复进行，目前天津经开区已经形成了“一区十园”的格局。滚动开发模式可以有效解决开发区迅速发展与土地总量不足之间的矛盾，有利于充分发挥体制机制和政策优势，促进开发区潜能的进一步释放①。

5. 厦门火炬高新区

厦门火炬高新区采用“招商市场化运营”机制。管委会设有办公室、经济发展部、建设管理部等部门，着力构建吸引投资的机制，建立公司治理结构，通过投资专业化来促进投资市场化。通过在招商引资方面的合作，与相关单位建立专门的招商引资队伍，增强园区吸引资金功能。与招商引资机构签订合同，开展咨询等合作，拓宽招商引资渠道。发挥资本杠杆作用，设立产业引导基金“以投代补”，提升招商竞争力。

（三）相关启示

1. 采用多元化的管理模式

纵观国内外开发区管理模式，笔者将其归纳为“政府主导型”“市场运营型”“协会主导型”等几种类型，分别代表了市场、政府、社会力量在开发区管理体制中独特的作用。一是充分认识和利用市场机制的优势，保障、促进市场资源配置作用的充分、有效发挥，提高效率，创造更多的社会价值。二是针对需要大量前期投入的领域，如基础设施建设、公共服务设施建设、“高新尖”产业发展及创新研发等领域，持续加强政府投入，引导社会资源集聚。三是发挥协会组织沟通协调、资源整合作用，推动协会发挥管理体制的适应性和创造性，并向不适应的制度提出挑战。

2. 进一步优化管理环境

我国开发区经历了从无到有的阶段。建设初期，政府的管理必不可少，行政机关制定各种税收优惠、空间规划、金融支持、人才招引等方面的特殊政策，为

---

① 林冠呈．大连经济技术开发区管理体制对策研究［D］．大连：东北财经大学，2018.

开发区吸引了国内外大量资金、各类高质量的人才、各种先进技术，这是推动开发区不可或缺的发展环境。随着开发区进入“二次创业”“三次创业”阶段，以优化营商环境、提升创新创业能力为导向，管理机制逐步由“政府主导型”向“市场运营型”转变。

3. 实行透明化的管理制度

通过透明化的开发区管理体制建设，各类开发区可以非常明确自身所处的载体位置，大幅减少对于各类企业的干预和影响。特别是把重点放在园区建设方面的政企分离的管理模式，通过给予企业足够的自主发展权利，突出了作为创新主体和竞争主体的各类企业的主导作用。有些开发区以基金型、公司型作为主导方向，它们都有着一定的规划，即把学习、研究及生产融合起来，使各个流程互相关联、环环相扣，以推动整个园区的高速发展。

4. 建立精简的管理机构

当前开发区主流体制是“小机构、大服务”的管理模式。第一是建立精简高效且有明确职责分工的管理机构；第二是把大批的中介以及劳务等社会性质的服务工作委托第三方公司运营，既减轻了园区管理机构的管理工作负担以及财务方面的压力，又推动了区域内的第三产业服务业发展。

从国外、国内两个方面的发展经验来看，开发区体制机制创新要充分尊重发展规律，针对发展规模、主体功能、运行模式等特点，坚持因地制宜、分类施策，编制总体规划，增强改革的精准性和针对性。特别要加强对改革方案的风险评估，有效防范化解可能引发的各类风险。探索和丰富管理手段，着重强化对上争取资源能力和对下统筹资源效率，促进整体创新资源数量的增长、配置的优化，释放体制机制活力。

四、安徽省开发区改革创新的对策建议

（一）优化协调发展格局

1. 开发区发展格局

一是强化头部园区引领作用。强化国家级开发区、市属开发区辐射带动作用，提升省级开发区和县属开发区承载水平，支持有条件的省级开发区升级为国家级开发区。打造一批千亿级开发区，形成全省开发区高质量发展龙头。梯次培育头部园区见表 4 所列。

表4　梯次培育头部园区

规模能级	头部开发区名称
5000 亿级开发区	合肥经开区、合肥高新区
3000 亿级开发区	芜湖经开区、滁州经开区、铜陵经开区
1000 亿级别开发区	国家级开发区、市属省级开发区等其他园区

二是区域统筹格局。围绕“一圈五区”总体战略部署，加强我省各地、各类开发区统筹协调，进一步发挥比较优势、弥补短板弱项，打造“一核两带两区”空间格局。其中，“一核”为合肥都市圈开发区创新驱动核；“两带”为沿江开发区转型升级带、省际毗邻开发区合作共建带；“两区”为皖北承接产业转移集聚区、皖南皖西绿色产业发展区。“一核两带两区”发展指引见表5所列。

表5　“一核两带两区”发展指引

区块名称	发展重点
合肥都市圈开发区创新驱动核	1. 打造高能级创新平台体系，构建具有牵动力和影响力的世界级产业集群和开放门户 2. 加强圈内开发区合作，加快推进蜀山—寿县、包河—舒城、合肥高新区—霍邱等园区共建 3. 联合南京都市圈相关开发区共同打造“合—宁”双城现代产业连绵带
沿江开发区转型升级带	1. 发挥产业基础和交通区位优势，坚持共抓长江大保护，以建设世界级产业集群为目标，优化产业分工合作，打造具有国际竞争力的产业链 2. 引导开发区之间产业协作配套、错位互补发展，健全开发区间基础设施建设、招商引资、资源利用、环境保护等方面的协调机制，促进开发区全面提升和协调联动发展
省际毗邻开发区合作共建带	1. 依托区域优势，积极开展开发区产业合作和园区共建，建成我省开发区等高对接沪苏浙的示范带 2. 积极引入沪苏浙地区相关企业总部、制造基地和研发中心
皖北承接产业转移集聚区	选择一批基础条件好、承载能力强、发展潜力大的省级以上开发区，制定发布产业承接目录，合理确定产业承接的着力点和主攻点，打造“6+2+N”皖北承接产业转移主载体

（续表）

区块名称	发展重点
皖南皖西绿色产业发展区	1. 做好“山水文章”，因地制宜发展绿色环保型特色产业，利用生态资源优势，科学开发生态产品 2. 支持有条件的开发区与沪苏浙地区园区、合肥都市圈园区开展产业合作共建，继续探索生态地区“飞地经济”发展模式

2. 加强开发区分类指引

各类型开发区要明确功能定位和主攻方向，实现差异化发展。一是经济开发区。发挥经开区综合优势，重点发展先进制造业、战略性新兴产业和生产性服务业，推进实体经济集聚发展。以国家级经开区为核心构建高效协同的产业链供应链体系，形成全省现代产业发展核心平台。省级经开区要依托区域资源优势，有序承接国内外产业转移，打造特色优势产业集聚地，形成区域经济发展增长极。二是高新技术产业开发区。强化高新区创新示范和战略引领作用，重点发展高技术产业和现代服务业。国家级高新区积极引进世界一流高技术企业、研发机构和转化平台，打造具有国际竞争力和影响力的创新型产业集群。省级高新区要集聚整合创新资源，全面深化产学研协同创新，建立新兴产业研究机构和创新平台，不断催生创新型企业，形成带动区域经济结构调整和加快发展方式转变的重要引擎。三是海关特殊监管区域。支持综合保税区率先推广自贸试验区试点经验，推动各类海关特殊监管区域整合提升。大力发展海关特殊监管区域的新兴业态与贸易方式，推动海关特殊监管区域逐步从单一的加工制造中心向贸易销售中心、交易结算中心、物流配送中心、检测维修中心等多元化发展转变。

（二）完善管理运行机制

1. 加快法定机构改革，实现权责法定

学习借鉴深圳前海、天津滨海新区等地经验[①]，加快推动开发区开展法定机构改革。笔者建议我省修订《安徽省省级开发区条例》，列入法定机构改革相关

① 深圳市人大通过《深圳经济特区前海深港现代服务业合作区条例》，明确赋予了前海管理局管理和服务权限。天津市人大常委会修订通过《天津市经济技术开发区条例》，天津经开区管委会由政府派出机构变为法定机构，依照条例授权，履行相应行政管理和公共服务职责，具体负责开发区的区域开发、产业发展、投资促进、企业服务等事项。

内容，明确法定机构试点单位权利和责任，逐步将符合条件的开发区管委会改革为法定机构。明确开发区法律主体地位，建立“权责法定”的开发区管理体系，建立健全决策、执行、监督相互制约又相互协调的法人治理结构，最大限度保证权力依法运行。加大简政放权力度，改革机构设置，优化职能配置，建立依法授权、权责统一的开发区运行机制，最大幅度提升管理效率效能。法定机构的主要内容见表6所列。

表6　法定机构的主要内容

设立依据	大多是“一法一机构”，即其职能、工作性质和运营模式都是以专门的法规条文作为依据，机构法定原则突出
机构性质	一种新型法人组织形式，通常不列入行政机构序列
职能设定	主要承担执行、技术支撑等功能。一般来讲，法定机构被授予的行政职能一般为规范性、程序性的监管和服务等职能
组织架构	通常由有关政府部门和社会各方面代表组成理事会，负责对所属重大事务的决策，执行层负责机构的日常具体运营
人事关系	人员身份一般不是公务员，而是受聘职员
经费来源	来源形式多样，包括财政支付、由政府资助部分日常经费、服务收费、交易收费、基金收益等
运作管理	通常采用企业化的管理模式
运营监管	通常有健全的责任机制和监管机制，围绕立法机构、决策部门、董事会、执行层四个权力单元构建相对清晰的责任关系脉络

2. 创新建设运营主体，回归市场属性

根据《国务院关于推进国家级经济技术开发区创新提升打造改革开放新高地的意见》精神，结合我省实际，笔者建议采取“法定机构+运营公司”方式逐步优化运营主体。鼓励地方政府对有条件的开发区建设主体进行资产重组、股权结构调整优化，鼓励开发区成立专业化投融资公司，引入民营资本，先期开发运营特色产业园等“区中园”。视“区中园”运行情况，逐步扩大运营公司的运营范围，直至整个开发区采取公司制运营。利用特许权经营等方式，鼓励社会资本参与开发区公共设施、园中园、标准化厂房等建设。引导开发区采用服务分包的形式，探索将开发区招商、运营、管理，以及园区的其他服务委托给专业商会、协会等机构，借助市场主体的力量，降低行政成本，提高运行效率。

3. 加快人事薪酬改革，激发干事创业动力

一是改革人事管理制度。打破身份界限，全面确立以市场化为导向的开放灵活的用人机制。建议有条件的开发区除书记（管委会主任）同等个别岗位由上级任命以外，其他全部取消行政事业编制，赋予开发区用人自主权，向全社会公开选聘开发区管理人员，推行全员聘任（用）制和分级雇员制。实现由“身份管理”向“岗位管理”转变。二是制定保障兜底政策，保障现有行政事业编制人员的“档案封存”“进退留转”。三是建立灵活的薪酬体系和绩效激励机制，统筹制定绩效考核评价办法，制定关键业绩指标和权重，确定相应考核等级，最大限度激发开发区发展动力和创新活力。年度考核结果与开发区领导班子成员绩效年薪直接挂钩，与普通工作人员工资总额直接挂钩，绩效工资根据开发区整体效益和个人业绩确定。

4. 聚焦主责主业，明晰经济管理职能

一是逐步剥离开发区现有社会管理职能。有序将城管执法、社区服务、教育卫生等社会职能就近划转至能承接的街道、乡镇等。规范督察考核，杜绝对开发区重复考核、多头考核，建议取消对开发区进行信访等社会事务方面的考核。二是扩大开发区经济管理权限。按照“权责一致、职能匹配、能放皆放”的原则，制定全链审批赋权清单。参照国家级开发区，赋予省级开发区部分市级经济管理权限。采取“一区一清单”的方式，梳理建立各开发区赋权清单，各开发区制定并公布享有市级管理权限清单。通过授权、委托等方式，将规划、土地、建设等关键审批权限下放给开发区。部分暂时无法赋予的权限，采用“见章跟章”“2 号章”等审批方式简化审批流程。明确并加强开发区招商引资、产业发展、对外开放等核心职能。

（三）构建合作共建机制

1. 打造高能级园区合作平台

引导郎溪—溧阳、广德—长兴、广德—安吉、宿州—徐州、滁州—南京、马鞍山—南京等县市开发区相向拓展，在三省交界区域形成一批地域相接、功能配套、产业耦合、错位发展的合作园区集群。加快推进“一岭六县”长三角产业合作发展试验区建设。联合沪苏浙争取国家支持，尽快出台“长三角产业合作发

展试验区规划”，形成一本规划、一张蓝图、一体推动。要通过打造高能级合作平台，进一步打通产业链、资金链、人才链，围绕“创新链”延伸“产业链”，引导沪苏浙等地区核心配套企业向合作园区转移，吸引“高、新、绿”产业化项目向合作园区集聚。

2. 构建园区共建共享机制

一是创新共建运营机制。积极采用企业化方式开展园区合作建设，由我省开发区与沪苏浙园区共同出资成立合资公司，引入市场化投资主体，多方共同实施合作园区建设。引入专业化管理企业机构，探索管建分离的园区运营模式，运用市场力量激发园区活力。鼓励沪苏浙等地龙头企业、行业协会、民间商会在我省建设“专业化园区”，在产业导入、孵化器培育和人才引进等相关工作方面扮演关键角色。加强跨省空间协调，做好跨区基础设施、合作园区的规划对接。二是完善共享机制。完善跨省市迁移的财税分成制度，协商建立对双方有利、为企业发展留存一定比例税收发展基金的三方共赢的税制；创新跨行政区统计和经济核算制度，允许GDP、工业产值、税收、固定资产投资额等统计数据在合作地区之间分解；探索跨区域经济发展的政府考核办法，将飞地经济发展状况纳入政府绩效考核范围；建立长效环境污染治理机制，共同出资或通过留存专用资金用于环保治理。

（四）加强要素保障机制

1. 加强资源要素保障

根据长三角一体化赋予的新发展定位动态调整开发区建设用地、能耗总量等指标基数。在加强当地污染物排放总量和能源消耗总量控制的前提下，对合肥都市圈、省际毗邻区等区域开发区污染物排放和能源消耗量指标优先予以调剂。在本轮国土空间规划中，优选适宜区域预留相对集中连片建设用地，用于合作园区建设。加快建立排污权、用能权有偿使用和交易市场。

2. 加强资本要素保障

鼓励开发区内具有投资功能的孵化器设立天使投资基金或机构。积极与长三角地区银行业金融机构对接，引导银行业金融机构加大对省际毗邻开发区科技型中小企业和小微型企业的信贷支持力度，按照“政府+银行+担保”合作模式帮助企业取得授信。鼓励有条件的开发区可采取政府和社会资本合作（PPP）模式、政府特许经营、政府采购等方式，引入社会资本共办“区中园”。

（五）完善考核评价制度

1. 优化开发区综合评价

优化综合考核评价体系，全面反映开发区的开发程度、产业集聚度、技术创新能力、创新创业环境、单位土地投资强度、产出率、带动就业能力、经济效益、环境保护、生态文明建设水平、绿色经济发展水平、能源利用效率、社会效益等情况。制定专项指标考核办法，将创新水平、品牌建设、生态环境、知识产权保护等作为考核的主要内容，引导开发区走高质量发展之路。

2. 探索开发区分类评价

建议根据开发区的级别、类型、所在区域等进行分级分类评价。对合肥都市圈区域开发区侧重于评价创新驱动和转型升级，重点评价开发程度、技术创新能力、创新创业环境等高质量发展指标；对沿江区域开发区侧重于评价产业转型升级，重点评价产业集聚度、单位土地投资强度、产出率等效益指标和生态环境保护指标；对皖北地区开发区侧重于评价营造产业发展新的主阵地，重点评价开发区规模、产业发展质量效益等指标。皖南皖北生态功能区内开发区侧重于生态保护和振兴发展，综合评价经济效益、社会效益、环境保护、低碳和循环利用等绿色发展指标。

承担部门：地理信息研究所
课题成员：蒋旭东　张贝尔　孙京禄
王淑文　陆贝贝　朱竹墨
马金强　许　毅

省际毗邻地区新型功能区发展研究

一、研究背景

省际毗邻地区是指两个及两个以上省级行政区域在接壤处所构成的特定的地理空间，它在地理区位、资源条件、文化习俗、产业结构、发展阶段等方面具有明显的同质性。安徽和江苏、浙江接壤线长达2000公里，毗邻苏浙的地级和县级行政区域众多。随着长三角一体化高质量发展上升为国家战略，省际毗邻地区逐渐成为推进长三角区域共同开发、产业协同、基础设施互联互通的关键区域。

近年来，为落实长三角一体化发展规划，加快省际毗邻地区发展，我省率先提出建设顶山—汊河、浦口—南谯、江宁—博望等省际毗邻地区新型功能区，复制推广长三角生态绿色一体化发展示范区制度创新经验，推动高质量发展，着力打造跨行政区协同发展的产城融合新城区。本研究以省委第十一次党代会精神为指引，以省际毗邻地区新型功能区为研究重点，剖析新型功能区的概念内涵，探索一条紧密型、互补型新型合作关系，以期推动我省省际毗邻地区新型功能区更好发展。

（一）省际毗邻地区发展基本情况

我省与苏浙毗邻地区共涉及淮北、宿州、蚌埠、滁州、马鞍山、宣城、黄山等7个市、23个县（市、区），总面积3.65万平方公里，总人口1164.6万，分别占全省的26.1%和19.1%。其中，淮北、宿州、蚌埠、滁州、马鞍山、宣城等6个市、19个县（市、区），与江苏省徐州、宿迁、淮安、扬州、南京、常州、无锡等7个市、18个县（市、区）接壤；宣城、黄山等2个市、5个县（市、区）与浙江省湖州、杭州、衢州等3个市、5个县（市、区）接壤。

苏浙皖省际毗邻地区远离行政中心，曾是区域发展洼地。为加快合作发展，早在2005年，安徽省委、省政府即提出了“实施东向发展战略”，主动承接上海、江苏、浙江等沿海发达地区对安徽的经济辐射，为安徽省加快融入长三角打下了坚实的基础。2018年，长三角一体化高质量发展上升为国家战略，安徽省全域纳入规划范围。借助长三角一体化发展的东风，苏浙皖毗邻地区经济发展也正式进入了“一体化”“高质量”发展的“快车道”。

“十三五”期间，我省毗邻苏浙地区立足新发展阶段，紧紧抓住长三角产业加速转移的有利时机，聚焦化工、装备制造、食品、服装等传统产业和新材料、节能环保、生物医药、电子信息、新能源汽车等战略性新兴产业，择优承接毗邻苏浙地区的相关产业项目转移和重大企业的分工合作，奋力推进产业集聚集群发展。2020 年，全省县域经济总量 20 强中，有 4 个为毗邻苏浙县（市），分别是天长市、当涂县、萧县和宁国市。我省毗邻苏浙地区生产总值由 2015 年的 3839.1 亿元增长到 2020 年的 6955.1 亿元，占全省比重由 2015 的 17.4% 增长到 2020 年的 18.0%。

我省毗邻地区经济发展虽取得了一定的成效，但与苏浙毗邻地区相比，仍存在一定差距。一是经济实力差距大。2020 年，我省与江苏毗邻的 19 个县（市、区）GDP 为 6165.8 亿元，而江苏与我省毗邻的 18 个县（市、区）GDP 为 18 612.4 亿元，我省毗邻地区仅为江苏的 33%；与浙江毗邻的 5 个县（市、区）GDP 为 1119 亿元，浙江与我省毗邻的 5 个县（市、区）GDP 为 2181 亿元，我省毗邻地区也只有浙江的 51%；苏浙所有毗邻我省县（市、区）中，江苏南京江北新区 GDP 总量已超过 3000 亿元，最少的也超过 150 亿元，而我省毗邻区域中，经济体量最大的不到 700 亿元，最小的不足 90 亿元。二是产业发展水平低。我省毗邻苏浙区域总体上产业层次、产品档次、科技含量都较低，改造提升任务艰巨；主导产业体量小，高新技术产业产值比重低；引进、承接毗邻苏浙地区的企业自成体系，与本地企业关联性不强。三是产业发展平台层次低。我省毗邻苏浙地区的国家级开发区远少于对方，载体功能受限，影响产业集聚和转型升级。

（二）省际毗邻地区合作情况

皖苏浙省际毗邻地区依托地缘优势开展合作由来已久。近年来，产业协作日益深化，各类合作共建园区蓬勃兴起，我省毗邻地区已成为承接苏浙产业转移的重要承载地。同时，在城乡规划、基础设施建设、生态环保、公共服务等方面，我省也以省际毗邻地区为重点，加快推进一体化。其中，我省围绕徐州、南京、杭州等苏浙中心城市以及皖苏浙三省交界地区开展省际毗邻地区合作，成效显著，比较典型的有以下几个区域。

1. 淮北、宿州与徐州的合作

淮北市段园镇作为淮北与徐州对接的“排头兵”，深度融入徐州都市圈。发挥与徐州传统装备制造产业相似优势，配套承接徐州产业，围绕徐工集团等龙头企业，有针对性地开展建链补链延链强链招商，徐州产业转移企业约占段园镇现有企业总数的40%，淮徐企业人才、技术要素交流频繁。发挥毗邻徐州汉王镇、生态资源丰富优势，打造宜居宜业宜游的徐州“后花园”。加快推进社会民生领域合作，共建共享公共服务设施，吸引徐州市民在段园镇就业创业。

宿州与徐州签订了《共建宿州徐州现代产业园区合作框架协议》，推动在原埇桥经济开发区的基础上，合作打造跨界产城融合发展先行区。把宿徐现代产业园区（宿州高新区）作为宿州接轨徐州的“桥头堡”，打造与徐州万亿级装备制造产业集群联动发展的高端产业转移集聚区。推进萧县政府与徐州市泉山区政府合作共建萧县泉山工业园，支持灵璧县依托紧邻徐州观音机场的交通优势，谋划合作共建物流产业园区，对接徐州空港新城建设，打造省际产业合作新平台。

2. 马鞍山、滁州与南京的合作

马鞍山、滁州市积极参与南京都市圈建设，南京对两市的辐射带动能力进一步提升。南京、马鞍山两市签订《江宁—博望跨界一体化发展示范区共建框架协议》，南京江北新区与滁州来安县共同启动了《顶山—汊河跨界一体化发展示范区国土空间规划发展策略研究》编制，积极探索区域融合发展新路子，有序推进一体化重大项目，公交互通、省际断头路建设等一批跨省合作事项。协同共建创新平台，与南京名校、大院大所加强合作，建立企业技术中心、工程研究中心、实验室。围绕产业分工协作，在新能源汽车和智能网联汽车、节能环保、智能家电等领域，强化“双招双引”，推动产业链、供应链协同，推动共建园区建设。

3. 苏皖合作示范区

苏皖合作示范区范围包括安徽郎溪、广德两县以及江苏的溧阳市，于2018年由皖苏两省批准实施，是全国首个以县为单位、以生态为底色、以共建共享为目标的跨省合作区。2018年11月《苏皖（溧阳、郎溪、广德）合作示范区发展规划》获得国家发改委批复。示范区成立以来，构建了“决策层—协调层—执行层”三级运作机制，围绕产业发展、生态环境、基础设施、公共服务、空间规划等领域，每年排定重点工作和重大项目（事项）计划表，实现重大项目、重大工程等相向谋划、协同推进。目前，省际交通有效对接，溧阳、郎溪、广德三地主城区交通网络更加畅通，一批苏皖合作项目陆续投产运营，产业园区合作共建加快推进，农产品联合营销和旅游合作逐步深入。

4. “一地六县”产业集中合作区

2018 年，我省首倡共建“一地六县”长三角生态优先绿色发展产业集中合作区战略构想，得到沪苏浙一致响应。“一地六县”合作区包括上海光明集团绿色发展基地（上海白茅岭农场有限公司，包括白茅岭农场、军天湖农场），江苏省溧阳和宜兴市，浙江省长兴和安吉县，安徽省郎溪县和广德市，该合作区是目前唯一的三省一市都涉及的产业平台。2020 年 6 月，三省一市在湖州签订了《共建长三角产业合作区战略合作框架协议》，正式启动合作区建设。目前，在交通运输、生态环保、市场监管、数字长三角等 18 个方面建立了一系列专项合作机制，签订了 37 个合作协议，在重大规划设计、重大政策协同、重大项目建设等方面达成共识，54 个省重大项目先行启动建设，为合作奠定坚实基础。

5. 黄山和杭州两地合作

黄山和杭州两市的合作以新安江流域生态补偿国家级试点为先导，积累了丰富的实践创新和经验启示，被总结为“新安江模式”，在全省和其他省份推广。随着黄杭高铁的开通，两地交流合作愈加密切，从生态环境保护合作拓展到产业发展、基础设施建设和公共服务等各领域。目前正在推动共同争取皖浙两省及国家发改委支持，争取国家层面批复《杭州都市圈发展规划（2020—2035）》，并围绕“产业共兴”，通过“园区—园区”“园区—企业”“企业—企业”等多种合作方式，探索“飞地孵化器”等合作模式，两市共同打造绿色文化旅游、数字经济、生物医药和大健康等产业集群，共同招引企业入驻杭黄绿色产业园。

虽然我省省际毗邻地区的合作形势良好，但是还存在一些不足：一是侧重不同领域合作，合作面不广；二是合作空间较为分散，缺乏集聚性和深入性协同；三是诸多领域缺少利益共享补偿机制，域内同质化竞争难以避免；四是土地、人才等要素制约突出，缺少具有引力的合作平台。为此，要积极探索省际毗邻区域协同发展新机制，打造省际合作新平台，为全省省际毗邻地区的发展提供示范。

二、省际毗邻地区新型功能区建设成效和问题

目前，顶山—汊河、浦口—南谯、江宁—博望 3 个功能区加快建设，段园与铜山、埇桥与铜山、天长与六合、和县与浦口、宣州与高淳、歙县与淳安等省际

毗邻地区深化对接合作，“3+N”的省际毗邻地区新型功能区（以下简称“新型功能区”）发展格局正在逐步形成，展现了与以往不同的省际毗邻地区合作新模式、新特点。

（一）加密新要素，激发成长新动能

新型功能区依托毗邻中心城市优势，着力吸引人才、金融等新要素、优质教育和科研资源。如浦口—南谯新型功能区累计投资70多亿元打造滁州高教科创城，15平方公里的框架已全面拉开，初步形成了以汇智湾片区为发展主轴、无人系统智能制造示范区和南工大研发区互为补充的“L型”发展框架，为人才、项目和创新平台的入驻提供了较为完备的支撑条件，2020年高教科创城获批省级青年创业园、省级科技服务业集聚区。顶山—汊河新型功能区积极谋划与南京江北新区建设科技共同体，率先推动1万平方米江北新区·来安科技创新示范区建设，高标准打造3～5平方公里“江北新区（来安）”科技创新中心。马鞍山博望区和南京江宁区联合出资组建合资公司，在江宁—博望新型功能区打造占地约1000亩的“宁博创智谷”创新平台，按照“统筹功能、分期规划、定制开发”的模式开发建设，全力打造“创业新高地、创新策源地、创造始发地”。

（二）嵌入新产业，厚植竞争新优势

新型功能区嵌入中心城市产业链条，积极引入战略性新兴产业，提升产业价值和竞争力。如顶山—汊河、浦口—南谯两个新型功能区积极优化产业布局，围绕集成电路、智能装备、工业物联网等产业打造特色园区，积极嵌入南京江北新区生命健康、集成电路等战新产业链，启动编制生命健康、集成电路等产业指导目录，引进总投资30亿元的华瑞微半导体IDM芯片等项目，加强与南京江北新区的产业分工配套。江宁—博望新型功能区聚焦5G前端设备、智能汽车配件、三元锂电池、高强轻型材料等“三新”产业（新一代信息技术、生命健康与新材料、新能源汽车与新能源）重点领域，加快发展高端、智能制造，集聚一批专精特新企业，推动与南京、与江宁产业链的互补强化。

（三）丰富新功能，培育特色新平台

新型功能区充分发挥资源禀赋多样性和多元化优势，摆脱单纯的开发区式产业合作模式，谋划发展生态农业、文化旅游等特色合作平台。如浦口—南谯新型功能区以两地共界的滁河为依托，加快跨界生态资源共保，积极打造滁河风光带，携手发展休闲观光、旅游度假、创意农业等业态。淮北市与徐州市谋划共建段园—汉王省际毗邻地区新型功能区，聚焦两地生态农业发展优势，按照“汉王以花为主、段园以果为主”的思路，延长汉王农旅产业，加快段园葡萄特色小镇建设，加快文旅产业发展，全面融入徐州生态休闲板块。黄山市歙县与杭州市淳安县联手打造杭黄毗邻区块生态文化旅游合作先行区，依托“美在山水、魅在文化、绝在生态”的生态旅游资源禀赋优势，谋划旅游精品线路和品牌合作，共同打造杭黄世界级自然生态和文化旅游廊道的关键节点。

（四）建设新城区，拓展宜居新空间

新型功能区积极对接中心城市，融入中心城市城镇发展体系，强化城市规划衔接，加快推动高质量产城融合发展，建设宜居宜业新市镇。如顶山—汊河、浦口—南谯等新型功能区探索与南京方面联合开展新型功能区国土空间规划编制研究，推动纳入所在市、县国土空间规划。南京市近期发布的浦口、江宁等区的国土空间规划实施方案，均提出将省际毗邻地区合作纳入建设用地重点支持领域。江宁—博望新型功能区在编制空间规划时秉承新型城市发展理念，采用组团式、网格化、田园风的新型设计空间理念，构建“小街区—密路网”的新型城市空间格局。浦口—南谯新型功能区积极加快道路管网等基础设施规划建设，逐步统一片区间道路等基础设施标准，一批连接两片区的快速路加快建设，一批存在多年的“限宽限高门”被拆除，片区间交通实现无障碍、同城化规划建设。博望和南京江宁开展“一体供水”合作、供气服务“内引、外输、互联”，与溧水达成供电服务“跨省一网通办”，实现了水电气跨界“一体化”。顶山—汊河、江宁—博望等省际毗邻地区新型功能区加强与南京医科大、南京第一医院、浦口区新世纪小学、来安天立教育等合作，积极引进周边中心城市优质资源，成立跨界医联体，合作办校，推进公共服务提档升级。

（五）探索新体制，闯出发展新路径

新型功能区充分发挥安徽省全面改革创新试点省优势，率先在体制机制改革方面探新路、出新招，不断优化营商环境，提升政务服务水平，为全省改革创新发展提供经验参考。如来安县积极探索新型行政审批制度改革，在汊河成立了国税分局、规划建设分局、消防站和囊括 14 个窗口的“一站式”行政服务中心，并启用行政审批“二号章”，确保企业办事者最多跑一次，实现了“汊河事汊河办”，极大提升了新型功能区企业办事效率和便捷程度。马鞍山和县积极探索管委会加公司运营机制，和县与南京市浦口按照4：6的出资比例探索公司化运营模式，建立风险共担、利益共享机制，近一年来，先后签约落地20余家企业，其中70%来自长三角地区。江宁、博望两地共同成立一体化示范区建设工作领导推进小组，建立了半年例会、季度碰头、指挥部统筹、点对点对接的工作协调机制和推进小组领导主体、指挥部具体负责的推进机制，积极探索跨省一体化办公机制，组建联合招商团队，共同招大引强。

当然，省际毗邻地区新型功能区建设还处在探索阶段，对照省际毗邻地区新型功能区的定位和要求，不可避免地还存在一些短板和弱项。

一是新型功能区数量较少。我省与苏浙相邻的县区有23个，分别与苏浙的21个县区相邻，两两结对，共有45对省际毗邻县区。目前我省在建和创建中的省际毗邻地区新型功能区不足10个，数量偏少。

二是创新生态不够完善。有的新型功能区未能有效营造吸引创新要素集聚的氛围，人才、创新型企业、创新服务机构等创新要素集聚较少，创新平台建设不足，对功能区创新能力发展形成制约。

三是产业定位不够精准。现代产业分工体系中，小尺度空间需要聚焦一到几个环节，参与大尺度空间的产业链分工，利用产业集聚提高区域竞争力。一些新型功能区缺乏具体产业发展规划，入驻企业关联度不高，难以充分嵌入中心城市的产业链，未能有效形成产业集聚优势。

四是城市建设与产业发展不够协调。有的新型功能区坚持产业先行，但是对居住、生活和公共服务空间规划布局不足，出现“宜业不宜居、来人不留人”的现象。比如和县—浦口合作区域乌江镇产业发展较快，但是规划的医院等部分公共服务设施迟迟未建，降低新居民的满意度。

五是跨区域合作领域和深度不够。有的新型功能区对产业合作关注较多，对两地的自然地理和人文渊源没有充分挖掘，生态、文化等资源开发不足，缺少区域特色品牌。比如江宁—博望新型功能区中，分属苏皖两省却同根同源的丹阳镇历史悠久、文化底蕴丰厚，两地暂未携手谋划文化资源挖掘和文化产业发展。

六是跨区域协作制度不够健全。长三角生态绿色一体化发展示范区已有的制度创新经验尚未全面复制推广，不少新型功能区在合作初期即达成了公共服务设施共建共享、社会治安协同管理、应急事件联合管控处置等领域的跨区域协作意向，但执行力度不足。

三、国内外毗邻地区合作平台建设经验和启示

欧盟 Interreg 项目的跨境合作区域、美国跨州大都市区、深圳前海、珠海横琴、长三角一体化发展示范区（青吴嘉）、成渝双城经济圈的万达开统筹发展示范区等跨国、省（州）界毗邻地区，在合作体制机制、区域产业协作、创新资源布局与创新生态构建、宜居宜业环境打造等方面形成了各具特色的发展实践，可为我省省际毗邻地区新型功能区建设提供经验参考。

（一）构建跨界管理新制度，促进毗邻地区合作发展

建立健全毗邻地区跨行政边界的运行管理组织与机制，通过跨区域合作管理的制度“破界”推进毗邻地区发展的地理“破圈”。

一是建立跨界管理的合作组织体系。美国的跨州大都市区通过州际协定明确跨行政区规划与基础设施的联合管理部门及治理办法，形成跨界管理的行政协调机构或区域组织，有效协调了州际城市规划和资源分配问题。公私部门自由组织的区域联盟、邻里协会等非正式区域合作，进一步加强了跨州大都市区的相互联系。长三角一体化示范区采用“理事会+执委会+发展公司”三层管理架构，理事会由合作各方高层领导轮值，研究确定示范区规划、制度和政策等重大事项，执委会负责项目具体实施，发展公司为市场化投资运作平台，推动示范区从区域协同转向一体化发展。

二是制定利益引导的协调促进机制。欧盟 Interreg 项目利用欧盟结构基金构建软性引导机制，按总投资额给予不同比例的补贴，鼓励各成员国积极参与跨境合作，对芬兰、瑞典与挪威毗邻地区企业的合作培育、德国与奥地利毗邻地区旅游业和土地资源的合作开发产生积极的促进作用。川渝高竹新区按照存量收益各自分享、增量收益五五分成的原则，建立成本共摊、利益共享机制，创新引进川渝重点国有投资平台和专业化运营公司等参与开发管理的投融资机制，建立择优使用、集成共享的两地政策选用机制，促进新区合作共建，快速发展。

（二）立足合作突出优势，打造毗邻区新产业

积极融入中心城市产业链条，根据比较优势确定毗邻区内部分工，开展协同协作，深度挖掘毗邻区共性，推动区域产业联动发展。

一是主动与中心城市开展产业协作分工。深圳前海和珠海横琴针对港澳空间地域狭小、人力资源不足、经济结构单一等短板，以资源优势破解港澳发展瓶颈。前海借助香港的国际金融中心地位与现代服务业专长，依托税收等优惠政策与资质认可、合伙联营等体制机制创新，与香港开展跨境金融等现代服务业合作，如香港交易所在前海设置联合交易中心，推出“前海仓单”项目，有效支持内地实体企业融资需求。横琴借助澳门在集成电路、生物医药等方面的优质科研资源与跨境金融等产业基础，通过跨境金融合作示范区、中医药科技产业园等平台建设，聚焦集成电路设计、跨境特色金融等领域，成为澳门打造新兴产业的重要阵地。

二是利用区域差异加强毗邻地区产业协同。万达开统筹发展示范区按照“整车+配套”的思路，根据区域间差异强化新能源汽车产业协同。万州以整车为主，达州以汽车电池组、新能源汽车配套组件等研发生产为主，开州重点发展车身冲压件、车联网系统等零部件及系统开发。由上海张江高新区、金山区和浙江嘉兴市共建的张江长三角科技城发挥沪浙毗邻区位优势，充分利用上海在产业支持、品牌影响和浙江在土地、劳动力等方面的双重红利，对区内产业实施统筹布局、错位发展，探索出“研发总部在金山，生产基地在平湖（浙江嘉兴）”的模式，避免功能区内两地同质竞争，形成跨界优势互补与产业协同发展。

三是依托区域共性推动毗邻地区产业联动。沪浙毗邻区的金山（北）山塘村与平湖（南）山塘村一桥相连、村名相同、地缘相近、人缘相亲，两村基于共通的历史人文资源共同打造集古镇风韵、生态田园、文化休闲、旅游度假等多功能于一体的跨省景区。以此为先导，沪浙毗邻乡镇的跨界合作向周边扩展，形成长三角“田园五镇”乡村振兴先行区，开展农业农村创业创新大赛和农业科技走廊等农业品牌共创、廊下郊野公园—广陈明月山塘等跨区域乡村旅游路线共建、“非遗”文化“走亲联姻”等合作，带动毗邻地区的现代农业、文化旅游等产业的联动发展。

（三）聚合各方科创要素，增强发展新动能

以促进产业发展为目标集聚毗邻区周边科创资源，构建完善的科技创新生态系统，促进创新成果转移转化，以科技创新驱动毗邻地区高质量发展。

一是围绕产业链布局创新链，以产业科创增强发展动能。昆山聚焦光电、半导体、小核酸及生物医药、智能制造等高端产业部署创新链，引入沪苏浙科研院所等创新资源建设“校地企”重大创新平台，以“沪昆科技创新券”跨区域通用通兑加强与上海科技服务平台、大仪器大装备资源的共享对接，大力发展具有投融资、技术支撑、市场对接等功能的“双创”孵化平台，健全技术咨询、科技中介、成果推广等服务机制，促进高校创新成果在昆山加速转移转化，企业技术攻关能力得到不断提升。

二是依托创新资源培育新产业链条。丹麦和瑞典政府在两国交界的厄勒海峡区域联合创建医药谷（Medicon Valley），以邻近的哥本哈根大学和隆德大学等生物医学科研实力突出的高校为基础，不断导入科研机构、医院、生物制药企业和专业服务机构等资源。医药谷以高校与研究机构支撑生物医药创新，以研究型医院和合同研究组织（CRO）企业保证临床医学研究和药物临床试验，以技术转让组织、孵化器和科技园促进创新成果转化，形成从研发、临床到制造的完整生物医药产业链，发展成为欧洲最大、成长速度最快的生物技术产业集群。

（四）共建宜居宜业新环境，推动毗邻区深度融合

改善民生服务，完善就业创业服务体系，不断提高毗邻地区的软硬件水平，以良好的工作与生活环境吸引更多人才在毗邻地区就业与生活。

一是提升公共服务水平，加速区域融合。横琴与澳门的人员往来和产业合作日益频繁，横琴的公共服务水平提升是重要促进因素。政务服务方面，横琴加强数字政府建设与业务跨部门协作，实现政务服务从“全城办”“跨境办”到“掌上办”的转变，有力提高居民办事便利度与满意度。生活服务方面，横琴比照澳门标准，不断丰富包含居住、医疗、教育、社区服务等功能在内的民生服务体系，并根据两地居民和企业跨境实际需求，优化通关流程，开通跨境通勤专线，持续提升跨境便捷度。服务覆盖方面，琴澳居民在横琴均可享受社保、就医、入学等民生服务，增强了澳门居民对横琴的认同感与归属感。

二是优化就业创业环境，广泛汇聚人才。人才政策方面，横琴与前海分别出台针对港澳专业人才的执业、奖励和补贴相关政策，近年来已惠及数万人次，引智效果显著，推动了粤港澳交流互动与融合发展。人才服务方面，横琴设立高层次人才服务中心和人才需求清单台账，定期实地走访调研，不断优化人才服务机制，为人才提供良好的发展环境，已留驻多名高层次人才。创业支持方面，横琴与前海通过设立澳门青年创业谷和前海梦工场等创业服务平台，针对初创团队提供工商注册、税务会计、政策法律、知识产权、投融资等方面的专业顾问服务，已成功孵化数百个创业项目。

四、对策建议

省际毗邻地区新型功能区建设是我省长三角一体化“五个区块连接”的重要组成部分，建议充分发挥省际毗邻地区的区位优势，紧抓与沪苏浙城市间结对帮扶的机遇，大胆探索创新，建设一批有影响力和带动效应的新型功能平台，形成一批有示范性和推广价值的经验做法，在长三角一体化中贡献安徽智慧。

（一）完善毗邻地区新型功能区体系，支持具备条件的市加快创建一批各具特色的省际毗邻地区新型功能区

一是在已有合作基础上创建新型功能区。在已有的生态治理、产业园区共建等专项省际合作机制上，共同创建毗邻地区新型功能区，打造安徽嵌入沪苏浙产业和城市体系的楔子，带动全域深度融入沪苏浙。二是因地制宜建设新型功能区。比如皖北省际毗邻地区的新型功能区应注重发挥农业资源丰富、人口众多、交通便利等区位优势和承接长三角产业转移集聚区等政策优势，补足信息化、制造业、创新能力等短板，服务皖北“四化同步”建设。宣城、黄山等皖南城市，应紧紧围绕生态文明建设主题，利用山区景色优美等优势，以生态宜居空间建设为新型功能区的主打牌。三是深度挖掘区域文化共性，共同打响特色品牌。比如依托一些地名相同、地缘相近、人缘相亲、历史人文资源共通的村镇建设新型功能区，发掘共同的文化底蕴，创造更多的文化产品、体验场景，共同打造有亮点的区域品牌，在促进区域发展的同时，也增强了两地一体化的认同感。

（二）坚持与中心城市产业结构“大同小异”“求同存异”，做两地产业一体化的黏合剂、双面胶

一是利用区域资源禀赋差异，积极与中心城市开展产业协作分工。聚焦中心城市主导产业发展相对薄弱的细分行业以及对土地、劳动力价格等要素相对敏感的环节，加大精准招商引资力度，积极引进和培育一批专精特新企业，加快与中心城市形成互补的产业结构。二是利用好中心城市优质产业服务资源。新型功能区应积极利用中心城市在金融、科创、生产性服务业等方面的优质资源、平台，引进一批产业投资基金等金融机构和各类生产性服务业企业，根据企业需求，为企业和有关平台机构牵线搭桥，洽谈撮合，为功能区产业发展提供完善的服务支

撑。三是探索发展交叉产业。发挥地区两侧的优势，聚焦两侧中心城市的产业优势，探索融合两地产业特色的交叉产业发展路径。例如，浦口—南谯、顶山—汊河等新型功能区发展硅片制造产业，串起滁州硅基新材料和南京集成电路产业；江宁—博望一体化示范区发展轨道交通新材料等产业，串起马鞍山钢铁产业和南京轨道交通制造业。

（三）营造新型功能区包容性创新创业环境，集聚人才加快创新创业

一是围绕产业链布局一批一流创新平台。抢抓长三角一体化规划纲要“鼓励沪苏浙一流大学、科研院所到安徽设立分支机构”机遇，围绕新型功能区产业定位，积极推动两地一流高校、科研院所在功能区设立分校、学院等，建设研发机构、重点实验室、研究院等创新平台，推动龙头企业与两地高校、科研机构在新型功能区创建协同创新平台。二是建立完善的“双创”服务和支持体系。加快完善创新创业孵化、成果转化、风险投资、专利申请服务等创新创业全链条服务体系。加强对创新的政策扶持和兜底，如出台“双创”企业税收减征缓征、租金减免、员工补贴等优惠政策，探索发行跨地区科技创新券，支持功能区企业化中心城市资源为已用，补足功能区“双创”薄弱环节。三是完善人才支持政策。统一人才认定标准，实现两地人才技能、职称、培训经历等资格同认。推动中心城市更多人才政策覆盖新型功能区，如推动南京市（浦口区）将浦口—南谯新型功能区缴纳社保工作经历纳入人才落户或购房认可范围。

（四）贯彻产城融合发展理念，打造空间融合、产业融通、生活融洽的宜居生态小城

一是开展一体化的城市规划设计。开展或优化新型功能区国土空间规划，保障未来人口的居住、生活空间，加密跨省界交通线路，确保生活、出行便利，合理划分生产空间和生活空间分布，加快人口集聚和空间融合，打造“无界”小城。二是合理布局建设学校、医疗卫生、应急消防、公共绿地等城市公共服务设施。公共服务设施建设应当充分考虑人口和产业分布，积极采用合建、合办等方式建设公共服务设施，避免造成公共资源重复浪费或公共服务设施缺位。三是推动实现公共服务一体响应、无差异服务。统一功能区两侧建筑、道路等基础设施建设标准、风格和公共服务标准。推动两地消防、医疗等紧急救援活动按照交通距离而非行政区划就近响应新型功能区居民请求，两地图书馆、体育馆等公共服务场景对新型功能区内居民提供同等惠民服务。

（五）坚定不移走一体化道路，开展体制机制改革先行先试

一是支持新型功能区探索一体化管理制度。支持新型功能区仿照长三角一体化示范区、珠海横琴粤澳深度合作区等做法，建立“管委会+执委会+公司”的三级管理机制，由两地政府联合组建管理委员会，负责合作区重大事项决策，实现一次决策、两地认可；下设扁平化的执行委员会，聘用专业人才负责合作区运营管理，实现一体管理、高效运营；共同组建市场化的开发投资公司，配合执委会做好开发建设，实现投入分担、收益共享。二是支持新型功能区优化跨省区行政审批制度。简化企业在区内跨省设分厂、扩建等的行政审批程序，探索建立统一的审批大厅和线上审批入口，实现片区内两地居民公共服务事项“前端一窗受理—后端分类办理—末端一窗办结”的“无感审批”机制等。三是推动对新型功能区改革试点的法定授权。推动省（或有关市）人大出台或联合对方省（市）人大共同出台省际毗邻地区新型功能区管理条例或管理办法，以法律形式赋予新型功能区改革试点的权利，确保新型功能区改革试点有法可依。

指　导、审　稿：樊明怀

执　笔：徐振宇　周燕林　潘　淼

王　珏　班　涛

深入推进旅游供给侧结构性改革，将我省打造成“三度合一”的大众旅游目的地

习近平总书记指出，旅游是综合性产业，是拉动经济发展的重要动力，是衡量人民生活水平的重要指标。我省旅游资源相对丰富，旅游配套设施良好，消费市场腹地广阔，拥有发展旅游得天独厚的条件。近年来，我省以旅游强省“五个一批”建设为抓手，实现了由旅游资源大省到旅游大省的跨越，旅游业已成为我省重要的支柱性产业，对全省经济社会发展的支撑带动作用显著提升。

然而，随着新时代大众旅游消费的快速升级，我省旅游业已难以满足人民群众对美好生活的更高要求，大众旅游产品有效供给不足的矛盾日益凸显，已成为制约我省向旅游强省实现新跨越的短板。因此，有必要深入探讨大众旅游的理论与实践，客观分析我省旅游业的发展现状与存在不足，提出有针对性的对策建议，为我省推进旅游业供给侧结构性改革，实现旅游广度、深度、便捷度“三度合一”，打造更具竞争力、让人民群众更加满意的大众旅游目的地，提供理论依据和政策参考。

一、大众旅游的理论探讨

（一）大众旅游需求理论

1. 马斯洛需求层次理论

需求层次理论由美国心理学家亚伯拉罕·马斯洛1943年在《人类激励理论》论文中提出。该理论认为：人的需求分为生理需求、安全需求、社交需求、尊重需求和自我实现需求五类，依次由较低层次到较高层次排列。当一个人满足了较低需求之后，就会出现较高级的需求。旅游即是较高级的需求。

2. 旅游者行为理论

旅游者的旅游活动行为可以分为三个层次：基本层次为游览观光，提高层次为娱乐、购物，专门层次为休养、疗养、会议、宗教朝拜等。只有充分考虑旅游者的行为动机，才能设计开发出满足旅游者需要的旅游产品，这样的旅游资源开

发才更为有效，更为合情合理。

3. 凯恩斯需求管理理论

凯恩斯认为在自由放任的条件下，有效需求（即社会总需求）通常都是不足的，其根源在于三个“心理规律”：一是边际消费倾向递减，二是资本边际效率递减，三是流动偏好。凯恩斯理论的政策含义就是要通过政府干预措施来扩大有效需求。凯恩斯需求管理理论对于旅游业发展的政策意义，在于通过扩大包括旅游在内的投资，鼓励大众旅游等国内消费，拉动国内需求，带动经济增长。

（二）大众旅游供给理论

1. 供给基本理论

经济学家萨伊在其著作《政治经济学概论》中提出了著名的“萨伊定律”，即“供给创造需求”，国家应该引导各类要素向供给端集聚，通过不断扩大供给应对经济下滑。供给基本理论对于旅游业的底层逻辑是：必须通过增加包括大众旅游在内的有效供给，着力解决旅游供给质的问题，从而解决旅游需求量的问题。

2. 旅游系统理论

1972 年，苏联地理学家普列奥布拉任斯基首先提出地域旅游系统。他认为，旅游资源开发是一个系统工程，涉及自然景观旅游资源和人文景观旅游资源，要兼顾经济、社会和环境三大效益。因此，旅游资源的开发要从整体布局出发，进行系统的规划，分析资源、基础设施、客源市场和投资条件等，分步骤、有重点，循序渐进，依次进行。运用系统论的思想进行旅游资源的开发，有利于明确重点、分清主次，使大众旅游供给在整体上具有层次感和完整性。

（三）大众旅游供给模型

1. 中国旅游研究院提出“三角”模型

中国旅游研究院针对旅游供给侧结构性改革，围绕增加旅游产品有效供给，提出了供给侧“三角”模型（见图 1 所示）。

创新：通过技术创新、业态创新，推进旅游与数字等先进技术、生态环境、一二三产业融合，丰富拓展人民群众喜爱的旅游产品。质量：通过打造精品旅游产品和服务，逐步淘汰低端旅游产品，提升游客体验满意度。四要素：“近距

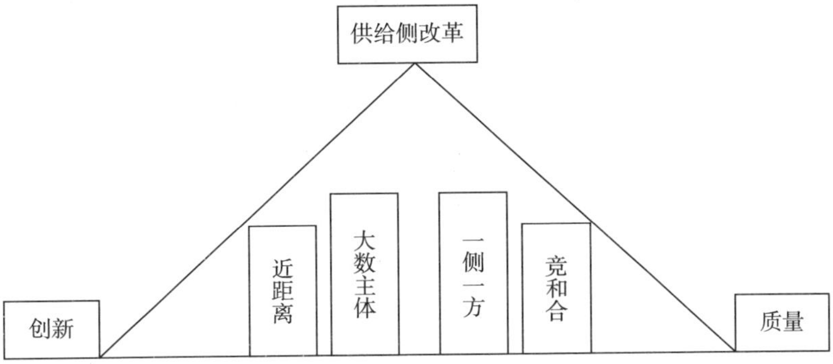

图1　中国旅游研究院构建的“三角”模型

离”代表旅游产品的空间距离，“大数主体”代表旅游经营主体的数量和规模，“一侧一方”代表从供给侧和需求方两端发力，“竞和合”代表旅游业区域竞争和合作。

2. 魏小安提出“三维”模型

我国著名旅游经济和管理专家魏小安提出旅游业供给侧结构性改革的三维模型（见图2所示）。

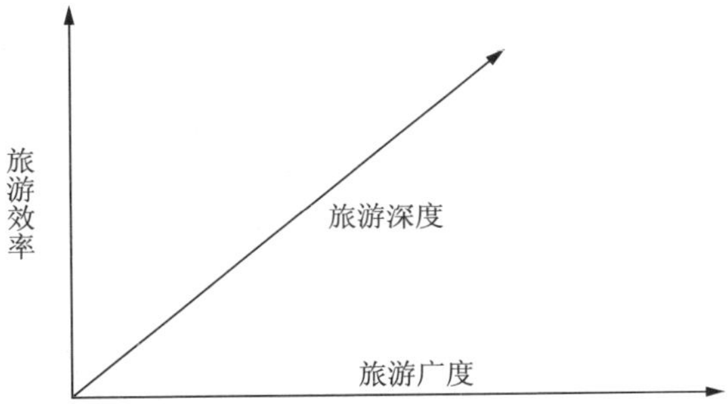

图2　魏小安构建的三维模型

魏小安认为，国内旅游消费要由平面转向立体。在旅游广度上，要更加注重与时俱进，迎合大众旅游消费新趋势，开发新型旅游产品，不断拓展旅游新领域；在旅游深度上，要更加注重打造精品，改变过去“走马观灯式”的浅度旅游，提升旅游产品和服务水平；在旅游效率上，不仅要重视旅游交通设施的通达便利程度，还要通过数字赋能，大力发展智慧旅游，为游客提供高效、便捷的服务，缩短旅游无效时间。

（四）大众旅游政策导向

1. 国家旅游发展新导向

《中华人民共和国国民经济和社会发展第十四个五年规划和2035年远景目标纲要》对旅游业发展提出“扩容、提质、便利”的要求：针对旅游业扩容，提出创新旅游产品体系，推进红色旅游、文化遗产旅游、旅游演艺等创新发展；针对旅游业提质，提出加强区域旅游品牌和服务整合，建设一批富有文化底蕴的世界级旅游景区和度假区；针对旅游便利性，提出健全旅游基础设施和集散体系。

《“十四五”文化和旅游发展规划》提出“一拓一增两提升”：深化旅游业供给侧结构性改革，深入推进大众旅游。拓展旅游消费领域，增加更多优质旅游产品和服务，提升便利度和服务体验。

《关于促进全域旅游发展的指导意见》提出“七个转变”：着力推动旅游业从门票经济向产业经济转变，从粗放低效方式向精细高效方式转变，从封闭的旅游自循环向开放的“旅游+”转变，从企业单打独享向社会共建共享转变，从景区内部管理向全面依法治理转变，从部门行为向政府统筹推进转变，从单一景点景区建设向综合目的地服务转变。

中央经济工作会议为大众旅游亮出了“稳”的信号：2021年12月，中央经济工作会议指出，明年经济工作要稳字当头、稳中求进，要积极推出有利于经济稳定的政策，政策发力适当靠前，在提振市场主体信心、突破供给约束堵点等方面推出有力政策，这也为大众旅游开辟了稳定的发展局面。

十九届六中全会为大众旅游指出了“融”的方向：2021年11月，党的十九届中央委员会第六次全体会议强调，必须坚定文化自信，推进文化铸魂，发挥文化赋能作用。大众旅游是弘扬中华优秀文化的重要载体，党的十九届六中全会为加快“以文塑旅、以旅彰文”，实现文化和旅游融合发展指明了方向。

2. 省级层面政策导向和旅游规划

安徽省第十一次党代会为大众旅游明确了“美”的定位：2021年10月，我省第十一次党代会围绕实施扩大内需战略，首次提出“皖美旅游行动”。“皖美旅游”不仅要求统筹皖南、皖北、合肥都市圈等区域旅游一体化设计，而且要求提升大众旅游产品的科技水平、文化内涵、绿色含量，增加创意产品、体验产品、定制产品，以更“美”的旅游产品和服务供给，提升我省大众旅游的品牌影响力。

《浙江省旅游业发展“十四五”规划》提出“优提拓”：一是优化旅游产业结构，二是提升旅游供给品质，三是拓展旅游市场，构建“快进慢游”公共交通网络等。

山东省《大力推进全域旅游高质量发展实施方案》提出“旅游四化”：即旅游发展全域化、旅游供给品质化、旅游治理规范化、旅游效益最大化。其中，全域化突出拓展旅游新业态；品质化重点提升服务等供给质量；规范化以标准为引领，构建精品旅游标准化体系；效益最大化则是构建多层次、全产业链的旅游品牌体系。

《海南省“十四五”旅游文化广电体育发展规划》提出旅游业发展的三个主攻方向：一是提升旅游供给侧产品品质，包括打造一批精品旅游项目、扩大中高端旅游项目等；二是加强“旅游+”融合互促，包括加快旅游与交通、科技、工业等融合；三是强化旅游交通联动，包括旅游交通的连接功能、公共交通的旅游功能等。

（五）归纳启示

从需求侧来看，随着我国居民生活水平的提高，广大人民的消费需要已经从追求物质消费进入更多地追求精神享受的阶段，旅游不再是老百姓的奢侈品，已进入大众的消费范围，大众旅游是当前及今后一个时期居民消费的重要亮点。2020 年，全年国内游客 28.8 亿人次，国内旅游收入达 22286 亿元，分别是 2000 年的 3.9 倍和 7.0 倍。这说明，旅游业已进入大众旅游新阶段，这既是我国新时代下居民消费升级的必然选择，也是当今形势下构建以国内大循环为主的双循环新格局的必然趋势。

从供给侧来看，我国旅游业发展当前面临的最主要矛盾是有效供给不足，旅游产品和服务呈现结构性失衡，必须从供给侧结构性改革底层逻辑出发，强化旅游供给端管理，着力提升旅游产品或服务的可获得量、质量和获取的便捷性。

国家和各省关于旅游业的规划和政策导向、中央经济工作会议亮出“稳”的信号、十九届六中全会指出“融”的方向、我省第十一次党代会明确“美”的定位，这些政策和规划表明旅游供给管理的发力点将集中在拓展旅游新业态、提高旅游产品质量、提升旅游体验效率等方面，这与旅游供给模型的三个层面完全吻合。

综合旅游需求理论、供给理论、供给模型和政策导向，总的启示是：大众旅游供给重点在于三个维度，即旅游广度、旅游深度和旅游便捷度，着力点是“三度”合一，最大化推进三个维度联合发力。

二、大众旅游的经验借鉴

（一）国外经验

1. 美国的旅游业

美国十分重视旅游业发展，积极拓展旅游产品种类，提升旅游业服务质量和便捷度。

开发多样化旅游产品。美国依托丰富的自然资源，以及现代科学、文化和生活方式，积极拓展乡村旅游、邮轮旅游和主题乐园游等旅游产品。游客参加乡村旅游既可以观赏自然风光，也可以参与田园耕作，还可以分享丰收果实。其中，迪士尼乐园构建了集游览、观光、娱乐、体验、购物、住宿、休闲、度假于一体的旅游度假目的地，为游客提供童话帝国奇幻又真实的旅游体验。

提供品牌化旅游住宿服务。美国的酒店行业发达，注重品牌化、智能化、精细化、人性化发展。各大酒店集团根据市场需求，细分出不同层次的品牌，每个品牌都有不同的客源划分、功能定位和品牌内涵。所有酒店集团都创建了具有强大预订功能的网站，方便游客预订。

完善旅游运输网络。美国的交通运输网络完整而便捷，航空业和高速公路发达，几乎每个城市都有飞机航班相通，基本上所有旅游景区和高速公路网络紧密相连。旅游服务信息化程度高，以邮轮旅游业发达的迈阿密为例，迈阿密港的邮轮码头内部交通实现信息系统指挥，能同时为8400名游客服务。

2. 英国的旅游业

英国政府制定了一系列政策措施，鼓励发展具有竞争力的旅游产品，同时提供舒适的住行体验，提升游客旅游体验。

推进文旅融合。积极促进文化与旅游业融合，发展文化体验游和研学旅游。其中，文化旅游以文化遗产、艺术表演，以及博物馆和名人故居等体验游为主；研学旅游不仅包括观光游览，更重视深入其他国家和地区的学校、课堂，体验不同的教育文化。

规范民宿服务。英国民宿业以规范化的管理和高品质的服务闻名全球。英国政府规定，民宿成立必须向当地政府部门申请，并经过审核认证后才能营业；印制了《旅游住宿经营法规》等文件册，规范民宿经营，要求每位经营者“读懂吃透”。

构建自助旅游系统。交通方面，英国拥有现代、高效的火车及铁路网络，大约有 20 家不同的火车运营公司经营着遍布全英国各地的线路。住宿方面，随着互联网技术的发展，短期住宿租赁网站向游客提供公寓或房屋租赁服务。此外，英国还创办了专门的官方旅游网站，提供英国旅游信息。

3. 法国的旅游业

法国充分挖掘文化资源和生态资源，大力发展文化旅游、生态旅游和康养旅游，不断提升旅游服务质量，旅游业发展取得成功。

打造特色旅游产品。依托文化遗产资源设计体验型的文化遗产旅游线路，依托丰富的自然生态资源积极开发绿色旅游、乡村旅游、康养旅游等。例如，巴黎推出了各种以艺术、建筑等为主题的文化遗产旅游项目；拥有独特温泉资源的依云小镇，逐步发展成为集旅游度假、运动、商务会议等多功能于一体的康养度假区；葡萄酒产区普罗旺斯每到夏季葡萄成熟时，都会开展“葡萄酒乡行”等旅游体验活动。

提升旅游服务质量。旅游住宿方面，法国积极推进服务标准化建设和国际质量体系认证。对旅馆业进行分类改革，在实施国际通行的“五星级”制度基础上，推出“豪华大旅馆”头等旅馆等级，满足更高等级的服务需求。此外，法国旅游业拥有健全的人员培养体系，培养了大批专业的高素质旅游业人才，提升旅游业整体服务水平。

畅通旅游交通。法国高速火车或地区快速列车连接了所有城市的交通，绝大多数旅游景点都与高速公路相连接，线路两旁还设有旅游景点指示牌，沿途的加油站、公共洗手间、餐饮、住宿点布局合理。旅游业与信息技术不断结合，“法国之家”网站为世界各国旅游者提供在线旅游服务。

（二）国内先发地区经验

1. 浙江的旅游业

推进“旅游+特色产业”融合发展。浙江省坚持用改革的思路和创新的办法，推进旅游业与特色产业融合发展，开发各种综合性旅游项目。比如：依托非物质文化遗产资源，开拓了博物馆体验文化旅游、文化古迹创意旅游等“旅游+文化”体验式旅游；依托海宁皮革城、义乌商贸城特色商业街区，打造“旅游+商贸”国家4A级景区；依托旅游目的地特色工业，高标准配套旅游服务，发展“旅游+工业”新模式，全省各类旅游新业态层出不穷。

提供多元化旅游品质服务。积极推进旅游景区建设，截至2020年，全省累计创建国家级5A级景区18个。旅游住宿方面，2017年发布了《民宿基本要求与评价》，对民宿内外环境、绿色环保、文化特色、社会贡献、保障体系、管理规范方面提出了更高的要求，不断提升民宿行业服务品质，满足游客多元化、不同层次的需求。以德清莫干山为例，莫干山民宿分高端度假型酒店、精品民宿和农家乐民宿3种类型，游客可以根据自身需求，选择适合自己的住宿条件。

建设“三位一体”的旅游交通体系。浙江省将交通运输设施建设与旅游要素、旅游资源相互衔接，形成陆海空三位一体的旅游交通体系和“快旅慢游”的综合旅游交通枢纽。5A级景区大部分实现与机场连通，至高铁站平均距离为43公里，至高速公路互通出口平均距离为9公里。国省道、农村公路等连通集散效率显著提高，基本形成了交通运输支撑旅游业发展的格局。

2. 湖南的旅游业

打造“锦绣潇湘”全域旅游基地。湖南省依托地方旅游资源，努力打造以“锦绣潇湘”为品牌的全域旅游基地。依托文化遗产资源，发展遗产旅游、研学旅游，将非物质文化遗产融入食、住、行、游、购、娱各个环节；依托红色旅游资源优势，开发经典红色旅游产品；结合乡村振兴战略，开发建设乡村精品旅游区和具有湖湘特色的“湘村客栈”，促进乡村旅游升级；依托旅游目的地特色产业，大力发展新业态，开发工业旅游、文创旅游等旅游产品。

提供5A级旅游服务。湖南省积极推进旅游景区环境整治和服务质量提升，探索景区标准化、规范化管理，截至2020年年底，累计创建国家级5A景区11家。印发了《湖南省旅游服务质量提升方案》，着力提升旅游景点的服务质量，优化旅游住宿服务，提升旅行社服务水平，规范旅游经营服务，完善旅游信用体系，提升旅游安全应急保障水平。

提升旅游便捷度。推进交通运输体系建设，旅游交通的可进入性和舒适性大幅提升。全省“两小时高铁圈”“四小时高速圈”基本形成，长株潭“一小时通勤圈”“县县通高速”基本实现。数字科技与文旅产业深度融合，加快数字化景区监控、GPS 定位、电子票务、应急指挥、智能交通管理等景区管理系统建设，实现景区信息化管控。

3. 江苏的旅游业

江苏省扩大旅游产品供给，优化旅游公共服务体系，完善旅游基础设施，实现旅游业从数量增长到提质增效、健康有序发展。

开发系列旅游产品。依托自然生态资源，将景区建设与生态保护有机结合，开发自然生态旅游产品。依托环境资源优势，以古镇、古村落、湖泊、高科技农业园、大型采摘园等为基础，发展高品质的乡村民宿、度假农庄、养生基地、乡村俱乐部等旅游度假产品，打造精品旅游度假区。依托长三角城市群，开发商务、会议、展览、节事等旅游新业态。依托全国工业旅游示范点，发展融参观、游览、体验、保健、购物于一体的工业旅游产品。

优化旅游服务体验。着力加强旅游公共服务体系建设，改善服务质量，提高旅游服务美誉度。建立旅游市场信息化监管平台，实时接受游客投诉，开展游客满意度评价。积极创建国家级旅游景区，截至目前，累计创建有 25 个国家 5A 级旅游景区，位列全国之首。

加强旅游基础设施建设。依托发达的高铁网络优势，将高铁网打造成为全省主要的游客集散网络，实现高铁沿线旅游功能全覆盖。完善信息基础设施建设，建立智慧旅游监管服务平台，实现智慧旅游、应急管理、监测、营销四位一体的综合管理服务，为游客提供更多优质、精准化的服务和旅游产品。

总结国内外大众旅游发展经验，主要是：围绕旅游广度、旅游深度和旅游便捷度，积极开发系列旅游品牌产品，全面优化“吃、住、行、游、购、娱”旅游服务体验，统筹推进旅游基础设施和智慧旅游建设，努力打造“三度”合一的大众旅游品牌，实现旅游新供给、创新旅游新需求，这与大众旅游的理论观点完全一致。基于各地大众旅游供给侧结构性改革，近年来我国旅游供给呈现三大趋势：服务主体从小众市场向大众市场转变，供给内容从观光旅游向“旅游+”拓展，经营模式由单一旅游企业经营向多元化跨行业经营转变。

三、我省大众旅游发展现状分析

近年来，我省陆续出台《关于将旅游业培育成为重要支柱产业的意见》《关于促进全域旅游发展加快旅游强省建设的实施意见》，以旅游强省“五个一批”

建设为抓手，不断提升旅游业现代化、集约化、品质化、国际化水平，促进全域旅游发展，加快创新型文化和旅游强省建设。

（一）发展成效

1. 旅游资源丰富，旅游基地不断拓展

我省在自然景观和人文资源两方面都具有极大优势，现有国家级旅游度假区1家、省级旅游度假区13家，175处全国重点文物保护单位，99项国家级非物质文化遗产代表性项目，6座国家级历史文化名城，11个中国历史文化名镇，24个中国历史文化名村。已建成亳州国家级中医药健康旅游示范区，黄山房车营地、徽杭古道国家体育旅游示范基地，以及肥西三河、凤阳小岗、九华山茶溪等29个省级特色旅游小镇。2015—2019年，全省入境旅游人数年均增长10.2%，国内旅游人数年均增长16.6%。我省旅游业发展基本情况见表1所列。

表1　我省旅游业发展基本情况

类　别	2015年	2016年	2017年	2018年	2019年
入境旅游人数（万人次）	445	485	549	607	655.8
国内旅游人数（万人次）	44 404	52 241	62 627	72 147	81 955
A级景区总数（个）	560	556	586	592	605
A级景区旅游营业收入（亿元）	233.33	254.81	277.72	286	230.11
旅游星级宾馆（个）	441	314	331	308	276
星级宾馆营业收入（亿元）	50.89	49.53	45.91	63.47	41.79

2. 文旅融合深度发展，旅游效益持续提高

近年来，我省紧抓皖江文化产业带、皖南国际文化旅游示范区和皖北特色文化产业集聚区建设新契机，推动文旅深度融合发展，旅游人数、旅游收入持续快速增长，旅游经济主要指标位居全国第一方阵。旅游总收入从2010年首次突破千亿元，增加至2019年的8525.6亿元，年均增长25.7%，高于全国7.5个百分点。旅游业相当于全省GDP的23.1%，远远高于全国旅游总收入占全国GDP的比重。全省文旅产业对住宿、餐饮、民航、铁路客运业等贡献率超过80%，文旅从业人员占全省就业总人数的10%以上。我省旅游业发展效益见表2所列。我省及全国旅游总收入占GDP比重如图3所示。

表 2　我省旅游业发展效益

类　别	2015 年	2016 年	2017 年	2018 年	2019 年
旅游总收入（亿元）	4120	4925	6197	7241	8510
国内旅游收入（亿元）	3980. 5	4763. 6	6002. 4	7030	8291. 5
旅游外汇收入（亿美元）	22. 6	25. 4	28. 8	31. 9	33. 9
5A 级景区数（个）	9	11	11	11	11
五星级饭店数（个）	23	25	23	23	23
星级饭店、旅行社、A 级景区固定从业人员（人）	84 840	81 320	110 211	115 685	119 815

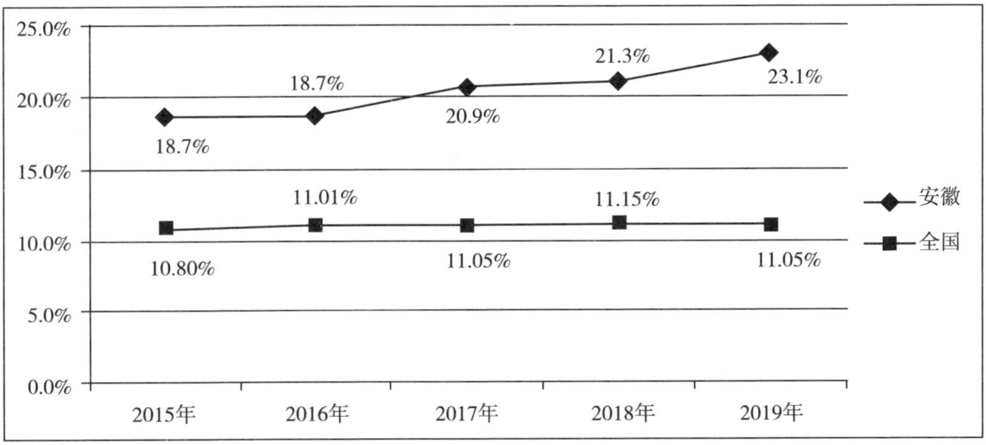

图 3　我省及全国旅游总收入占 GDP 比重

3. 智慧旅游快速发展，旅游便捷度持续提升

随着物联网、大数据、云计算等数字技术在旅游领域的深入应用，我省智慧旅游从“实干”走向“实践”。黄山、合肥等 6 市被列入智慧旅游试点城市，合肥非遗园、天柱山等 6 个景区列入智慧旅游改革试点景区，安徽旅游 App、智慧旅游平台相继上线，皖游通公共服务平台入驻皖事通平台，实现一部手机游安徽。与此同时，我省旅游公共交通体系逐步完善，旅游交通干线和旅游目的地通达条件不断优化。截至 2020 年年底，我省铁路运营里程达 5100 公里，县域铁路覆盖率超过 80%。目前已经开通至 4 个直辖市、18 个省会城市、50 多个地级城市的直达高铁动车，已有 10 条高铁线过境，高速铁路运营里程达 2165 公里，居

长三角地区首位，成为全国第二个“市市通高铁”的省份。通过线上打造智慧旅游平台，线下完善交通运输体系，我省旅游环境不断优化，旅游交通便利化水平持续提升，旅游业逐步向精细化、融合化、智能化转型升级。我省旅客运输情况表见表3所列。

表3 我省旅客运输情况表

类　别	2015 年	2016 年	2017 年	2018 年	2019 年	2020 年
旅客运输量（亿人）	8. 71	8. 14	6. 90	6. 37	5. 96	3. 3
铁路（亿人）	0. 86	1. 03	1. 15	1. 23	1. 34	0. 9
公路（亿人）	7. 81	7. 05	5. 74	5. 08	4. 56	2. 3
水运（万人）	185	213	253	240	222	110. 7
民航（万人）	297	341	341	343	360	890
旅客运输周转量（亿人公里）	1256	1231. 4	1196. 5	1206. 2	1212. 1	728. 6
铁路（亿人公里）	642. 95	693. 3	743. 65	783. 71	821. 11	527. 1
公路（亿人公里）	574. 88	491. 3	407. 11	376. 89	340. 17	168. 1
水运（亿人公里）	0. 38	0. 41	0. 41	0. 39	0. 3	0. 15
民航（亿人公里）	39. 99	46. 4	44. 97	45. 17	50. 47	33. 25
民航机场旅客吞吐量（万人次）	814. 8	912. 9	1141. 7	1360	1367. 7	1032. 9

（二）存在不足

1. 旅游业创新不足，旅游广度差距较大

与周边江苏、浙江、山东等省份相比，我省A级景区、星级饭店、旅行社的数量和营业收入不及其他省份，旅游业广度差距较大。近年来，上海迪士尼、常州恐龙园等一批特色主题公园，浙江不断推陈出新的各项文旅产品，以及河南备受瞩目的精品国风演艺等，给我省旅游业带来了一定挑战。相比之下，我省创新型旅游产品相对匮乏，新型旅游业态形成缓慢，如方兴未艾的科技游、复古游、邮轮游、低空飞行等高端新型旅游业态在我省反响平平。2019年安徽与其他省份旅游业广度对比见表4所列。

表 4 2019 年安徽与其他省份旅游业广度对比

类 别	江苏	浙江	山东	安徽
A 级景区总数（个）	615	798	1229	605
A 级景区旅游营业收入（亿元）	255. 85	538. 15	275. 39	230. 11
星级饭店个数（个）	408	528	502	268
星级饭店营业收入（亿元）	143. 98	160. 59	116. 09	48. 26
旅行社（个）	2943	2769	2613	1487
旅行社国内旅游营业收入（千元）	34 236 827	17 730 721	9 034 610	6 125 198
旅行社接待国内游客人天数（人天）	40 147 119	39 244 109	21 524 740	18 271 392

2. 旅游业结构较为单一，旅游深度有待挖掘

目前，我省旅游产业结构较为单一，旅游产品开发大都属于观光型的低层次开发，“千景一面”，同质化问题突出。5A 景区、五星级饭店数量与周边省份相比存在差距，品质不够高，吸引力不足，缺乏游客的参与性、体验性，产品附加值低。不少地方对“门票经济”的依赖尚未摆脱，缺乏像“西湖之夜”“宋城千古情”“七彩云南”那样的实景演出拳头产品、文化旅游精品演艺项目，以及吸引游客过夜、拉长旅游消费链的特色夜游项目，致使游客在旅游地停留时间短、消费水平低，旅游产业整体效益增长空间有限。2019 年安徽与其他省份旅游业深度对比见表 5 所列。

表 5 2019 年安徽与其他省份旅游业深度对比

类 别	江苏	浙江	山东	安徽
5A 级景区数（个）	24	18	11	12
5A 级旅游景区旅游总收入（亿元）	134. 22	226. 41	38. 01	141. 22
五星级饭店数（个）	77	80	34	23
五星级饭店营业收入（亿元）	72. 09	55. 84	34. 22	13. 39
入境过夜游客人均天花费（美元/人天）	295. 99	247. 39	260. 09	204. 48

3. 全省旅游发展不均衡，皖北旅游便捷度有待提升

受限于交通基础设施、区域经济水平等因素影响，我省皖北地区旅游业发展起步较晚，全省 12 个 5A 景区仅有阜阳八里河、六安天堂寨和万佛湖位列其中，

4A级以上景区数量仅占全省0.5%。皖北旅游产品的丰富度、接待能力、服务水平与省内其他地区相比差距较大，旅游发展相对粗放，市场竞争力相对较弱。相比于皖南旅游区、皖江巢湖旅游区，皖北景区支线交通“毛细血管”还不完善，景区与景区之间、景区与城市之间、景区内部等交通道路等级不高，旅游便捷度有待进一步提升。

四、我省大众旅游高质量发展评价

（一）大众旅游高质量发展评价指标体系

根据理论分析和经验总结，围绕广大人民对高质量旅游生活的追求，适应新格局下国内旅游大循环的发展要求，笔者构建满足大众旅游的高质量发展指标体系，主要由广度、深度、便捷度三个一级指标和22个二级指标构成。

围绕以上评价指标体系，笔者采用层次分析法确定各指标的权重。第一，设计层次结构模型，将大众旅游高质量发展分解为广度、深度、便捷度三个高层次元素和包括旅游景区数、星级饭店数等次要层次元素，高层次元素对次要层次元素起支配作用。第二，构造出各层次中的所有判断矩阵，组建专家组，对上述层次结构模型进行赋值。第三，进行层次单排序，本项评价采用根法（即几何平均法）单排序。第四，判断矩阵一致性检验。第五，进行层次总排序及一致性检验，自上而下地将单准则下的权重进行合成，得出总排序权重，赋予大众旅游高质量发展综合评价指标体系各指标权重。“三度合一”的大众旅游评价指标体系见表6所列。

表6 “三度合一”的大众旅游评价指标体系

一级指标	二级指标	权重
旅游广度	A级景区总数（个）	4.23
	A级景区旅游营业收入（亿元）	4.52
	星级饭店个数（个）	4.23
	星级饭店营业收入（亿元）	4.52
	文化旅游艺术表演场馆演（映）出场次（万场次）	4.37
	文化旅游艺术表演团体国内演出场次（万场次）	4.38
	旅行社接待国内游客人天数（人天）	4.62
	接待入境过夜游客（万人次）	4.13

（续表）

一级指标	二级指标	权重
旅游深度	5A 级景区数（个）	4.23
	5A 级旅游景区旅游总收入（亿元）	4.52
	五星级饭店数（个）	4.23
	五星级饭店营业收入（亿元）	4.52
	文化旅游艺术表演场馆演（映）收入（千元）	4.37
	文化旅游艺术表演团体本年收入（千元）	4.38
	旅行社国内旅游营业收入（千元）	4.62
	国际旅游收入（百万美元）	4.13
旅游便捷度	铁路密度（公里/百平方公里）	5.35
	等级公路密度（公里/百平方公里）	4.17
	高速公路密度（公里/百平方公里）	4.36
	旅客周转量（亿人公里）	4.56
	移动互联网用户占比（%）	5.78
	电子商务交易活动比重（%）	5.78

（二）评价方法

考虑到上述评价指标体系中的每个具体指标均测度我省旅游业高质量发展的某一方面情况，在指标选取时已避免指标间的相关性，为充分发挥评价体系的考核、诊断、纠偏和引导作用，本研究不再通过主成分分析、因子分析等方法对指标进行压缩，而是直接对各指标进行无量纲化处理，然后加权汇总。

由于上述各二级指标均与大众旅游高质量发展呈正相关关系，因此，采用正向指标的无量纲化处理公式（见式 1 所列）。

$$\text{第 } i \text{ 个指标得分}=\frac{X_i-\min X_i}{(\max X_i-\min X_i)}$$

其中，X_i是某个省（市）第 i 个指标的原始数据，$\min X_i$是所有省（市）第 i 个指标中数值最小的数据，$\max X_i$则是最大的数据。

（三）横向比较

将安徽旅游业放到全国来比较，与全国其他30个省、自治区和直辖市进行比较，从而判断安徽大众旅游所处位次，找到安徽大众旅游存在的优势和不足。统一选取2019年数据，数据来源于《中国统计年鉴2020》《中国文化文物和旅游统计年鉴2020》。安徽与全国其他省（自治区、直辖市）大众旅游发展指数对比表见表7所列。

表7　安徽与全国其他省（自治区、直辖市）大众旅游发展指数对比表

	北　京	天　津	河　北	山　西	内蒙古	辽　宁	吉　林	黑龙江
旅游广度	11.6	1.2	8.1	8.4	4.7	8.2	2.2	3.4
旅游深度	11.6	3.1	5.4	5.7	3.8	5.3	2.3	3
旅游便捷度	21.5	15.2	10.3	6.9	4	8.5	4.8	2.6
总指数	44.7	19.5	23.7	21	12.5	22	9.3	9
	上　海	江　苏	浙　江	安　徽	福　建	江　西	山　东	河　南
旅游广度	9	23	21.4	9.5	11.1	10.2	17.4	10.8
旅游深度	19.2	21	19	6.9	8.7	11	10.6	6.9
旅游便捷度	19.7	13.7	13.5	11.9	9.7	8.7	13.6	11.9
总指数	47.9	57.8	54	28.2	29.5	29.9	41.6	29.6
	湖　北	湖　南	广　东	广　西	海　南	重　庆	四　川	贵　州
旅游广度	12.7	11.2	19.3	8.7	4.2	4	15.7	5.9
旅游深度	8.2	7.3	24.8	3.1	3.4	4.8	11.3	2.4
旅游便捷度	10.2	9.7	15.8	7.3	9.7	11.8	7.3	9.4
总指数	31.1	28.3	59.9	19.1	17.3	20.5	34.4	17.7
	云　南	西　藏	陕　西	甘　肃	青　海	宁　夏	新　疆	
旅游广度	9.6	1.7	9	4.7	2.6	0.6	7.6	
旅游深度	8.7	0.8	7.3	1.7	0.9	0.5	5.7	
旅游便捷度	5.2	1.8	9.4	4.7	3.4	6.3	2.2	
总指数	23.5	4.4	25.7	11	6.9	7.4	15.5	

安徽与全国其他省（自治区、直辖市）大众旅游发展总指数对比如图4所

示。从图 4 来看，安徽大众旅游高质量发展指数为 28.2，位居全国 31 个省（自治区、直辖市）第 12 位，高于全国 31 个省（自治区、直辖市）平均指数 2.3。在长三角三省一市中，安徽位居末位，安徽大众旅游高质量发展指数比三省一市平均指数低 18.7，仅相当于三省一市平均指数的 60.1%。在全国十大旅游大省（河南、江西、山西、湖北、贵州、安徽、广东、江苏、陕西、福建）中，安徽位列倒数第 3 位，发展指数比十大旅游大省平均指数低 6.5，相当于十大旅游大省平均指数的 81.4%。由此可见，尽管安徽是旅游大省，但无论是在长三角三省一市还是在十大旅游大省中，位次都偏后，发展差距较大。

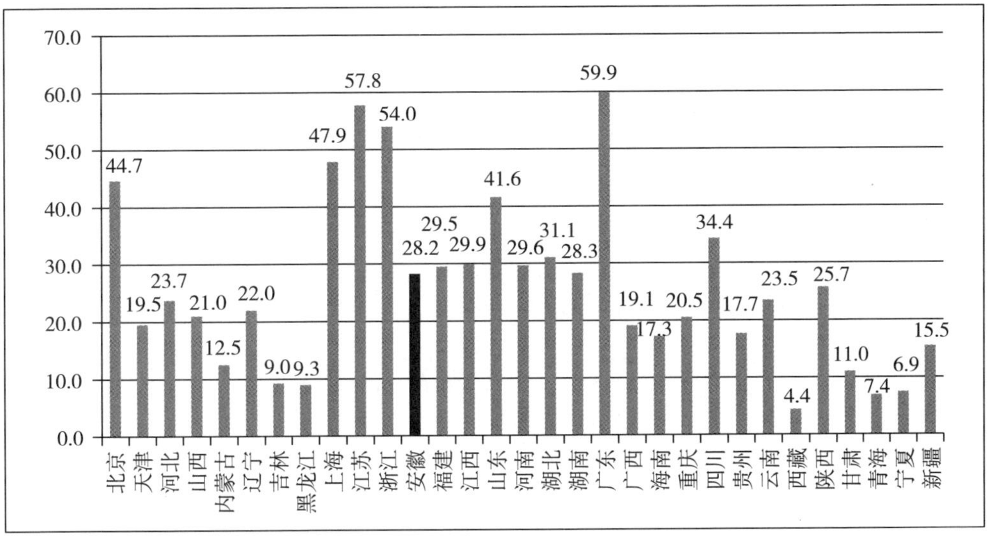

图 4　安徽与全国其他省（自治区、直辖市）大众旅游发展总指数对比图

从表 7 来看，安徽旅游广度、深度、便捷度分项指数分别位居全国 31 个省（自治区、直辖市）的第 13 位、第 15 位、第 9 位，分别高于全国平均水平 0.6，低于全国平均水平 0.7，高于全国平均水平 2.5。在长三角三省一市中，安徽旅游广度、深度、便捷度分项指数分别低于三省一市平均分项指数 6.2、9.7 和 2.8。在十大旅游大省中，安徽旅游广度、深度、便捷度分项指数分别低于十大旅游大省平均分项指数 2.5、3.4，高于十大旅游大省平均分项指数 1.1。由此可见，安徽旅游便捷度尚可，但旅游广度和深度低于十大旅游大省，尤其是旅游深度指数明显落后。

（四）纵向比较

安徽2014年与2019年的数据对比可反映安徽大众旅游业近五年的发展质量变化情况。数据来源于《中国统计年鉴2015》《中国统计年鉴2020》《中国文化文物和旅游统计年鉴2015》《中国文化文物和旅游统计年鉴2020》。安徽省旅游业主要评价指标纵向比较见表8所列。

表8　安徽省旅游业主要评价指标纵向比较

一级指标	二级指标	2014年	2019年
旅游广度	A级景区总数（个）	483	605
	A级景区旅游营业收入（亿元）	203	230.11
	星级饭店个数（个）	367	268
	星级饭店营业收入（亿元）	51.41	48.26
	文化旅游艺术表演场馆演（映）出场次（万场次）	0.41	0.81
	文化旅游艺术表演团体国内演出场次（万场次）	0.46	0.98
	旅行社接待国内游客人天数（人天）	11 255 134	18 271 392
	接待入境过夜游客（万人次）	280.18	379.74
旅游深度	5A级景区数（个）	8	11
	5A级旅游景区旅游总收入（亿元）	20	141.22
	五星级饭店数（个）		23
	五星级饭店营业收入（亿元）		13.39
	文化旅游艺术表演场馆演（映）收入（千元）	68 372	82 511
	文化旅游艺术表演团体本年收入（千元）	175 321	412 088
	旅行社国内旅游营业收入（千元）	5 034 448	6 125 198
	国际旅游收入（百万美元）	1840.26	3387.69
旅游便捷度	铁路密度（公里/百平方公里）	2.5	3.47
	等级公路密度（公里/百平方公里）	120.4	156.01
	高速公路密度（公里/百平方公里）	2.5	3.49
	旅客周转量（亿人公里）	1286.26	1164.81
	移动互联网用户占比（%）	43.9	75.26
	有电子商务交易活动比重（%）	4.7	14.4

从安徽旅游各指标数据的绝对值来看，除星级饭店数量及营业收入、旅客周转量有所下降外，其余指标均有显著增长。设 2014 年各指标为 1，则 2019 年总指数为 1.80，即各指标平均年均增长 12.5%。其中，安徽旅游广度、深度、便捷度分别为 1.39、2.51 和 1.63，分别年均增长 6.8%、20.2% 和 10.2%。

从安徽大众旅游在全国的位次来看，2014—2019 年，安徽大众旅游高质量发展指数由 29.3 下降到 28.2，在全国 31 个省（自治区、直辖市）中的位次由第 8 位下降到第 12 位。其中，旅游广度、旅游深度分项指数分别由第 7 位下降到第 13 位，由第 10 位下降到第 15 位，旅游便捷度分项指数仍保留在第 9 位。

（五）总体结论

从纵向比较来看，尽管 2014—2019 年我省大众旅游主要指标有显著增长，但在全国的位次由第 8 位下降到第 12 位。其中，旅游广度、旅游深度分项指数分别由第 7 位下降到第 13 位、由第 10 位下降到第 15 位。

从横向比较来看，安徽大众旅游高质量发展总指数分别位居长三角三省一市末位、全国十大旅游大省倒数第 3 位，位次明显偏后，发展差距较大。其中，安徽旅游便捷度尚可，而安徽旅游广度、旅游深度分项指数分别低于三省一市平均分项指数 6.2 和 9.7，分别低于十大旅游大省平均分项指数 2.5、3.4，尤其是旅游深度指数明显落后。安徽应围绕旅游产业链价值链，深度开发旅游产品和配套产品，特别要围绕旅游“新六要素”，深入推进“旅游+”工程，推动旅游与文化、教育、体育乃至工业、农业体验深度融合，赋予旅游更多的内涵，增强旅游的可品赏性、参与性和市场核心竞争力。

五、推动我省大众旅游高质量发展的对策建议

安徽应把握新时代下大众旅游发展趋势，围绕广大人民对高质量大众旅游的需求，按照畅通“双循环”格局下国民经济循环的要求，以问题为导向，深入推进旅游供给侧结构性改革，着力拓展旅游广度和深度，全面提升旅游业现代化、集约化、品质化、国际化水平，加快建设创新型文化和旅游强省。

（一）以“五个一批”拓展大众旅游广度

针对我省旅游广度差距较大的问题，以大众旅游为导向，以旅游强省“五个一批”建设为抓手，实施“皖美”旅游行动，积极创造旅游新供给，努力提供

更加丰富、更加优质的旅游产品和服务。

第一，乡村旅游。结合乡村振兴战略实施，持续建设一批国家级和省级乡村旅游重点村，推动“景区依托型”乡村旅游连点成线、连线成片，促进乡村旅游规模化、产业化、标准化发展。推动重点乡村旅游精品民宿建设试点示范，发展乡村旅游康养，引领乡村旅游产品转型升级。积极争创国家文化生态实验区、特色农副产品生产基地和乡村旅游目的地建设。发挥省级特色小镇示范引领作用，引导乡村旅游创意产品设计和返乡入乡就业创业，培育乡村旅游创客示范基地。

第二，生态观光旅游。发挥皖南国际文化旅游示范区和皖西生态屏障区的生态资源优势，以重点旅游景区为依托，按照世界水准、国际一流、国内领先的要求，协作建设杭黄世界级自然生态和文化旅游廊道，推进浙皖闽赣国家生态旅游协作区建设，创新发展专项旅游和定制旅游产品，完善自驾游服务体系，加强自驾车旅居车营地和线路建设，形成具有国际吸引力和竞争力的生态观光旅游产品。鼓励文旅企业以市场化方式举办山地户外运动公开赛、徒步大赛、攀岩赛、武术节汽车越野体验等国内外各级各类体育赛事和活动。

第三，文化遗产旅游。依托文化强省重大工程项目建设，强化以徽文化为代表的文化遗产保护利用，依托皖南等传统村落、古建筑群等文化遗产资源，打造集旅游、居住于一体的新型徽州特色旅游文化社区，加快形成保护与发展相互促进的利用机制。支持省内各地开展特色节庆文化活动，开发具有人文特色的体验式文化旅游产品。推动各级别非物质文化遗产与旅游活动相结合，大力发展非遗体验游。

第四，研学旅游。瞄准教育“双减”及相关配套政策实施带来的新机遇，强化中小学素质教育类主题产品开发，依托国家级地质公园、传统文化考古遗址、民俗文化博物馆、国家森林公园、农村三产融合示范基地、国家重点古建筑保护文物等，开发科普教育、劳动实践、红色文化、森林公园、历史文化、文物古建筑等系列主题研学课程和路线，建设一批长三角区域内知名的夏令营实践基地。

第五，夜间旅游。拓展旅游常规时间，打造一批常态化、特色化的夜间文旅体验项目，促进“夜游、夜购、夜演、夜娱、夜宵、夜读、夜展”等夜间消费，发展文化休闲和旅游消费“夜经济”。优化夜游景区景点，以黄梅戏、花鼓灯、庐剧等为重点，策划组织一批“小而精”的地方戏曲、电影、歌剧、音乐、读书会等文化休闲活动，开发夜间光影秀等产品。在全省培育50个左右夜间文化和旅游消费场景，打造一批具有安徽文化特色的夜间特色文旅IP。

第六，精品旅游线路。顺应自驾游等大众旅游细分领域快速发展的要求，强化“一盘棋”思想，深度挖掘整合全省文化和旅游资源，把资源转化为产品，串珠成链。立足安徽五大片区特色，结合高铁、高速等快捷交通线路现状，优化旅游线路设计，突出生态、文化、美食、研学、养生、观光、度假等不同主题，推出10条特色精品旅游线路，加强精品旅游线路宣传与推广，提升安徽旅游品牌的知名度、美誉度与影响力。

（二）以“旅游+”工程加大大众旅游深度

针对我省旅游深度明显落后的问题，聚焦旅游“新六要素”，持续推进“旅游+”工程，推动旅游与文化、教育、特色产业等深度融合，增强旅游的可品赏性、参与性和市场核心竞争力，促进旅游价值链升级。

第一，推进文化和旅游融合发展。推动文化资源转化为旅游产品，充分用好文物资源，开展“老屋新生行动”，建设双墩大墓等一批考古遗址公园；推进非遗展示馆、体验基地和传统民俗活动场所纳入重点旅游线路，引导游客参与非遗体验；推进文化场馆景区化建设，在全省推动60个博物馆、美术馆、档案馆等创建成为A级旅游景区。以文旅融合的思路规划、谋划、储备、实施一批具有牵引性的重大项目，孵化培育一批文化和旅游IP。

第二，开展旅游业“微改造、精提升”。开展“文化融景”行动，为旅游产品植入文化元素，通过文化策划、设计，以“微改造”为手段有机融入现有旅游产品，推进演艺业进旅游景区。以A级旅游景区、旅游度假区、旅游风情小镇、文博场馆等为重点，推动酒店、民宿等旅游接待场所的“微改造、精提升”。借鉴浙江等地“精致体验、精良设施、精美环境、精心服务、精细运营”有益经验，建设2000个以上“微改造”示范点。

第三，打造高能级旅游吸引物。顺应大众旅游新趋势和消费热点新要求，着力培育高能级旅游景区和度假区，重点打造皖南自然生态和文化旅游集群、皖西南休闲度假集群、皖北文化旅游集群等，支持黄山建设生态型、国际化、世界级休闲度假旅游目的地城市。扶持省级旅游风情特色文化小镇建设，强化标准引领、质量提升、文化挖掘、技术传承，提升徽文化美誉度。力争在“十四五”

期间，升级打造品质饭店300家，建成等级民宿1000家、民宿集聚区60个、文化主题民宿100家。

第四，培育新业态新模式。推动旅游演艺、文化主题酒店、特色节庆展会等提质升级，支持建设集文化创意、旅游休闲等于一体的文化和旅游综合体。鼓励在宣城、安庆等历史文化名城更新中发展文化旅游休闲街区，盘活文化遗产资源，支持亳州、阜阳等地建设具有人文特色的中医药健康旅游示范区（基地）。结合传统体育、现代赛事、户外运动，实施一批品牌培育项目，探索推进文旅融合IP工程，用原创IP讲好安徽故事，打造具有丰富文化内涵的文旅融合品牌。

（三）以“数字江淮”赋能大众旅游便捷度提升

针对我省大众旅游便捷度水平一般的问题，适应新形势下旅游发展新要求，主动对接数字江淮等建设工程，以数字化、智慧化手段提升旅游业在物理空间和网络空间等维度的服务能力，持续提高安徽大众旅游的便捷度。

第一，智慧旅游。发展基于超高清、增强现实、虚拟现实、人工智能等技术的新一代沉浸式体验型智慧旅游应用场景。普及智能导览，为游客提供AR导航、景点导览、AR互动沙盘、拍照互动体验、AR交互体验等服务。支持在知名景点开展5G全景直播，通过架设风光直播摄像头进行内容输出。创新全息多媒体展示，利用3D全息投影技术的景区景点介绍、展品介绍、人文介绍等，对景区进行全方位的展示和场景营造。

第二，旅游信息供给。开展智慧旅游咨询服务工程，依托省级平台，实现全省旅游公共服务信息互联互通、共建共享。在机场、车站、码头、高速公路服务区、商业步行街区、旅游景区等游客集中区域，建设旅游服务中心或咨询中心。推动公共文化场所拓展旅游服务功能，在博物馆、美术馆、非遗馆、图书馆、文化馆、档案馆等公共文化场所设立旅游服务专区。支持基层综合性文化服务中心拓展旅游服务功能试点，推动文化站、农村文化礼堂为居民游客提供旅游公共服务。

第三，旅游基础设施。加快推进以数字化、网络化、智能化为特征的智慧旅游设施建设，推进预约、错峰、限量常态化，建设景区监测设施和大数据平台。统筹推进铁路、公路、机场等重大交通基础设施建设，合理规划设立游客集散中心、分中心和信息咨询中心，做好车站、机场等交通基础设施到主要景区（点）的公共交通衔接换乘，畅通游客到达景区（点）的“最后一公里”。持续推进

“旅游厕所革命”，提升游客密集区域旅游厕所的建设管理水平。

（四）以“全创改”工程塑造大众旅游品牌

瞄准“创新型文化和旅游强省”建设目标，以全省“全创改”工程为契机，推进大众旅游领域改革系统集成，深化大众旅游开放合作，加强大众旅游标准化和品牌化建设，塑造安徽大众旅游品牌。

第一，体制机制创新。用好自贸试验区发展机制，围绕旅游购物、旅行社开放、便利入境旅游、离岸金融业务等方面，加强制度创新。推动安徽自贸区内外联动发展，探索区内注册、区外服务路径方法。借鉴浙江衢州旅行社行业协会“现代旅游根据地”模式，发挥各类旅游行业协会的作用，鼓励旅游企业“抱团式”发展模式。坚持旅游景区分类管理，推进国有景区所有权、管理权和经营权分离，建立健全景区经营主体的现代企业制度。科学精准做好疫情防控工作，主动适应“后疫情时期”旅游市场的新变化，加快个性化、品质化产品的开发，重构发展模式。

第二，旅游标准化。以产业标准提升旅游质量，引导旅游协会等社会团体参与标准制定，加快制修订《研学旅行课程与线路设计指南》等一系列旅游产业地方标准，加快构建安徽旅游标准体系。加大旅游标准的宣传贯彻力度，在黄山、池州等地开展标准化试点示范，加强标准实施绩效评估。开展“品质旅游”系列推广活动，鼓励旅游企业公布服务质量承诺和执行标准，强化旅游市场监管，形成优质旅游服务品牌。

第三，长三角旅游一体化。开展长三角文化和旅游联盟等一体化合作平台建设，完善一体化发展体制机制，共同打造世界级旅游目的地。探索“畅游长三角”“旅游护照”等市场联动措施，联手打造十大旅游品牌和十大旅游线路；建设长三角、皖浙闽赣旅游交通专线，推出长三角“高铁+”旅游产品线路。强化旅游推广联盟，通过联合策划、组织境内外旅游市场推广营销；制定三省一市互相认可的旅游市场负面清单，发布旅游“企业红黑榜”，构建长三角旅游市场诚信体系。共建假日旅游、旅游景区大客流预警等信息联合发布和共享机制。

第四，旅游安全保障。强化文化和旅游、公安、应急管理、交通运输、市场监管等部门的协调配合，建立旅游安全联动综合治理机制。加强对节假日等重点时段、重要设施设备、重大旅游节庆活动的安全监管，强化对新业态项目的安全监管，建立健全安全监管权责体系。构建基于大数据的旅游安全预警与可追溯管控平台。指导旅行社、景区、饭店加强服务安全及应急管理，定期开展应急救助技能培训，对提供的产品和服务进行安全检验、监测和评估，压实企业主体责任。

指　导：樊明怀
执　笔：张　峰　饶　磊　夏　飞
王　蕾　王　燕

下篇　对策清样

关于做好外出务工人员就地过年的几点建议

近日，29省市倡议“就地过年”，人社部等7部门印发通知、鼓励引导农民工等务工人员春节期间安心留在就业地，卫健委已明确返乡人员需7日内核酸检测阴性证明、14日居家健康监测，就地过年成为多数省外务工人员的选择。安徽是外出务工大省，人员数量多、地区较为集中、防疫任务重，提倡就地过年对于全国防疫形势具有重要现实意义。但留守老人儿童、过年环境体验差、促消费等问题需引起重视。在倡导就地过年的同时，有必要尽快做好留守老人儿童安心过年、丰富过年生活、开展家乡年货送等活动，谋深谋细、创新方式、丰富内涵，形成安徽特色，服务于全国防疫大局。

一、外出务工人员情况

安徽省外出务工人员规模大，流入地和流出地相对集中，多从事制造业和建筑业，总体收入保持较好水平。

一是外出务工人员近1400万，省外超900万①。近年来，全省外出务工人员总体保持稳定，2017—2019年分别为1415万、1429万、1399万人，占全省常住人口的20%左右。外出务工人员中，67%左右流向省外，2017—2019年省外务工人员分别为993万、972万、921万人，2019年占全国的12.3%，约居全国第五位、中部第二位，仅次于河南省。国家统计局监测，全国外出务工人员中，男性占比超六成，已婚超八成，40岁及以下超五成，50岁以上超两成，留守老人儿童多。

二是就业行业密集，以制造业、建筑业为主。2019年，外出务工人员49.2%从事第二产业；其中，从事制造业人数最多，占比为24.6%、比全国低2.8个百分点，其次是建筑业，占比为22.3%、比全国高3.6个百分点，明显高

① 数据主要来自《安徽统计年鉴》《2019年安徽省农民工监测调查报告》《2019年农民工监测调查报告》等。

于全国平均水平。同年，在第三产业中，从事批发和零售业，交通运输、仓储和邮政业，住宿和餐饮业，居民服务、修理和其他服务业的农民工人数较多，分别占 12.3%、6.9%、7.6% 和 12.4%。

三是流入地流出地较集中，沪苏浙占比近八成。外出务工人员流入地和流出地分布较集中，重点外出务工地区占一半以上。流入地方面，长期以来，安徽省外出务工地以沪苏浙为主，2019 年，流向省外半年以上的流动人口中，江苏、浙江、上海占比分别为 30%、25.7% 和 21.8%，广东、北京、福建占比分别为 4.4%、3.3% 和 2.1%。流出地方面，集中在皖北地区，占全省的 57.8%，前三位为阜阳、宿州、亳州，占全省的 43.1%。

四是收入保持较好增长，务工获得感较好。2019 年，外出务工人员月均收入为 5230.8 元、比全国高 804 元，同比增加 451.1 元、比全国多增 131 元，增长率为 9.4%、高于全国 1.6 个百分点。同期，本地务工月均收入为 3437.7 元，同比增加 203.2 元，增长率为 6.3%；农民工外出自营月均收入为 7730.5 元，本地非农自营月均收入为 5141.2 元，本地农业务工月均收入为 4574.4 元，外出务工人员收入水平明显高于本地务工人员。

二、值得关注的问题

就地过年，涉及多主体、多方面，既面临留守老人儿童等群体过年的现实困难，也面临影响春节消费支撑等间接问题，潜在的社会、经济等领域影响需要引起各方关注。

一是留守老小团圆期盼高，年关潜在生活不便。春节假期是各地家庭团聚的重要时期，是老人、儿童、外出人员最为期待的团圆机会。就地过年直接影响留守老人、儿童团圆，精神上的冲击远超物质上的补助收获。缺少外出人员返乡，置办年货等存在不便。全省外出务工人员中，处于生育高峰期和赡养老人高峰期的人员较多。2019 年，处于生育高峰期群体中，25—34 岁人员占比达 26.9%，约 248 万人；处于赡养老人年龄段群体中，35—49 岁人员占比达 27.5%，约 253 万人。留守老小生活不便问题不容忽视。

二是春节异乡恋地情结深，就地过年环境体验差。春节是外出务工人员一年中返乡探亲的最重要日子，是恋地情结最为高潮时期。阜阳、宿州、亳州等地对出生地、生长环境等故乡情结较为浓厚，就地过年对外出务工者的恋地情结是最为直接的冲击。对外出务工者而言，就业以制造业和建筑业为主，居住环境相对简陋、生活氛围较为单一、节日消费相对不便，在生活条件方面明显不如家乡团圆、浓厚的氛围环境。对留守者而言，既存在心理上的显著影响，也面临过年氛围不优的困境。

三是消费群体支撑减弱，潜在影响消费经济增长。对于人口流出地区，就地过年不仅仅是留守老小等社会问题，还是经济问题。春节是居民消费高峰期，外出务工人员返乡消费作用不可替代，特别是广大农村地区消费。近年来，全省外出务工人员返乡直接带来较好的消费增长，农村消费增长势头强劲，明显快于城镇地区，对于支持全省消费起到重要的支撑作用。2019 年，全省春节黄金周共实现社会消费品零售总额约 350 亿元，七天消费额占全年比例达 2%。其中，农村社会消费品零售额超 63 亿元。就地过年对全省消费、经济潜在影响需引起关注。

三、对策建议

临近春节，时间紧迫，有必要综合发挥政府、基层组织、社会主体、新闻媒体等作用，统筹化解就地过年存在的现实困难、体现人文关怀，确保社会经济实现稳定较好的发展。

一是推广一批乡邻互助小组，化解留守老小现实困难。为化解外出务工人员留守老小过年的现实问题，安庆市怀宁县等地部分村组建了乡邻互助小组，能够较好帮助留守老小生活上的不便，已得到央视等媒体宣传。有必要在全省层面推广该模式，特别是在阜阳、宿州、亳州等外出务工人员重点地区，以行政村为单位，以村干部和留村青年人为核心，加快支持组建一批乡邻互助小组，尽快摸排、化解留守老小春节过年面临的困难，制定便民服务联系卡，第一时间为留守老人、儿童提供必要的过年生活便利，确保服务不漏一人；在条件允许的情况下，组织留守老人、儿童适当集中过年，营造良好氛围，让就地过年人员安心，让留守老小舒心。

二是开展一项“云过年”活动，畅通异地过年无线关爱。省级层面统筹新闻媒体、社会组织等资源，充分发挥安徽在线上经济领域的技术、设备、企业、场景等优势，借助合肥线上经济创新发展试验区等平台，策划线上“云过年”行动，畅通异地过年无线连接，唱响安徽线上消费、线上经济品牌。具体包括：

直播一场“云过年”现场活动，引导最大范围就地过年群体及留守家人群体参与；举办一场异地过年春晚，在安徽春晚中至少安排一个反映就地过年群体类生活节目，在条件允许的情况下设置皖北地区和制造业专场节目；策划一个专题跟踪报道，在安徽经济、安徽卫视等省级媒体增设就地过年相关系列报道，特别是针对苏沪浙、皖北重点地区和制造业、建筑业重点行业，安排系列跟踪采访报道。

三是送好一份地道家乡年货，积极倡导乡土产品消费。针对就地过年人员及留守人员，支持各地开展有针对性的促销活动，引导消费家乡产品、家乡礼品，让过年不缺乏乡土味。开展年货选活动，鼓励各类地方消费产品企业，做好安徽产品的宣传，将安徽茶叶、安徽白酒等向外推广，服务外地安徽人备好地道家乡年货。开展年货送活动，鼓励皖北、皖南等人口流出地购买乡土产品寄给外出人员，联合物流企业在快递费等方面给予优惠；引导有条件地区为就地过年人员和留守人员选送慰问品。开展年货惠活动，针对沪苏浙等安徽籍就地过年集中地区，联合三只松鼠等电商平台、电商企业，发放线上消费券，优先支持长三角地区消费安徽产特色年货。

四是开展一批便民惠民活动，为省内就地过年发放福利。支持合肥等就地过年的重点地区开展节日温暖活动，帮助企业落实职工节日福利。鼓励合肥等地发放消费券，在做好疫情防控有关措施的前提下为留守职工开展年夜饭、茶话会等暖心活动，支持电影院开展留守人员优惠活动，丰富就地过年生活。支持省内三大运营商制订专项方案，为留守职工免费提供一份春节七天“长通话、大流量”的亲情套餐。支持各市鼓励企业采取发放“留岗红包”、改善就餐条件等措施，吸引外地员工尽量就地过年，对稳岗留工方面表现突出的企业由市行业主管部门通报表扬，如对建筑企业予以诚信激励，企业信用分值加 3 分，并缓交半年农民工工资保证金。

指　导：樊明怀

执　笔：余茂军

我省碳排放达峰预测及“十四五”碳减排建议

习近平主席在第75届联合国大会一般性辩论上提出，中国二氧化碳排放力争于2030年前达到峰值，努力争取2060年前实现碳中和。2020年，中央经济工作会议将“做好碳达峰、碳中和工作”列为重点任务之一。我国这一新的“3060”碳排放目标不仅是国际国内应对气候变化的需要，更是对我国经济高质量发展和生态文明建设的明确要求。“何时达峰”“峰值多少”成为各级政府和社会大众关注的话题。近日，安徽省经济研究院在前期研究基础上开展了我省碳排放达峰时间和峰值预测，提出了“十四五”碳减排相关建议。

一、我省碳排放达峰预测

（一）碳排放达峰及其意义

碳排放达峰是指某个地区或行业年度二氧化碳排放量达到历史最高值，然后进入平台期再平稳下降的过程，是二氧化碳排放量由增转降的历史拐点。碳排放达峰目标包括达峰时间和峰值，达峰时间的早晚和峰值的高低直接影响碳中和实现的时长和难度。碳排放达峰标志着碳排放与经济发展实现脱钩，其本质是实现绿色低碳转型，推动我国经济社会高质量发展。

碳排放达峰一般是指全口径二氧化碳排放，包括能源活动、工业生产过程、土地利用变化与林业、农业、废弃物处理的二氧化碳排放。按照国家生态环境部《省级二氧化碳排放达峰行动方案编制指南（征求意见稿）》要求，考虑前期数据和工作基础，“十四五”期间各省（区、市）二氧化碳排放达峰仅着重考虑能源活动（能源消费）二氧化碳排放，后期将酌情纳入非能源活动二氧化碳排放。

（二）预测模型及参数设置

参照《省级二氧化碳排放达峰行动方案编制指南（征求意见稿）》有关要求，选择目前比较成熟的碳排放预测模型迪氏指数模型（LMDI），以2019年为基期年，综合考虑能源结构、能源强度、经济发展、人口规模、城镇化率、产业结构等影响因素，设置现行政策约束、较强政策约束、更强政策约束三种情景对我省碳排放量及达峰情况进行预测。现行政策约束情景是根据当前发展情况、规划目标，以及现行已知和趋势外推节能减碳约束政策设置参数。较强政策约束情景是在现行政策约束情景基础上，强化化石能源消费约束、能源强度降低、城镇化水平提升和产业结构优化等政策调整设置参数。更强政策约束情景是在较强政策约束情景基础上，坚持低碳发展优先，进一步优化能源消费结构设置参数。三种情景参数设置见表1所列。

表1　三种情景参数设置

因素指标	时　期	现行政策约束情景	较强政策约束情景	更强政策约束情景
GDP年均增速（%）	十四五	6.50	6.50	6.50
	十五五	5.50	5.50	5.50
	十六五	5.00	5.00	5.00
人口年均增速（%）	十四五	0.66	0.66	0.66
	十五五	0.62	0.62	0.62
	十六五	0.58	0.58	0.58
城镇化率（%）	十四五末	62	61.5	61.5
	十五五末	67	65.5	65.5
	十六五末	71	69	69
能源强度降低率（%）	十四五	14	16	16
	十五五	14	15	15
	十六五	13	14	14
非化石能源占一次能源消费比重（%）	十四五末	16	20	22
	十五五末	24	29	32
	十六五末	34	37	40
产业结构	十四五末	7：39：54	6.3：38：55.7	6.3：38：55.7
	十五五末	6：37：57	5.6：35：59.4	5.6：35：59.4
	十六五末	5：35：60	4.8：34：61.2	4.8：34：61.2

1. GDP增速

综合考虑我省“十二五”“十三五”发展成就，2035年经济社会发展远景目标以及高质量发展要求等，现行政策约束情景设定我省“十四五”“十五五”和“十六五”期间GDP年均增速为6.5%、5.5%和5.0%。较强政策约束情景和更强政策约束情景考虑我省碳排放总量控制及达峰不以牺牲经济发展速度为代价，设定的GDP年均增速均与现行政策约束情景相同。

2. 人口规模

基于“十三五”人口增长数据和未来常住人口变化趋势，现行政策约束情景设定我省“十四五”“十五五”和“十六五”期间人口年平均增长率为0.66%、0.62%和0.58%。较强政策约束情景和更强政策约束情景人口年平均增长率与现行政策约束情景设定值相同。

3. 城镇化率

参考苏浙等发达地区城镇化发展情况以及我省历年城镇化速度，现行政策约束情景设定“十四五”“十五五”和“十六五”期间的城镇化率年均增长1%、1%和0.8%。较强政策约束情景和更强政策约束情景下的城镇化率与现行政策约束情景下的城镇化率相比有所放缓，设定“十四五”“十五五”和“十六五”期间的城镇化率年均增长0.9%、0.8%和0.7%。

4. 能源结构

根据国家对各地能源消费结构调整的要求，预计现行政策约束情景下，2025年、2030年和2035年我省非化石能源消费占一次能源消费比重分别为16%、24%、34%。较强政策约束情景下能源结构调整会进一步加快，设定2025年、2030年和2035年我省非化石能源消费占一次能源消费比重分别为20%、29%、37%。更强政策约束情景下能源结构优化更为迅速，设定2025年、2030年和2035年我省非化石能源消费占一次能源消费比重分别为22%、32%、40%。

5. 能源强度

参考国家下达我省“十三五”期间的能源强度下降目标为16%。考虑到“十四五”及以后，我省节能减碳难度加大，成本逐步增加，现行政策约束情景设定“十四五”“十五五”和“十六五”期间能源强度降低率分别为14%、14%和13%。较强政策约束情景和更强政策约束情景下，设定“十四五”“十五五”和“十六五”期间能源强度降低率分别为16%、15%和14%。

6. 产业结构

“十三五”末，我省三次产业结构为8.2：40.5：51.3。结合发达省份产业结构演变规律，现行政策约束情景设定我省“十四五”“十五五”和“十六五”末的产业结构分别为7∶39∶54、6∶37∶57、5∶35∶60。较强政策约束情景和更强政策约束情景下，我省二产比例进一步降低，三产比例增加，设定我省“十四五”“十五五”和“十六五”末的产业结构分别为6.3∶38∶55.7、5.6∶35∶59.4和4.8∶34∶61.2。

（三）碳排放达峰时间和峰值预测

按照政府间气候变化专门委员会（IPCC）［隶属于世界气象组织（WMO）和联合国环境规划署（UNEP）的国际机构］发布的《国家温室气体排放清单指南》提供的参考方法，利用《中国能源统计年鉴》中我省一次能源消费量对二氧化碳排放量进行估算，2019年，我省二氧化碳排放量为32 989万吨（按照分煤种计算煤炭消费排放）。

按照现行政策约束情景预测，我省“十四五”“十五五”期间的碳排放量仍将持续增长，到2030年达到峰值，碳排放量约为40431万吨，2030年以后，碳排放量呈现缓慢下降趋势。按照较强政策约束情景预测，我省碳排放将在2028年达到峰值，碳排放量约为35 520万吨。按照更强政策约束情景预测，我省碳排放将提前到2025年达到峰值，碳排放量约为35 117万吨。我省碳排放趋势预测如图1所示。

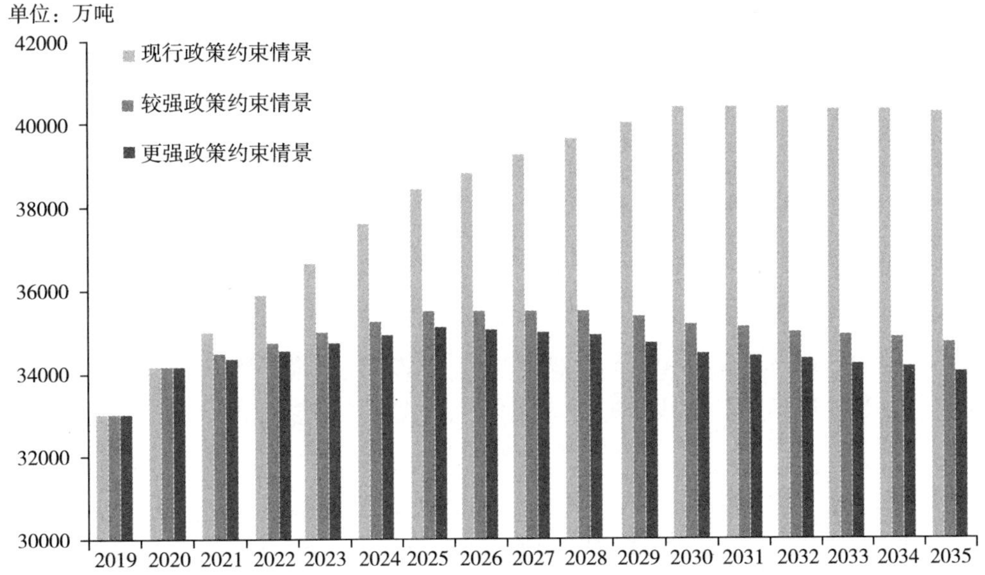

图1　我省碳排放趋势预测图

二、“十四五”碳减排的几点建议

从预测结果来看，满足相关发展指标参数，我省二氧化碳排放到2030年能够达到峰值，并有可能提前到2028年或2025年达峰，为争取2060年前实现碳中和打下坚实的基础。要想如期实现碳排放达峰，我省必须把落实碳达峰工作作为重要政治任务，加快编制碳达峰行动方案，紧抓“十四五”碳减排关键期，推进能源结构、产业结构转型，推动建筑交通等重点领域绿色低碳发展，完善节能减碳机制，强化绿色低碳技术创新，以碳达峰工作积极引领我省高质量发展。

（一）加大可再生能源供给

统筹利用省内外可再生能源，实现“十四五”期间我省新增电力主要由省内非化石能源发电和省外输电满足。一是尽快谋划“西电入皖”工作。西北地区土地、日照资源丰富，光伏发电度电成本较低①。我省应抓紧谋划“西电入皖”，加快外电入皖特高压输电通道建设，利用我省较强的光伏产业优势，在西北地区联合建设运营光伏电站，逐步扩大“西电入皖”比例。二是加强省内可再生能源开发利用。因地制宜，利用荒坡荒地、公路沿线、河岸边坡以及火车站（含高铁站）、高速公路服务区、飞机场航站楼、大型综合交通枢纽建筑、大型体育场馆和停车场等公共设施，加大光伏发电规模。稳步推进光伏扶贫发电装机规模。加快皖北地区秸秆发电、沼气发电项目建设，提升建设密度。鼓励采用分布式电力系统，在用户侧直接就近利用。实施火电灵活性改造，提升向区域/社区供电供热能力，减少生活化石能源使用。

（二）扩大可再生能源消费

一是加快智能电网建设。建立智能化电力调度运行机制，完善跨省跨区可再生能源电力调度技术支持体系，加快抽水蓄能电站、天然气调峰电站和先进储能技术示范项目建设，提高电网运行的灵活性和稳定性，提升电网消纳可再生能源能力。二是发展用能新模式新业态。强化“电代煤”“电代油”“电代气”，实施

① 国网能源研究院《中国新能源发电分析报告2020》分析显示：2019年，我国光伏发电平均度电成本分别为0.389元/kWh，总体呈现西低东高趋势。其中，内蒙古、青海、甘肃、宁夏、新疆、陕西等省区光伏发电度电成本分别为0.29、0.32、0.34、0.35、0.36和0.38元/kWh，我省光伏发电度电成本为0.46元/kWh。

终端能源电气化。加快新能源汽车充电桩、充电站、船舶 LNG 加注站等设施建设运营，推进城镇集中供热清洁化和电力设施智能化改造，加快一体化集成供能设施建设。积极推进光伏发电+制氢项目建设。积极培育资源综合利用、能源合同管理等综合能源服务新业态。三是压实可再生能源电力消纳责任。探索将可再生能源电力消纳责任纳入各市经济社会发展考核体系，促进可再生能源开发利用和全额保障性收购，建立促进可再生能源电力发展的长效机制。四是加快我省煤炭消费清洁转型。严格控制煤电产能和煤炭消费，尽早实现煤炭消费达峰①。提升煤炭智能化生产、清洁高效利用技术水平，加快煤化工产品向高端化转型。

（三）推动产业绿色低碳转型

一是大力发展战略性新兴产业。深入开展十大新兴产业高质量发展行动，推进新一代信息技术、人工智能、新材料等十大新兴产业融合化、集群化、生态化发展，提升十大新兴产业对全省经济发展的贡献度。围绕分布式能源、先进核能、节能环保技术等领域，加快新兴技术产业化进程，布局一批产业化示范工程，推进战略性新兴产业绿色化、高端化发展。二是加快传统高耗能行业优化升级。运用大数据、云计算、物联网、人工智能等技术，促进煤炭、钢铁、有色、化工、建材等传统高耗能行业数字化、网络化、智能化发展，加强传统工业企业信息化智能化改造，建设一批智能制造指挥中心、智能工厂、智能车间，提升行业单位能效水平，推进高耗能行业高质量发展。三是推动绿色产业提质增效。围绕节能环保、清洁生产、清洁能源、生态环境、基础设施绿色升级和绿色服务六大绿色产业，推进存量绿色产业转型升级和增量培育，打造绿色产业示范基地、绿色产业园区、绿色产业小镇。以绿色工厂、绿色车间、绿色园区建设为抓手，加快园区循环化改造，提升产业绿色制造水平。

（四）推进建筑交通绿色低碳发展

一是大力发展绿色交通。稳步推进运输结构调整，加强江淮运河、货运铁路建设，加强各种运输方式资源优化配置、协调衔接，推进公铁、海铁、铁水联

① 2020 年 10 月，清华大学气候变化与可持续发展研究院《中国长期低碳发展战略与转型路径研究》指出：温控 1.5℃目标导向下二氧化碳净零排放情景，到 2050 年一次能源消费构成，非化石能源占一次能源消费的比重超过 85%，非化石电力在电力消费中的比例超过 90%，煤炭比例将在 5% 以下；同时建议力争“十四五”期间实现煤炭消费达峰甚至负增长。

运，统筹港口船舶岸电使用。推进绿色铁路、机场、公路、航道、港口建设。加快新能源和清洁能源车辆、船舶推广应用。构建由轨道交通网络、公共汽车、绿道慢行系统等组成的城市绿色交通系统，鼓励绿色出行。二是推动建筑节能和绿色化。因地制宜提高绿色建筑技术标准，全面执行建筑低能耗标准。推行建筑工业化与绿色建筑融合发展，推广绿色建材以及装配式混凝土结构、装配式钢结构技术体系等装配化建造方式，力争打造面向长三角地区的装配式建筑产业基地。加快推动既有建筑节能及绿色化改造，加强老旧小区改造中绿色建筑技术的利用推广，推动光伏等可再生能源在建筑中广泛使用，开展超低能耗或近零能耗建筑建设试点。三是鼓励绿色低碳消费方式。加强城镇绿地、绿道、园林建设。持续开展低碳社区、低碳学校、低碳机关建设。鼓励开展碳普惠工作，激发小微企业、家庭和个人低碳行为和绿色消费理念。引导养成简约适度、绿色低碳的生活和消费方式。

（五）完善节能减碳市场化机制

一是加快推进全省用能权交易。研究制定用能权交易体系总体框架，加快构建用能权分配、企业能源监测、报告与核查、交易市场监管等体制机制。积极发挥我省人工智能产业和“数字江淮”建设优势，搭建全省“智慧能源”大数据平台，探索建立能源消费报送、注册登记、在线交易等系统。加快推进用能权（节能量）交易试点，及时总结经验做法，逐步在全省推广实施。二是积极参与全国碳交易市场。建立健全碳排放监测、信息披露、核查机构管理、碳会计准则等体制机制，加快提升企业参与和适应全国碳市场交易能力，积极谋划可再生能源、碳汇造林、碳捕捉等核证自愿减排项目，力促我省更多核证自愿减排项目纳入全国碳交易市场。

（六）加快绿色低碳技术创新

一是加强重大绿色低碳技术攻关应用。“减碳”领域，加快推动煤炭生产智能化技术、清洁煤炭利用技术、煤炭减量化技术的研发，提升煤炭生产、清洁高效利用技术水平。“储碳”领域，加快推动碳捕集、利用与封存技术（CCUS）的研发和示范，降低应用成本，培育煤电、煤化工、钢铁、水泥等高碳产业协同CCUS技术耦合发展的低碳产业链和产业集群。“零碳”领域，重点研发太阳能高效清洁利用技术、可控核聚变电站技术、制氢储氢及运输等技术、分布式能源技术等，加快突破风光水储互补、先进燃料电池等技术瓶颈。二是强化绿色低碳技术创新平台建设。在绿色低碳技术领域优先培育建设一批省级以上工程研究中心、技术创新中心、科技资源共享服务平台等创新平台。联合沪苏浙打造跨区域绿色技术协作创新平台，构建绿色发展质量追溯体系。三是加快绿色低碳技术创新成果转化。实施一批绿色低碳技术重大创新项目和成果转化应用示范工程，积极推进绿色技术银行建设，探索建立绿色低碳技术创新融资综合服务平台，培育专业化绿色低碳技术经纪人队伍，开展绿色低碳技术交易活动。

（七）加快编制碳达峰行动方案

一是开展能源消费及碳排放预测预警。依托“数字江淮”建设，整合重点企业能源在线监测、碳排放在线报送等平台，建立全省碳达峰碳中和监测预警及决策支持系统，精准开展我省及各市能源消费、碳排放趋势预测预警，实现常态化经济发展—能源消费—碳排放综合决策支持分析。二是加快编制我省二氧化碳排放达峰行动方案。按照国家碳达峰、碳中和总体要求，构建中长期低碳发展情景，研判我省碳达峰、碳中和战略目标和时间节点，分解落实主要目标和任务，明确碳达峰实施路径，强化重大政策、行动和保障措施。

审　稿：樊明怀

执　笔：蒋旭东　杨　庆　汤丽洁

徐　鑫　邵　超

新时代我省粮食安全发展的思考与建议

粮食安全是国家安全的重要基础。习近平总书记在中央农村工作会议上强调，要牢牢把住粮食安全主动权，确保重要农产品特别是粮食供给。进入新时代以来，我国粮食安全内外环境发生变化，粮食安全被赋予新内涵和新目标。我省作为全国重要的粮食主产区和粮食净调出省，要加快补齐粮食安全短板和弱项，在国家粮食安全战略中发挥更大作用。

一、新时代粮食安全的内涵及面临的新形势

（一）新时代粮食安全的内涵

新时代粮食安全是指在确保产能的基础上，实现粮食的营养、绿色、多元和开放。也就是说，这既要实现粮食数量安全，又要实现粮食质量安全，还要实现粮食生态环境安全和资源安全，以及粮食经济安全。

粮食数量安全是基础，着重解决人们“吃得饱”问题，是我国粮食发展的首要目标。现阶段我国粮食数量安全是指口粮安全，也兼顾饲料粮安全和粮食质量安全，是新时代粮食安全的新要求，解决人们“吃得安全”“吃得健康”的问题。粮食生态环境和资源安全侧重考察粮食生产方式的可持续性，是粮食生产可持续发展的保障。粮食经济安全注重解决人们“吃得起”，以及种粮农民“能增收”问题，是粮食安全的关键。

（二）新时代我国粮食安全面临的新形势

从全球来看，粮食作为最基本的民生之需和重要战略物资，受到各国政府的高度重视。近年来，影响世界粮食安全的不利因素增多，国际冲突、极端天气以及新冠肺炎疫情，都对粮食生产和贸易产生叠加影响，加剧了全球粮食供给体系的不稳定性和不确定性。在世界粮食能源化、金融化趋势下，各国争相抢占粮食市场话语权。欧美等农业强国从种质资源上形成了对粮食生产的控制，全球农业跨国公司不仅牢牢控制粮食生产、品种和贸易，还不断强化对全球粮食物流、加

工等环节渗入，力图形成对全球粮食“全产业链”的控制。巴西、印度等新兴经济体也在不断强化粮食生产及贸易，全球粮食市场竞争加剧。

从我国来看，我国粮食产量长期维持较高水平。2004 年至今，粮食生产实现历史性的“十七连丰”；2015 年以来，粮食产量连续 6 年保持在 1.3 万亿斤以上，全国人均粮食达到 480 公斤，高于 400 公斤的国际粮食安全标准线，粮食供给总量有余，实现了“口粮绝对安全、谷物基本自给”。但是，我国作为世界上最大的粮食生产国和进口国，粮食安全处于“高难度、低水平、弱安全”状态，粮食供需呈现为“紧平衡”态势，存在粮食产量高、进口高和库存高的“三高”局面。

从我省来看，是全国 13 个粮食主产区和 5 个粮食净调出省之一，是全国南方唯一粮食净调出省。2020 年，粮食总产达到 803.8 亿斤，位居全国第 4 位，平均每年调出粮食 1000 万吨左右，在全国粮食安全中战略地位突出。但我省粮食安全发展也还存在一些突出问题。

二、当前我省粮食安全发展的主要问题

1. 粮食增产难度大

进入 21 世纪以来，我省粮食产量连年丰收，但持续增产难度加大。一是保粮食面积难度加大。“十三五”时期，我省粮食种植面积仅增加 14 万亩，与“十二五”期间增加近 500 万亩相比，增加幅度大幅减少。随着工业化、城镇化进程加快，以及生态退耕和农业结构调整等，粮食种植面积进一步增加的难度加大，粮食增产后劲不足。二是单产提高难度加大。2020 年，我省粮食单产为 367.6 公斤/亩，低于全国 382.3 公斤/亩的平均水平，在 13 个粮食主产区中单产位列倒数第三，是第一位江苏的 80%。2017—2020 年，我省粮食单产年均增长 0.6%，低于全国 0.9% 的平均水平。三是粮食生产优质劳动力缺乏。我省粮食主产区的皖北地区男性劳动力大量外流。2019 年，皖北六市输外劳动力性别比为 1.34 : 1，最高的宿州市为 1.55 : 1，种粮优质劳动力缺乏。

2. 粮食质量供需矛盾加剧

随着居民生活水平的提高，居民的粮食消费不断升级，我省粮食供求结构性矛盾进一步凸显。对优质口粮（如低、高筋面粉，优质稻米等）、动物性产品以及饲料粮消费需求持续增长，表现为普通粮过剩与优质粮不足并存，玉米、豆类

等饲料粮缺口较大等问题。2019 年，我省玉米种植面积占粮食播种面积的比重仅为 16.4%，不足全国平均水平的一半，豆类种植面积为 1009.4 万亩，较 2010 年减少了 348 万亩，玉米、豆类产量占全国产量的比重分别为 2.5%、4.7%，均低于肉类产量占全国的比重（5.2%），我省饲料粮自给不足问题突出。

3. 粮食生态环境和资源面临严峻挑战

2019 年，我省人均水资源量仅为全国平均水平的 40%，在 13 个粮食主产区中排名第 8 位，不足排名第 1 位江西的 1/5。我省粮食主产区的皖北六市，粮食产量占全省的 54.7%，但水资源总量只占全省的 13.5%。其中，淮北地区人均水资源量仅为全国平均的 1/5，水资源分布和粮食产能不匹配，灌溉设施和技术落后也直接影响水资源利用率，长期看我省粮食安全面临极为严峻的水资源制约。另外，在生态环境方面，我省农产品亩均化肥使用量超过全国平均水平，不仅带来环境污染和生态退化，也影响粮食品质。

4. 粮食经济安全矛盾突出

当前，我省种粮农户仍然存在“丰产不丰收”现象，种粮农民收入提高相对滞后。2019 年，我省粮食产量前 6 位城市的农村居民人均可支配收入均低于全省平均水平，其中阜阳市粮食产量位居全省第一、农村居民人均可支配收入全省倒数第一。农民种粮增收困难、积极性不高，产粮食大县地方财政收入偏低，财政收支矛盾加剧，成为当前全省粮食安全发展的主要难题。2019 年安徽产粮大市粮食产量与农村居民人均可支配收入见表 1 所列。

表 1　2019 年安徽产粮大市粮食产量与农村居民人均可支配收入

城　市	粮食产量（亿公斤）	占全省粮食产量比重（%）	农村居民人均可支配收入（元）
阜阳市	52.4	12.9	13 079
亳州市	50.0	12.3	14 102
滁州市	46.5	11.5	14 487
宿州市	44.4	10.9	13 213
六安市	34.7	8.6	13 244
淮南市	31.9	7.9	14 250
全　省	405.4	–	15 416

5. 政策激励空间有限

由于粮食产业的弱势性及重要性，各国政府特别是发达国家普遍采取一系列保护政策措施。我国自1998年实施粮食最低价收购支持政策，2004年后力度加大，2015年以来粮食最低收购价逐步下调，同时财政补贴力度与强度趋缓。2012年和2013年中央财政对产粮大县奖励资金增幅分别增长32.7%、14%，2019年增幅则降为5%。受多种因素影响，我省财政收入年均增速由“十二五”时期的14.2%下降到“十三五”的7.2%，财政支农压力加大。另外，受WTO《农业协定》“黄箱”政策限制，国内政策支持空间日趋收窄。这些都对我省粮食安全发展造成影响。

三、对策建议

1. 多措并举坚决遏制耕地“非粮化”

耕地是粮食安全的根本保障。鉴于当前我省粮食种植面积增长趋缓的严峻形势，我省要采取多种措施坚守耕地红线和提高耕地质量。一是落实最严格的耕地保护制度。采取“长牙齿”的措施，积极推进撂荒地复耕利用，加强皖北地区粮食生产功能区建设，确保皖北主产区粮食耕地面积稳定，严格皖江耕地占补平衡，推进皖西和皖南山区等非粮食产区口粮田建设。二是积极推进粮食种植结构调整。扩大大豆、玉米等饲料用粮种植面积。同时，要积极推进高标准农田建设，向提高单产要粮食增产，支持粮食主产区积极创建高标准农田建设示范区。

2. 以打造种业强省为突破口，深入实施“藏粮于技”战略

耕地有限，科技无限，强化科技支撑是新时代我国粮食安全的着力点和必然选择。一是发挥优势打好种业翻身仗。提高粮食产量的关键是良种，要发挥我省创新策源地优势，充分利用“四个一”创新主平台和“一室一中心”等分平台，加大种源“卡脖子”技术攻关力度，优化生物育种领域重大科技攻关项目的布局，设立省粮食种业科技专项资金，鼓励种业龙头企业牵头组建创新联合体。二是突出粮食高产、高效、绿色技术集成。针对粮食消费结构升级、生态安全、效益提升的新需求，强化粮食生产、机械化、仓储等科技攻关，提升粮食生产的土地产出率、资源利用率及劳动生产率，提高粮食产业收益。发挥物联网、大数据等信息技术在应对自然灾害、病虫灾害等方面的作用，推广绿色储粮，探索建立粮食生产预警机制，促进粮食安全长期发展。

3. 以打造国家粮食安全产业带重要基地为契机，加快“粮食产业强省”建设

抢抓国家粮食安全产业带建设重大机遇，充分利用市场手段，推进粮食生产、加工、流通全产业链发展，加快建设“粮食产业强省”。一是做大做强粮食生产经营主体。推进粮食类家庭农场和农民专业合作社规范化标准化发展，支持各类农业支持政策向粮食规模经营主体倾斜。二是着力发展县域粮食加工集群。对标山东、河南等粮食加工业强省，总结推广阜南模式，以产粮大县为重点，强化龙头企业带动，提升粮食精深加工能力和水平，培育一批粮食加工强县，打造一批本土优质粮食品牌。三是加快补齐粮食仓储物流短板。改造和建设现代化粮库，提升粮食仓储智能化、标准化和信息化水平。通过招大引强或兼并重组，培育壮大一批粮食仓储物流龙头企业，鼓励企业在粮食产地建设粮食仓储设施和物流园区，合理布局一批区域性粮食物流节点，建设一批集粮食仓储、加工、物流和公共信息服务平台于一体的优势粮食产业集群。

4. 加快补齐粮食生产基础设施短板

当前，我省粮食生产基础设施短板问题仍然突出，尤其是皖北粮食主产区。一是改善提升粮食生产基础设施。加大水利设施专项资金投入，提升皖北等粮食主产区防洪抗旱薄弱环节，推进怀洪新河等大中型灌区建设和现代化改造，支持皖北地区建设高效节水灌溉设施，强化粮食主产区农业用水保障。加强农业面源污染综合治理设施建设，改善粮食主产区生态环境质量。抓住国家加快“新基建”建设的重大机遇，支持粮食主产区发展智慧农业，加速粮食产业数字化、智能化、设施化建设。二是加大对产粮大县乡村建设行动和基本公共服务项目的倾斜力度。以乡村振兴为契机，针对皖北等粮食主产区财力弱、乡村基础设施薄弱的突出问题，优先支持其“四好农村路”建设，推进城乡交通一体化发展，加大农村电网建设力度。实施数字乡村建设发展工程，优先布局教育、医疗、养老等基层民生项目，提升粮食主产区农村基本公共服务水平。

5. 充分发挥政府和市场在粮食安全中的作用

粮食产业作为弱势产业，除必须发挥好政府作用外，也需要市场机制的激励。一是不断完善政府支持政策。完善粮食主产区利益补偿机制，积极争取中央财政加大对粮食净调出省奖励支持。加大重大基础设施和民生项目对粮食主产区布局。针对种粮主体“融资难”“融资贵”问题，大力发展政策性农业融资担保、农业供应链金融、农村产权抵押贷款等新型融资模式。二是创新市场化粮食

支持方式。充分依靠多层次资本市场，利用中央增发专项债的契机，探索将粮食产业振兴专项债列入发行支持范围。设立粮食产业振兴基金，引导社会资本稳妥有序地进入粮食产业，赋能粮食安全。进一步发挥金融保险兜底保障网作用，推动建立粮食补贴、保险与贷款联动机制，逐步扩大“保险+期货”试点。借鉴新安江—千岛湖生态补偿机制的成功经验，探索建立上海、浙江等粮食主销区对我省粮食主产区的利益补偿机制。

审　稿：樊明怀

执　笔：夏兴萍　王　斌　吕朝凤

借鉴外省经验
推进我省制造业高质量发展的对策建议

制造业是一个国家经济社会发展的根基所在。在不同时期、不同场合，习近平总书记多次强调制造业的重要作用、重要地位，明确指出发展实体经济，就一定要把制造业搞好。近年来，我省高度重视制造业转型升级，经过持之以恒发展，制造业规模显著扩大，质量加快提升，综合实力迈上新台阶。2020 年，全省规上工业增加值比上年增长 6%，增速居全国第 6、中部第 1、长三角第 1 位；在工信部首次开展的全国制造业高质量发展综合评价中，我省居全国第 9 位、中部第 1 位。但与发达省份制造业发展对比，我省制造业还处于后进追赶阶段，产业链供应链稳定性和现代化水平仍有提升空间，创新策源和成果转化之间的纽带还有待加强，两业融合和数字赋能的作用还未能充分发挥。我省有必要借鉴先进地区的发展经验和有效措施，助推制造业破除旧桎梏、增强新动能、抢占制高点，通过打造安徽制造升级版，为开启新阶段现代化美好安徽建设新征程奠定坚实基础。

一、外省推动制造业高质量发展的新动向和新策略

国内部分制造业强省对制造业转型的动向把握早、工作实，特别是在国家发布《中国制造 2025》后，加强了对全球制造业形势以及制造业未来趋势的研判，结合自身实际开展了一系列卓有成效的特色做法，对我省推动制造业高质量发展具有积极的借鉴意义。

（一）以培育产业集群为抓手加快推动制造业能级跃升

江苏、广东、浙江等省纷纷将培育升级制造业集群作为推动制造业产业链供应链升级的核心抓手。江苏省在全国率先出台《关于加快培育先进制造业集群的指导意见》，重点培育新型电力装备、工程机械、物联网等 13 个先进制造业集群。广东省深入推进“广东强芯”等战略任务，瞄准新一代电子信息、绿色石化、智能家电、汽车产业等十大战略性支柱产业集群和半导体与集成电路、高端

装备制造、智能机器人等十大战略性新兴产业集群，推动产业迈向全球价值链中高端。浙江省提出着力打造新一代信息技术、汽车及零部件、绿色化工、现代纺织和服装等世界级先进制造业集群，培育数字安防、集成电路、网络通信、智能计算、生物医药、炼化一体化与新材料、智能装备、智能家居等十大标志性产业链，通过培植有控制力和根植性的“链主”企业，提升制造业研发、设计、品牌、营销、结算等核心环节能级。

（二）以“科技+产业”模式大力提升制造业创新能力

各省在积极做好原始创新和产业前沿技术攻关的同时，着力从产业端提升科技创新能力，促进科技与产业的高效耦合。江苏省明确提出要打造具有全球影响力的产业科技创新中心，重点支持产业链龙头企业整合创新资源，组建“企业+联盟+科学家团队”的“最强创新协同平台”。广东省积极发挥大企业引领支撑作用，推动产业链上中下游、大中小微企业融通创新，支持企业牵头组建创新联合体，持续推动高新技术企业“树标提质”，高水平建设共性技术平台。湖北省发挥企业特别是头部创新型企业引领作用，支持企业牵头承担国家和省重大科技专项，打造“头部企业+中小微企业”创新生态圈。浙江省从2019年起，每年实施150项由民营企业牵头的关键核心技术重点攻关项目，通过加大企业研发机构建设力度，全面提升民营企业科技创新能力。此外，江苏、浙江省还高度重视高新区在制造业高质量发展中的引领作用，支持高新区加快建设集知识创造、技术创新和特色战略产业培育于一体的创新核心区，打造科技型产业高度集聚的标志性区域。

（三）以人才为核心在更大范围内集聚制造业发展要素

各省高度重视创新型人才在推动制造业升级中的核心作用。广东省制定实施更加开放的人才政策，把握全球人才流动的新趋势，优化实施“珠江人才计划”“广东特支计划”等人才工程，完善人才优粤卡制度，着力培养壮大具有国际竞争力的青年科技人才后备军；支持企业在全球配置科技资源，提高全球资源配置能力和防范国际市场风险能力。江苏省实施重点人才工程，集中力量建设G42沪宁沿线人才创新走廊，并鼓励新型电力装备、工程机械、物联网等13个先进制造业集群在北京、上海等国内一线城市和创新资源富集地区建设科创中心，集聚利用异地创新要素，打造“科研飞地”，增强集群科技创新能力。浙江省提出加快建设全球人才蓄水池，实施“鲲鹏行动”计划，大力引进国际一流的战略科技人才、科技领军人才和高水平创新团队，加强关键领域拔尖创新人才、基础研究人才、产业技术研发人才培养，实施青年英才集聚系列行动，积极举办世界青年科学家峰会等。

（四）以数字经济赋能加快传统制造业转型升级

各省均将数字经济作为推动工业转型升级的重要支撑，积极促进数字技术与制造业各领域深度融合。浙江省瞄准数字变革策源地，深入实施数字经济“一号工程”2.0版，积极打造数字产业化发展引领区、产业数字化转型示范区、数字经济体制机制创新先导区；通过构建“1+N”工业互联网平台、全面实施“十百千万”智能化改造工程和“企业上云”行动，目前已累计创建省级工业互联网平台210个，累计上云企业超过41万家，在役工业机器人超过10.3万台，促进高端制造业更“硬核”，传统制造业加快释放活力。江苏省将智能化操作的软硬件全部上“公有云”，降低企业对IT人员的过度依赖，实现快速灵活调用计算资源。武汉市充分发挥国内知名智能化改造专业服务机构作用，深度对接制造业需求，为企业提供智能化改造诊断服务，整合高校研究院、工程设计、金融机构、设备采购、施工管理等资源，为企业智能化改造提供全链条服务。

（五）以平台建设为载体推进制造业与服务业深度融合

制造业和现代服务业融合发展是实现制造业产业链和价值链提升的内在要求。福建省率先在全国成立了省级服务型制造综合性公共服务平台，对全省制造业企业提供服务化转型调研诊断、技术咨询、项目对接、人才培养、政策宣贯等支持和服务；泉州市立足传统制造业优势，加快培育了一品嘉、品尚电商、环球鞋网、辅城网等一批服务产业的供应链管理平台，促进了平台经济的繁荣发展；厦门市共建有国家级工业设计中心企业9家，数量排名全国城市前列。上海市着力加强生产性服务业功能区建设，将其作为推进先进制造业与现代服务业深度融合发展的主要载体，重点推进总集成总承包、研发设计、供应链管理、电子商务及信息化服务等生产性服务业集聚发展。江苏省各地也以平台建设为两业融合提供硬核支撑，如连云港高新技术产业开发区与南京理工大学合作建设连云港科技大市场，目前已形成266万条的全国高校专利数据库、26万条的高校成果数据库、40万条的科研人员数据库、1万条的高价值专利数据库。

（六）以市场机制为导向不断激发制造业发展内生动力

各省普遍重视通过市场机制释放制造业主体活力，积极发挥市场主导和政府引导的叠加效应。江苏省、广东省、湖北省均多次出台促进企业减负和改善营商环境的政策意见，以清单形式列出具体举措，切实减少对市场主体的壁垒束缚。广东省在探索省属企业集团层面混合所有制改革方面走在全国前列，通过开展区域性国资国企综合改革试验加快了国有资本布局优化、结构调整、战略性重组，提升了国资国企市场应对和适应国际竞争的能力。浙江省进一步放大民营经济发展的优势，通过优化“产学研用金、才政介美云”十联动创新生态，促进非公有制经济健康发展和非公有制经济人士健康成长。此外，广东、浙江等省还积极发挥资本力量在推动制造业高质量发展中的重要作用，广东省积极利用政府引导资金、风险补偿资金等，促进资本市场大发展，天使投资、创业投资和私募股权投资基金数量在全国最多。

二、借鉴外省经验对我省制造业高质量发展的几点建议

（一）放大比较优势锻造安徽制造新“长板”

把握好第四次工业革命和产业变革的窗口期以及国内国际双循环新发展格局下的机遇期，依托安徽在“芯屏器合”“大智移云”等领域积累的行业优势，瞄准智能化衍生的新需求空间，加快推动优势产业抱团延伸互促发展，打造安徽版十大战略性支柱产业集群和十大战略性新兴产业集群，推动战新产业梯度发展。加快产业集群建设“线路图”研究，找准市场空间、技术方向、产业补链重点，打造产业集群生态圈。依托产业基础和潜力项目，加强安徽龙头产业培育，打造“大人工智能万亿级产业航母”和“新能源和智能网联汽车之都”。加快化工、有色、建材等传统优势行业转型升级，积极做强细分领域，打造更多的行业“单项冠军”。

（二）加快产业与科技融合催生安徽制造新动能

将产业创新放到原始创新同等高度，以合芜蚌为依托，争创综合性国家产业创新中心，实施国家科学中心和国家产业创新中心“两心同建”，促进全省“多点多源”创新资源加快转化为现实生产力。加快组建省级产业创新中心，聚焦电子信息、智能家电、新能源汽车等主导产业和优势领域，支持行业上下游企业、

研发机构加强基础技术、核心技术合作攻关，突破一批“卡脖子”技术，掌握更多行业发展的技术主导权。积极构建具有安徽特色的前沿科技研发“沿途下蛋”机制，聚焦人工智能、再生医学、量子通信等基础研究和前沿科技领域，及时将已经掌握的阶段性科技成果转化为现实产品、产业。实施全省高新区增量扩能提神行动，打造安徽科技型产业高度集聚的标志性区域。突出发挥企业在技术创新中的主体作用，打造科技、人才、产业、金融紧密融合的创新体系。

（三）依托数字化和“两业”融合提升安徽制造新质效

实施“数字安徽2.0”工程，推动数字建设重点由基础设施向基础设施与产业应用并重转变，加快推动重点行业数字化转型，大力发展数字制造，支持向工程设计、设备监控诊断、融资租赁、运行维护、市场营销等全生命周期服务领域拓展，打造若干数字制造产业集群。加快省级产业数字化服务平台建设，研究推广产业数字化线路图，为企业提供智能化改造诊断服务。加强工业互联网体系建设，完善工业互联网基础设施，普及智能工厂，推进信息技术公共服务平台建设，推动企业普遍上云和工业App应用。实施服务型制造行动计划，加强制造业与生产性服务业深度融合，打造若干在全国具有影响力的引领性、平台型产业。大力发展线上新经济，将其作为技术场景赋能产业转型的发力点，推动线下制造和线上消费跨界融合。

（四）借助长三角一体化广聚安徽制造新要素

加强省内各区域参与长三角产业协作的切入点研究，引导各地依托自身禀赋增强与长三角产业契合度，更好融入长三角产业链、创新链、资金链和人才链。推动各市县、各园区依托战略性新兴产业基地、工程等，打造若干区域特色明星产业，塑造长三角产业布局转移首选、优选目的地。促进各地积极参与G60产业联盟和沪宁合产业创新带产业合作。创新和完善机制共建共享长三角创新和人才合作圈，通过支持企业在沪苏浙建设科创中心等“反向飞地”措施，推动柔性利用人才；畅通与上海“龙头”对接，加快融入全球人才和创新体系。加强与沪苏浙人力资源市场融合接轨，推动人才资格认证标准统一互认。加强沪苏浙在数字资源、产业平台资源、信息资源、信用信息资源等方面的共建共享，推动商会、协会互动合作，加快促进长三角制造业发展要素资源一体化。

（五）积极发挥市场机制释放安徽制造新活力

加强对外省优化营商环境工作举措的跟踪研究，积极引入外部经验，促进我省支撑制造业发展的思维方式转变和政策逻辑转变，更加强化企业市场主体地位，更好地遵循市场价值机理。针对我省省属国资国企占比大、重要性强特点，加快国资国企管理和发展方式创新，推动布局优化、结构调整、战略性重组和国际化，加强集团层面混改，提升市场竞争能力。充分借鉴浙江支持民营经济发展的政策举措，尊重民营企业逐利动机，发挥民营企业市场敏锐性，抢占和把握制造业新增长点和新市场空间，促进安徽制造和安徽人制造联动协同发展。积极发展资本力量在推动制造业转型升级中的重要作用，通过完善金融支撑体系，大力发展天使投资、创业投资、私募股权投资，促进投贷联动等，支持制造业创新升级和集聚发展。

审　稿：樊明怀
执　笔：王业春　王　蕾　饶　磊

关于当前省际产业合作园区经济运行情况的调研报告

2020年年底，我省首批授牌18个省际产业合作园区。合作园区依托现有省级以上各类园区建设，是当前长三角产业合作的主要载体，也是全省经济运行的晴雨表。近期，省发展改革委长三角处会同省经济研究院，在对18个省际产业合作园区书面调研的基础上，赴宿徐现代产业园区、中新苏滁高新技术产业开发区、马鞍山青浦工业园、上海安亭汽车零部件安庆产业园开展实地调研，了解园区经济运行的新情况、新问题，现将相关情况报告如下。

一、当前省际产业合作园区经济运行中呈现的新特点

得益于疫情防控形势平稳、市场需求回暖、企业复工复产快速推进，以及去年疫情影响下低基数效应，2021年以来，18个园区生产经营总体向好，前2个月主要指标增速超常年平均水平。与此同时，一些趋势性、苗头性问题值得关注。

（一）转移意向普遍强，特定领域存困难

随着长三角一体化发展战略深入推进，特别是去年合肥座谈会后，各级各地政府相向而行，企业长三角转移布局加速。从调研来看，宿徐现代产业园目前推进的52个重点项目，有50个由江苏省转移；马鞍山青浦工业园90%以上的项目来自长三角，中新苏滁开发区长三角项目比例达到一半以上。但由于行业市场形势变化、合作方自身战略调整，部分以特定传统细分领域为合作主题的园区面临困难。安亭汽车零部件安庆产业园、宣城新塘羽绒产业园均反映，合作方由于自身产业面临调整，合作意愿降低，已不再主动鼓励当地企业向合作园区转移。

（二）下游订单需求旺，上游原料供给紧

一方面，市场需求整体向好，不少企业生产订单旺盛，如安庆经开区安簧机械预计全年市场订单增长30%以上；另一方面，企业产能受上游原材料供应和

价格制约。晶圆等芯片关键材料供应缺口向下游汽车、电子等行业传导。江淮新能源汽车反映，3 月汽车芯片缺口约 30%，中控屏、遥控钥匙等生产受到影响。东科半导体预计原材料紧缺情况到明年下半年才能缓解。有汽车零部件企业反映，上游铁矿石价格大幅上涨，下游行业难有议价空间，继续生产或面临亏损。

（三）招工来源向西，工资对标向东

我省园区在劳动力供给和成本方面的优势总体弱化。马鞍山经开区反映，前几年招工主要面向皖北地区，目前更多转向西部劳动力输出省份。中新苏滁开发区开辟省外“一基地（贵州铜仁）三院校（河南新乡、许昌、三门峡职业学院）”，导入员工 2900 余人，满足了园区近 40% 的岗位需求。安庆经开区继在云南设立首家人力资源工作站后，今年拟在四川、贵州、河南增设三个。与此同时，企业用工成本与沪苏浙差距缩小。马鞍山、滁州园区的工资水平已基本接近南京，技术人员即使支付较一线城市更高的工资，流失率仍然较高。

（四）政策差距在缩小，产业生态待培育

各地园区在优化审批、加强服务上下功夫，政策环境不断提升。中新苏滁开发区对标苏州工业园，设立“一站式”服务中心，实行“二号章”行政审批，各类政策标准已基本实现与先发园区同步。亳芜现代产业园实施“免申即享”惠企政策。但总体上来看，园区产业生态体系与发达地区仍有差距，缺少系统的园区公共研发平台、利于碰撞交流的高端人才生态圈，尚未形成细分领域的精准集聚、产业链上下游的互动整合。此外，多数园区产城融合水平不高，生活配套和公共服务设施缺乏，一定程度制约了产业项目落地。

二、几点建议

省际产业合作园区是全省五个“区块链接”的重要组成部分，建议聚焦“双招双引”，突出产业布局转移，强化要素保障、优化营商环境，在长三角一体化发展中构筑产业发展新优势。

（一）优化“招商引资”，打造一体化发展强链接

推动省、市、园区三级层面高位对接合作，集聚各方力量开展项目招引签约。一是高规格谋划省际合作园区对接会。省级层面，建议谋划适时召开省际产业合作园区对接会，全方位推介 18 个省际产业合作园区的发展情况、招商引资政策，协调对接事宜。二是高标准确定省际园区合作共建对象。市级层面，建议主要领导带队，与沪苏浙高能级开发区、特别政策区、战略平台深入走访对接，审慎确定合作对象，以合作促双赢，避免以协议代合作、为“合”而“合”。三是高水平用好专业组织协会商会。园区层面，建议围绕自身产业定位，与沪苏浙相关行业协会商会建立密切联系机制，依托协会商会平台整合资源，引入招商合伙人，鼓励协会商会参与园区招商、管理。

（二）创新“招才引智”，积极探索引用新方式

鼓励创新人才引用方式，以产业促进人才集聚，以人才引领产业发展，构建“引才”“用才”新方式。一是加强高端人才财税政策支持。根据行业细分领域的人才特性及企业需求，改进实施更有弹性的人才政策享受门槛。对高层次人才个人所得税设定税率上限，超额部分予以返还，各类奖金予以个税减免。二是用好人力资源中介和平台。鼓励园区引入人力资源中介服务组织，积极拓展招工渠道，打造异地招工直通车。科学运用数字技术，搭建用工服务平台，畅通招工用工信息通道。三是鼓励发展“飞地孵化器”，鼓励企业在上海、杭州、合肥等地建立科技孵化器，充分利用好当地的人才、人力集聚优势，服务企业用智需求。

（三）突出“布局承接”，构筑集群发展新势力

深度嵌入长三角产业链供应链体系，加快从“承接产业转移”向“承载现代产业链布局”转型。要积极争取布局前沿技术产业化的关键项目。围绕行业龙头企业，梳理产业链和创新链，做好分类，在产需对接、供应链协同上下功夫。重点对接上海26个特色产业园区，瞄准成长性好、上下游带动强、当地承载容量不足的关键项目，打造产业化落地平台，带动集群发展。要着力营造产业发展生态圈。以市场化运作、优质化服务的原则，加快集聚功能性机构，建设技术交流与服务共享平台，推动基地、基金、实训基地、创新联盟联动发展，构建良好的产业发展生态圈。

（四）加强“要素保障”，推动营商环境新提升

进一步强化土地、资本、政策、配套等支撑保障。一是创新土地供应方式方法。结合新一轮国土空间规划编制，支持省际合作园区适度扩区，预留发展空间。探索重大项目用地“先用后批”、区域内土地空间腾挪、指标平移等方式，确保优质项目土地供应。通过土地收储、以房换地、园区平台回购、产权转让、联合开发等方式盘活存量用地。二是有效利用金融资本。支持省际合作园区设立独立金库，鼓励金融机构在园区设立分支机构；鼓励引入社会资本，大力发展创投风投。三是支持启用“2 号公章”。借鉴中新苏滁园区模式，在省际合作园区推行启用“2 号公章”，推行“一窗受理”服务模式，积极探索区域评估、标准地供地、零土地审批、容缺受理、告知承诺等审批创新。四是制定生产生活配套需求清单。根据产业发展和企业需求，配套建设铁路专用线、专用码头、专用电网、集中供热设施以及各类环保设施等。完善“职住学购游”功能体系，推动小尺度空间范围内的产城融合。

调研组：省发展改革委长三角处　省经济研究院
成　员：钟　岚　樊明怀　贾　飞
窦　瑾　陈　香　张淑娟
余茂军　江　鑫　吴文俊
执　笔：窦　瑾　余茂军　陈　香
张淑娟　吴文俊

合肥都市圈协同打造集成电路产业集群的对策建议

建设集成电路世界级战略性新兴产业集群是我省立足当前形势和产业基础推进“十四五”期间产业转型升级的重大举措。合肥都市圈集聚省内绝大多数集成电路产业企业，是承载这一任务的主力军，应当准确把握机遇，有效应对风险，提升发展质量，协同打造世界级集成电路产业集群。

一、近期集成电路产业形势变化

一是国际市场集成电路需求增加和供给短缺现象交织，“缺芯”现象向下游产业扩散。近年来，5G 通信、新能源及智能网联汽车、智能家电等新兴产业和工业 4.0、远程办公等新型生产组织方式持续推高芯片产品的市场需求。据美国半导体行业协会（SIA）测算，2020 年全球集成电路销售额为 4390 亿美元，同比增长 6.5%。当前，集成电路正处于产能结构调整期，6 英寸以下晶圆制程逐渐退出，8 英寸晶圆制造产能增量潜能有限，12 英寸晶圆产能偏小且成本居高不下，导致集成电路供给增长缓慢。另外，全球新冠肺炎疫情蔓延以及日本福岛地震、美国得州暴雪、瑞萨工厂火灾等突发事件进一步压制产业链供给能力，各类芯片不同程度缺货、涨价并波及下游产业。如福特、本田等车企因芯片断供而停产，预计今年一季度全球将因此减产近 100 万辆汽车，影响持续全年。

二是政策支持力度加大和国际产能加速转移，国内集成电路产业发展势头持续向好。2020 年，国务院印发《新时期促进集成电路产业和软件产业高质量发展的若干政策》，给予集成电路企业财税、投融资、研发等支持。北京、上海、广东等有关省市纷纷对集成电路产业资金、土地、人才等加强政策支持。如广东省编制专项规划，提出加快实施底层工具软件培育、芯片设计领航等八大工程，实现 2025 年主营业务收入突破 4000 亿元，年均增长超 20%。同时，集成电路国际产能持续向大陆转移，全球前 20 大半导体企业中一半以上在大陆建立生产基地或研发中心，投资或参股 8 条以上 12 英寸生产线，占大陆集成电路产业销售额的 30%。近期，美国半导体行业协会公开表示无法容忍全球供应链被破坏，日本磁性技术（Ferrotec）、RS 技术等半导体材料企业表示有意扩大在华产能。受此影响，我国集成电路产业加快发展。2020 年，我国集成电路产量达 2614.7 亿块，增长 29.6%；实现销售收入达 8848 亿元，增长 20%，高于全球增速。

三是长三角地区产业链分工加速演化，沪苏浙各自优势凸显，集成电路制造业存在破局机遇。长三角地区集聚中芯、华虹、长电等一批龙头企业，形成了完整的“设计—制造—封测—设备和原料”产业链，是我国集成电路主产区。2019 年，长三角集成电路产业实现销售额达 4577 亿元，占全国的 60.5%。其中，上海在附加值较高的设计环节优势明显。2019 年，上海集成电路设计业销售额为 715.3 亿元，占全市集成电路产业链的比重达 41.9%，占长三角设计业销售额的 62%。江苏在封测环节优势突出。2019 年，江苏集成电路封测业销售额为 1055.1 亿元，占全省集成电路产业链的 50.5%，占长三角封测业销售额的 70%。浙江省在材料设备环节占据优势。2019 年，浙江省半导体材料设备业销售额为 334.9 亿元，占全省产业链的 42.8%，占长三角材料设备业的 34.5%。我省优势环节尚不明显。虽然我省集成电路产业链条比较完善，但各环节的生产销售规模在长三角均较靠后，2019 年集成电路产量仅占长三角的 6.4%。当前长三角地区在制造环节产能分布较为分散、产值占比不高，我省在集成电路制造环节存在较好的发展机遇。

二、合肥都市圈集成电路产业发展情况

一是都市圈产业发展迅速，在全国影响力初步显现，但产业规模较小，核心竞争力偏弱。合肥都市圈目前有各类集成电路企业 300 余家，成为国内少数拥有芯片设计、制造、封测、设备材料等全产业链的都市圈。其中，集成电路设计企业有 200 余家，销售收入达 30 亿元以上，华米“黄山 2 号”、云塔 5G 宽带滤波器芯片、中电科 38 所 77GHz 毫米波芯片等芯片达到国内或世界先进水平；制造业规模持续壮大，晶合晶圆、长鑫存储、8 英寸 MEMS 等重大项目相继动工或投产，拥有 12 英寸生产线 2 条，2020 年集成电路产量达 7.3 亿块以上，增长 11.7%；封测环节发展迅速，通富微电、三菱捷敏等先进封测企业、ASMPT 先进封装材料等材料业项目先后落地，芯碁微装双台面激光直接成像设备打破国外高端设备垄断。但是，都市圈产业规模较小，带动竞争力较弱的问题依然突出。2019 年合肥集成电路设计业产值仅相当于上海的 4.4%，杭州的 22.5%，南京的

44.8%。2020年合肥芯片产量仅占全国的0.3%，12英寸晶圆生产线数量仅占长三角的1/5。集成电路人才也存在较大缺口，合肥集成电路产业的人才需求约1.7万人，但人才供应能力仅约1.2万人，高端人才尤其紧缺。

二是“一核两翼多点”产业格局初步形成，但是产业链创新链协作不够紧密，产业集群效应尚未凸显。目前，合肥市已集聚集成电路企业200家以上，覆盖全产业链。芜湖市以第三代功率半导体为重心，集聚了启迪半导体、英奇电子、芯联成等企业。蚌埠市发展以智能传感器为特色的集成电路产业，国内领先的8英寸MEMS制造与微系统集成工程建设项目签约动工。此外，滁州市集聚长电、华瑞微等封测和材料业企业，马鞍山市集聚东科半导体、创久科技、安徽龙芯微等封测、材料与装备业企业，六安市引进皖桂金芯、上达电子等集成电路封测企业。但是，都市圈主要城市集成电路产业协作不够，各城市之间缺乏相互支持。比如，产业发展缺乏统筹布局和协作分工，招商引资缺少互相配合和信息共享，研发创新缺乏协同机制和共建共享的创新平台。作为对比，2020年，南京都市圈相关城市共同签署《深化集成电路产业链供应链合作框架协议》，从多方深化合作机制。如果合肥都市圈不能建立更加强有力的产业协作机制，马鞍山、滁州等靠近南京市的圈内城市，会进一步强化与南京市的产业配套，弱化圈内集成电路产业的协同和集聚效应。

三是与沪苏浙合作进一步深化，但是产业链面临竞争加剧和安全等风险。一方面，都市圈企业与沪苏浙上下游企业合作加强，如长鑫存储与苏州瑞红（光刻胶等）、宁波江丰（电子靶材）、上海新昇（硅片）等上下游企业共同签约建设长鑫12英寸存储器晶圆制造基地项目，芯片封测服务则由江苏太极半导体等提供。另一方面，积极承接沪苏浙产业链转移，如滁州、蚌埠、马鞍山等市通过苏滁高新区、上海（蚌埠）微电子产业园等省际合作园区集中承接沪苏浙产业转移。同时，加强产业创新合作，如蚌埠华东光电集成器件研究所在苏州设立研发中心，充分利用苏州产业人才集聚优势。然而，长三角集成电路产业链覆盖并不完整，都市圈在设备采购、知识产权等领域仍存在安全风险。其中，由于都市圈集成电路制造企业当前主要使用成熟制程，现阶段设备采购领域风险较小，但随着技术演进需使用先进制程时，面临风险将增加。同时，集成电路行业专利和布图设计等种类繁多，后发企业容易与先发企业产生知识产权纠纷，而都市圈不少集成电路企业缺乏应对相关诉讼的经验或能力。此外，“十四五”期间，长三角各地加快发展集成电路产业，对人才、项目的争夺会更加激烈，一些热门领域产品的市场竞争也会加剧。

三、对策建议

（一）聚焦优势前沿领域引进优质企业，提升都市圈产业能级

抓住集成电路产业第三次国际产业转移和长三角一体化发展机遇，聚焦优势领域（存储芯片、显示IC芯片、MEMS传感器等）和前沿新兴领域（第三代半导体、量子芯片、AI芯片、边缘计算芯片、5G通信芯片等）引进行业领先企业。一是引进一批实力强的垂直整合类（IDM）行业龙头企业，快速提升都市圈集成电路产能规模和技术水平。二是引进一批满足集成电路设计企业产品生产需求的晶圆代工厂和装备、材料企业，补足产业链短板。三是引进一批在业界有丰富人脉、商务资源的优质风投机构、双创孵化器、加速器机构，快速推进产业资源集聚和产业创新能力提升。

（二）完善产业分工协作机制，发挥集群联动效应

积极借鉴外省经验做法，整合政府、企业、机构等多方力量，在规划、招商、要素保障等多层面完善都市圈集成电路产业合作机制。一是编制都市圈集成电路产业集群发展规划，明确各市产业发展目标定位，指导各市有序引进项目和发展特色产业链条，提高资源配置效率。二是完善都市圈集成电路产业联合招商机制，圈内城市分享招商信息，组团招商活动，共同举办或参加会展，提升都市圈集成电路产业集群影响力。三是成立都市圈集成电路产业基金，以省“三重一创”产业投资基金为母基金，各市产业投资基金参与，支持都市圈集成电路重点项目融资需求。四是建立都市圈集成电路产业联合开发平台，整合各市集成电路园区资源，推动产业项目精准落位，产业开发共享增值收益。五是成立都市圈集成电路行业协会联盟，密切都市圈各市半导体协会互动，推动圈内企业加强信息交流和生产合作。

（三）立足安徽产业需求，发展细分特色产业链条

聚焦安徽主导产业发展需求，打造特色产业链条，与沪苏浙和其他地区实现差异化竞争。一是打造车规芯片特色产业链，围绕汽车产业特别是新能源汽车和智能网联汽车、新能源电池等需求，发展汽车电源管理、自动驾驶、微控制单元

（MCU）等芯片。二是打造工业物联网特色芯片产业链，围绕煤炭、冶金、化工、纺织等传统产业智能化改造需求，发展工业传感器、物联网通信、自动化控制等芯片。三是打造未来产业特色芯片产业链，围绕我省大力培育的量子科技、生物制造、先进核能等未来产业需求，同步研发相关集成电路。同时，积极发展DEA 软件、沉积设备、晶圆抛光设备和半导体材料等国内产业链短板、沪苏浙产能较少产业。

（四）完善协同创新机制，进一步释放产业创新活力

坚持内外兼修，集聚都市圈优质创新要素，完善都市圈创新成果保障、要素流动等机制，营造都市圈集成电路产业协同创新的良好环境。一是规划建设合肥集成电路科创城，推动中科大、合工大和安大、安师大等都市圈高校在科创城设立集成电路学院或校区，长鑫、晶合等龙头企业与高校科研院所在科创城联合成立协同创新中心、实验室等产学研协作创新平台，加快优质创新资源集聚发展。二是建设合肥知识产权保护中心集成电路产业分中心，完善都市圈集成电路产业知识产权保障体系，增强集成电路产业知识产权保护和咨询服务能力，便利都市圈集成电路企业专利申请、交易和维权等。三是推动都市圈人才政策互认，允许集成电路产业高端人才在圈内其他城市同样享受购房、医疗、子女教育等人才政策，解除人才在圈内流动的后顾之忧。

审　稿：樊明怀
执　笔：徐振宇　王　珏

关于长三角公共服务便利共享情况的调研报告

当前，长三角一体化已进入全面提速、推动实质性进展新阶段，推进长三角公共服务便利共享是长三角一体化发展的重要目标，也是主要任务之一。近日，省发展改革委社会发展处会同省经济研究院，赴沪苏浙开展实地调研，了解三地推进长三角公共服务便利共享情况，以及公共服务高质量发展的先进经验做法。与长三角其他领域一体化相比，公共服务便利共享的普惠性强、诉求高、难度大、障碍多，需要三省一市政府共同发力、协同推进，进一步突破体制机制障碍，充分发挥市场的作用，还需要国家层面的强力支持，更需要我省多措并举，着力提升公共服务发展水平，不断缩小与沪苏浙的差距。

一、当前长三角公共服务便利共享推进情况

（一）省市间诉求差异较大，公共服务便利共享困难较多

目前，三省一市在教育、医疗卫生、社保、人才就业、文化旅游、户籍管理等基本和非基本公共服务领域形成了一系列合作机制，开展了多项便利共享合作，区域公共服务便利化程度明显提高。但由于三省一市在经济实力、发展阶段和民生保障等方面存在较大差距，基本公共服务领域和服务标准各不相同，各方诉求差异较大。调研发现，我省在基本和非基本公共服务各领域均有更多的便利共享诉求，特别是省际毗邻地区和皖北等薄弱地区需求更加强烈。江浙诉求领域略少，主要集中在教育、医疗、人才、就业等领域；上海最少，主要集中在养老等领域，区域公共服务便利共享推进缓慢。

（二）医疗等优质公共服务资源差距明显，竞争大于合作

以医疗为例，据《医院蓝皮书：中国医院竞争力报告（2019—2020）》显示，2019 年顶级医院 100 强中，上海有 13 家、江浙均为 6 家，我省仅 1 家，国内领先优质医疗资源高度集聚在上海，江浙占比也较高，我省最少，我省居民大量流入沪苏浙看病，在享受优质医疗服务的同时，也带来大量医保资金外流，同

时也一定程度挤占了当地居民享受优质医疗资源。另外，调研还发现，三省一市对优质医院异地建分院等尚未形成统一认识和高层次统筹规划，沪苏浙优质医疗资源对我省布局意愿不强，人才流动不畅，优质医院间竞争大于合作，利益冲突明显。

（三）示范区试点示范加快推进，我省缺位影响不容忽视

在长三角一体化发展规划纲要中，将上海青浦、江苏吴江、浙江嘉善作为长三角生态绿色一体化发展示范区（以下简称“示范区”），示范引领长三角地区更高质量一体化发展。近期，示范区发布了20项公共服务共建共享项目清单，如门急诊就医结算免备案、高龄老人津贴标准统一、公交一卡通等。下一步，沪苏浙拟进一步将教育、医疗、文化旅游等优质公共服务资源向示范区倾斜和布局，形成长三角区域公共服务高质量发展示范区。由于地理区位的限制，我省不在示范区内，难以与沪苏浙共同开展公共服务便利共享试点示范，既不利于我省提升公共服务质量和水平，也不利于长三角区域公共服务一体化进程的顺利推进。

（四）体制机制障碍较多，亟须国家层面政策支持

当前，公共服务便利共享的行政壁垒尚未根本打破，一些公共服务事项跨部门跨区域衔接不畅。从医保结算来看，目前各地采取的是“属地化管理”方式，在保障范围、医保药品目录、诊疗项目库、报销水平等方面都有差异，可能出现“在同一个地方治疗同一种病、用同一种药、花的钱却不一样”的情况，造成待遇差距，影响群众的实际感受。省市间属地财政分割和现有政策差异是主要障碍，短期破解尚有困难，亟须国家层面给予相关政策支持和统筹协调。

二、对策建议

（一）筑牢提升我省参与公共服务便利共享的基础和能力

加快提升我省公共服务质量和省内便利共享水平，是我省参与长三角公共服务便利共享的前提和基础。一是加大保基本兜底线基本公共服务投入力度。重点加大教育、医疗卫生等群众需求迫切的基本公共服务领域，以及大别山革命老区、皖北等薄弱地区公共服务投入力度，加快提升我省基本公共服务均等化、便捷化水平。对群众关注度较高的医养结合、社区服务等公共服务领域，要学习借

鉴沪苏浙先进经验做法，加强政府政策支持，引导社会资本参与，扩大优质服务供给。二是推进合肥都市圈开展公共服务一体化试点。打造我省公共服务“一卡通”样板，探索成立省公共服务发展引导基金，由省市共同出资，支持跨区域的重大公共服务项目建设。

（二）加大公共服务领域“双招双引”力度

更加注重利用市场的逻辑、资本的力量，促进长三角公共服务便利共享。一是大力引进优质公共服务资源。充分发挥我省生态良好、市场广阔等优势，重点在养老托幼、文化旅游、健康养生、教育培训、社区服务等公共服务产业领域加大招商引资力度，鼓励国内外特别是沪苏浙行业龙头企业到我省布局设点或设立分支机构，促进我省公共服务市场化、多元化、优质化发展。二是创新公共服务领域招才引智方式。在新一轮“江淮英才计划”中，加大对教育、医疗、养老等公共服务领域高层次人才和团队的支持力度，推动公共服务人才享受与科技创新人才同等待遇。鼓励通过项目共享、租赁共享、候鸟共享等柔性方式引进公共服务高层次人才。鼓励沪苏浙优秀教师、医生等对我省公共服务薄弱地区开展对口支援和人才培训。

（三）积极推进重点领域和毗邻区域开展一体化试点示范

一是积极推进康养、文旅等领域开展试点。充分利用我省土地、生态、人力、中医药等资源优势，抢抓上海等城市推进异地养老的重大机遇，加快打造长三角健康养老基地。依托国家区域医疗中心试点省建设，加强与沪苏浙高水平医院合作，共建一批国家区域医疗中心。加快推进杭黄世界级自然生态和文化旅游廊道等工程建设，共建世界一流文化旅游目的地。二是优先在“一地六县”合作区、“3+N”省际毗邻地区新型功能区开展试点示范。积极复制推广青吴嘉一体化示范区的经验做法。支持我省滁州、马鞍山、宣城、黄山等城市依托南京都市圈、杭州都市圈等区域发展平台，加快与江浙相关市县的公共服务一体化、便利化。

（四）强化公共服务便利共享数字化支撑

提升公共服务数字化水平是长三角公共服务便利共享的基础支撑，也是我省数字经济发展新的增长点。一是加快补齐我省公共服务数字经济短板。借鉴江苏掌上云社区、上海智慧养老、浙江城市大脑等先进经验，积极引进国内外公共服务领域数字经济龙头企业和平台企业，大力发展远程医疗、在线教育、智慧养老、智慧文旅、智慧人社、智慧社区等公共服务数字经济。二是加强长三角公共服务互联互通平台建设。依托“数字江淮”建设，加快完善公共服务各领域全省一体化数据分平台，积极参与长三角公共服务一体化云平台建设。学习借鉴“全网通办、全市通办、全域共享”等沪苏浙改革经验，完善提升“皖事通办”平台功能，加快拓展我省接入长三角“一网通办”平台的公共服务事项和城市范围。

（五）推进构建公共服务便利共享合作机制

一是推动完善跨省协调推进机制。推进深层次制度衔接、政策协同，完善三省一市高层联席会议、中层协调、部门衔接落实制度，保障跨区域公共服务供给的可持续和区域公共服务效益最大化。共同向国家争取支持政策，推动公共服务重大项目向长三角布局，重点向我省倾斜。二是探索成本共担利益共享机制。借鉴省际产业合作园区建设经验，在教育、医疗、培训、养老、托幼、旅游等市场化程度高的公共服务产业领域，探索成本共担、收益共享、税收分成机制，充分调动各方参与公共服务便利共享的积极性。

调研组成员：樊明怀　傅　欣　夏兴萍
王　斌　王　杰　吕朝凤
执　笔：夏兴萍　王　斌　吕朝凤

厘清我省碳减排形势，打好碳达峰、碳中和攻坚战

一、我省能源消费和碳减排总体形势

（一）能源消费增速显著快于周边省份

随着经济快速增长和人民生活水平的提升，我省能源消费保持较快增长态势。2009—2019 这十年间，能源消费总量从 0.89 亿吨标煤增长至 1.39 亿吨标煤，年均增长 4.79%。与周边省份相比，我省能源消费总量偏低，但增速最快，近十年平均增速显著高于湖北（4.01%）、湖南（3.21%）、山西（3.47%）、江苏（3.24%）、浙江（3.75%）等中东部省份；规模以上工业企业分行业原煤消费总量从 1.24 亿吨增长至 1.80 亿吨，发电用煤快速增长，占比从 2009 年的 45%增长至 2019 年的 56%，成为煤炭消费增长的主要拉动力量；电力消费量从 2009 年的 952.3 亿千瓦时增至 2019 年的 2300.68 亿千瓦时，年均增长 9.42%，增速也显著高于湖北（7.36%）、湖南（4.8%）、山西（5.24%）、江苏（6.63%）、浙江（6.7%）等中东部省份。中东部省份 2019 年能源消费总量及 2009—2019 年能源消费平均增速如图 1 所示。中东部省份 2019 年电力消费量及 2009—2019 年用电量平均增速如图 2 所示。

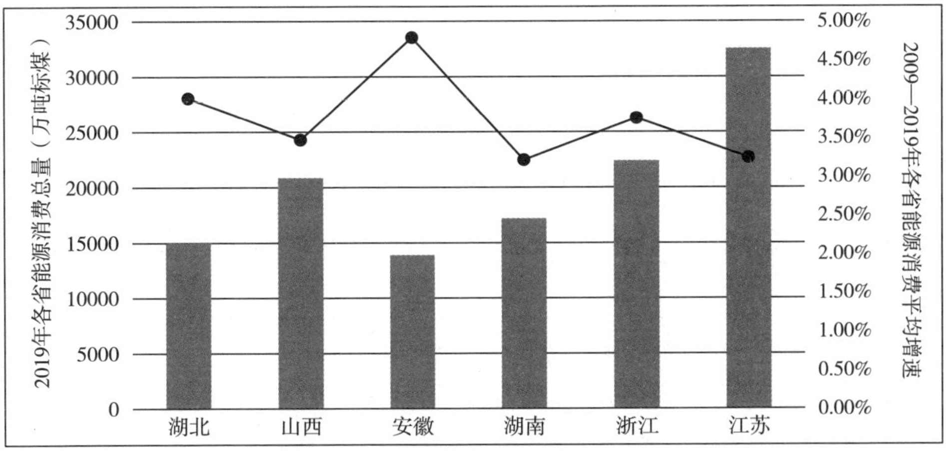

图 1　中东部省份 2019 年能源消费总量及 2009—2019 年能源消费平均增速

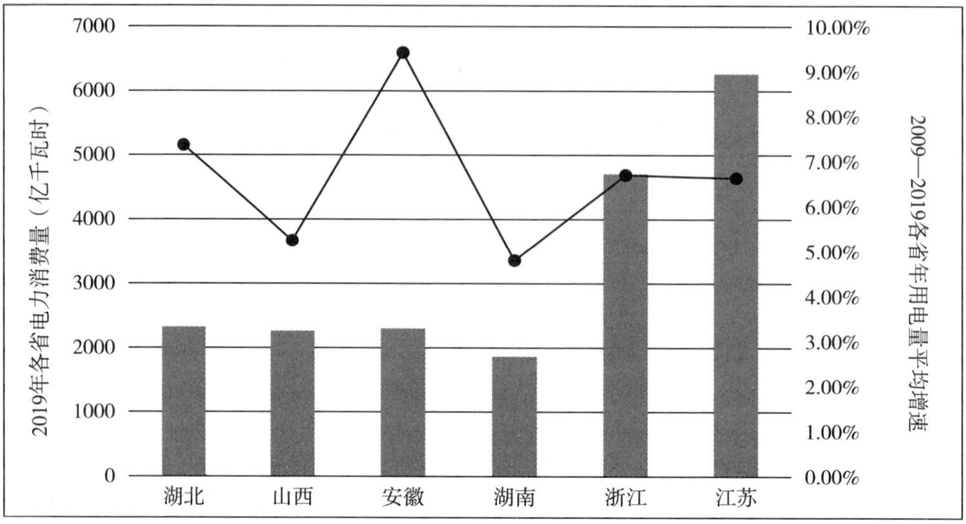

图 2　中东部省份 2019 年电力消费量及 2009—2019 年用电量平均增速

（二）能源结构“高碳”特征明显

受能源资源禀赋和产业结构等因素影响，我省能源体系的“高碳”特征明显，以煤为主的化石能源在能源生产和消费结构中占主导地位，可再生能源发展相对缓慢。从 2010—2019 年动态对比来看，我省可再生能源占比在中东部省份中比重偏低，增幅较小。中东部省份 2010—2020 年可再生能源占比如图 3 所示。

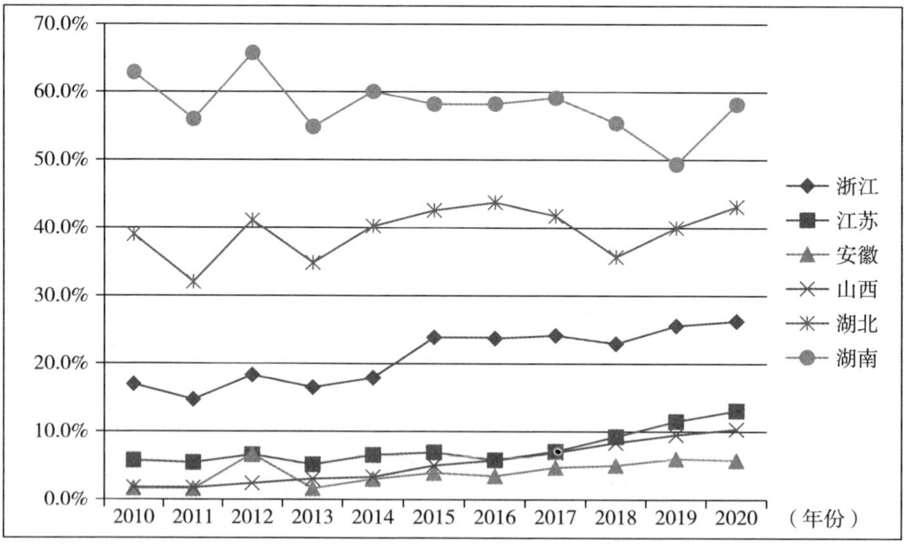

图 3　中东部省份 2010—2020 年可再生能源占比

2019 年，我省规上工业发电量为 2787 亿千瓦时，其中火电为 2620 亿千瓦时，占比达 94%，水电、风电、光伏等清洁可再生能源占比仅为 6%，远低于全国 27.7% 的平均水平，甚至低于传统煤电大省山西水平（9.5%）。2019 年，我省煤炭消费占能源消费比重为 69.2%，高于全国 57.7% 的平均水平；天然气消费占比为 5.8%，低于全国 8.1% 的平均水平；非化石能源占一次能源消费比重为 8.5%，远低于全国 15.3% 的消费水平。中东部省份近年来天然气消费量对比如图 4 所示。

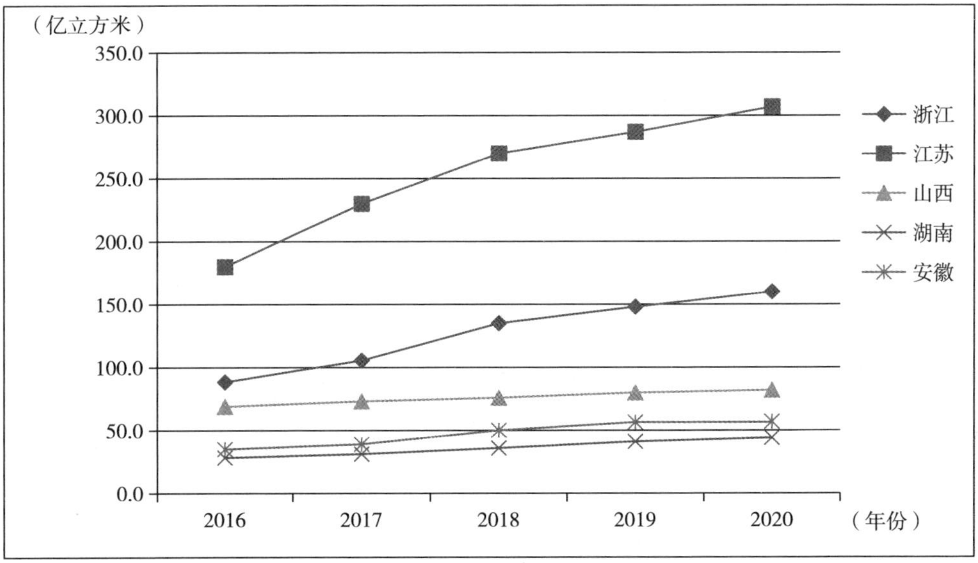

图 4　中东部省份近年来天然气消费量对比

（三）能源短缺形势趋于严峻

当前我省正处于工业化快速发展中后期，能源需求呈强劲增长态势。随着国家深入推进煤炭去产能、防范化解煤电产能过剩风险、加大能源消耗“双控”力度，我省煤炭、电力等行业发展受到的限制增多，电力供给缺口不断加大。2020 年，全省累计输入电量 425.1 亿千瓦时，同比增长了 2.4 倍。随着工业化进程不断加快、城镇化率进一步提高，预计我省能源消费和电力消费的缺口还将拉大。据预测，2025 年全省能源消费需求约 1.84 亿吨标煤，年均增长约 5%，此外，随着“气化安徽”不断推进，全省天然气消费需求将快速增长，以 2016—2020 年消费年均增速为 13% 计算，预计 2025 年全省天然气消费量将达到 105 亿立方米，是2020年消费量的1.8倍，天然气的上游气源矛盾仍较为突出，未来我省能源供应短缺形势日趋严峻。

（四）碳减排之路任重道远

实现碳达峰、碳中和的核心是控制和减少碳排放，首要途径是转变能源发展方式，加快推进清洁能源替代，逐步摆脱对化石能源依赖。据相关机构测算，在国际承诺约束框架下，预计2030年我省二氧化碳最终排放配额约93 106.8万吨，能源消费总量约2.2亿吨标煤，煤电装机总量需控制在5865万千瓦范围内，据此，“十四五”“十五五”时期全省新增煤电装机不应超过567万千瓦。可以预见，未来我省电力来源结构必将出现巨大调整，规模化发展可再生能源发电并逐步替代燃煤发电将成为大势所趋。然而，我省可再生能源资源相对缺乏，水能、风能、太阳能资源在全国均处于中下水平，且开发利用受土地、生态红线保护等多重因素影响，省外新能源开发的竞争形势日趋激烈。可以预见，未来我省推动能源清洁化转型、实施碳减排之路任重道远。

二、打好我省碳达峰、碳中和攻坚战的对策建议

（一）优化用能结构，构建以新能源为主体的能源体系

严格控制我省能源消费总量及消费强度，持续优化能源结构，推动以煤炭为主的用能结构逐步向煤炭、石油、天然气、可再生能源等多能互补用能格局过渡，逐步建立起以清洁能源为主导、风光水储一体化、清洁低碳安全高效的绿色能源体系。从近期来看，煤电作为我省“主体电源”的格局还将延续，但煤电在能源体系中的定位，必须朝着加快构建适应高比例可再生能源发展的新型电力系统转变，不断提高光伏、风电、水电、生物质发电等可再生能源发电消纳能力。在新能源发展方式上，要积极发展储能产业，推动风光储一体化，同时利用省内荒山荒坡、废弃矿山、滩涂、空地、水面等闲置资源空间，大力发展分散式风电、光伏发电，大幅度提高清洁能源消费比重。力争到2025年，全省可再生能源装机比重达到30%左右，非化石能源发电量比重达到14%左右。

（二）推动能源企业“走出去”，积极参与对外合作

充分利用省内省外两种资源、两个市场，坚持内外并举，强化与能源资源富集地区合作，围绕火电、水电、风电、光伏、储能、电网设施、燃气管网等方

面，全力推进多渠道、多形式、深层次能源区域合作，形成来源广、品质好、物流畅、价格优的能源资源供应体系，增强经济社会发展的能源保障能力。大力鼓励省内能源企业“走出去”到新疆、内蒙古、陕西、青海等风能、光照资源丰富地区开发建设或并购风电、光伏发电项目，积极参与西部地区能源综合开发，通过跨区域输电通道实现省外清洁电力入皖。发挥区位优势，积极推动长三角区域新增特高压交直流工程落点或分电安徽，打造长三角特高压电力枢纽。支持省内天然气管网建设企业和主要供用气企业，继续参与江苏、浙江等沿江、沿海新建 LNG 接收站项目及后期扩建工程，切实解决天然气供应气源瓶颈。

（三）打造低碳产业链，构筑绿色制造体系

鉴于工业化仍将是未来安徽能源需求增长的主导力量，将产业减碳特别是推动工业领域的绿色生产作为实现碳达峰、碳中和目标的重要环节和根本之策。持续推动工业产业结构优化，大力发展新一代信息技术、人工智能、新材料、节能环保、生物医药、高端装备等战略性新兴产业，布局量子科技、生物制造、先进核能等未来产业，推进信息化与工业化深度融合，促进以产业高端化实现“内生减排”。同时，强化工业生产的绿色引领，实现从资源利用、产品设计、制造流通等各个环节的低碳化，大力推广高效节能生产工艺、减污降碳技术，着力构筑绿色产品、绿色工厂、绿色园区、绿色供应链四位一体的绿色制造体系。鼓励重点企业、园区尽快提出碳达峰目标，探索具体实施路径，带动上下游形成绿色低碳高新技术产业链。

（四）推动区域协调，形成低碳发展空间格局

我省不同区域地理空间和经济发展水平差异明显，碳排放强度也存在差异，重点开发区域和生态区域间蕴含较大的“碳中和”空间。高度重视将绿色低碳发展理念和目标约束纳入各区域板块战略和相关规划中，以区域主体功能引领全省低碳发展空间布局，推动重点开发区域企业向园区集中，产业向高端集聚，产业结构合理分布，工业化、城镇化协调互促；推动生态区域不断提升生态汇碳能力，先行先试碳中和示范区，打造生态文明建设的样板区，促进人与自然和谐共处；推动资源型城市调结构、转方式，促进高质量绿色转型发展。积极探索基于主体功能区的区域协调发展新机制，将碳排放与政府财政转移支付制度等挂钩，开展区域间“碳中和”利益补偿，构建人口、经济和生态资源环境相协调的低碳发展空间格局。

（五）发挥创新优势，推动新能源前沿技术攻关

积极发挥科技创新支撑绿色低碳发展的核心关键作用，利用合肥综合性国家科学中心、合肥滨湖科学城、合芜蚌国家自主创新示范区、合肥综合性国家科学中心能源研究院等国家级创新平台资源，持续推动以新能源替代和节能降耗为核心的低碳科技创新。加快部署新能源前沿技术攻关，推进规模化储能、氢能、二氧化碳捕集、利用与封存等技术发展，推动数字化信息化技术在节能减排、清洁能源领域的创新融合。鼓励产学研结合、多方面力量参与，构建以市场为导向，科研机构、大型企业与社会资本优势互补、利益均沾的能源低碳化、清洁化的技术研发和创新制度体系，加速低碳创新成果应用和产业化。

（六）统筹内外资源，活跃碳交易市场

积极参与全国统一碳排放权交易市场建设，充分利用市场机制控制和减少温室气体排放，推动经济发展方式绿色低碳转型。统筹好省内省外、国内国际技术、资金、人才资源，加强区域交流合作，高水平建设安徽碳排放权、用能权市场，引导更多企业参与碳排放权、用能权交易。推动电力、钢铁、水泥、化工等高耗能行业加强碳资产管理，组织重点碳排放企业参与碳配额现货交易，逐步扩大市场覆盖范围，丰富交易品种和交易方式。支持省内企业参与国家核证自愿减排量交易（CCER），引导企业主动参与行业应对气候变化国际合作。

（七）践行低碳生活，推动绿色消费

大力倡导简约适度、绿色低碳的生活方式，推动居民生活碳减排量，为我省在碳达峰过渡期保持经济中高速增长赢取“碳空间”。加强低碳宣传教育，推进绿色低碳发展和生态文明建设宣传培训进校区、进社区，引导全社会树立正确的消费观，让绿色用能、低碳生活成为全社会共识。优化清洁能源消费环境，通过提升电网对分布式能源、新能源汽车设施等的“亲和度”，逐步形成节能环保、便捷高效、技术可行、广泛应用的清洁能源消费市场，提高清洁能源消费比重。大力推广低碳建筑，鼓励居民绿色消费、绿色出行，加强居民生活垃圾分类工作，形成节约资源和保护环境的低碳生活方式和消费模式。

指　导：樊明怀

执　笔：王　燕　王业春

长三角生态绿色一体化发展示范区蹲点调研报告

示范区以建设世界级生态湖区为总目标，始终坚持国家战略、国际视野、世界水平，形成规划、标准、政策、法治四个维度，生态保护、要素流动、公共服务、管理体制等8个方面的制度创新，初步搭建起示范区“四梁八柱”的框架体系，沪苏浙三方逐步从“共同推动具体项目”到“共同实施行动计划”再到“共同制定行为准则”，一体化的认识和实践不断深化。同时，示范区不打破行政隶属，却要突破行政壁垒，需要有“明知山有虎、偏向虎山行”的勇毅，在“自家”和“大家”中找平衡，在“我好”与“大家好”中找共识，每一项工作都要在落实中不断沟通，统一各方思想，兼顾各方利益，“青吴嘉”从不协同走向协同的路依然很长。

一、示范区规划建设理念先进、改革创新成果显著，值得学习借鉴

习近平总书记指出：“在青浦、嘉善、吴江建设长三角生态绿色一体化发展示范区，这是一体化制度创新的试验田，党中央支持你们大胆试、大胆闯、自主改”。沪苏浙两省一市始终牢记总书记的嘱托，把示范区作为是长三角一体化的先手棋和突破口，大力推进一体化制度创新、审慎推进重点项目建设，工作成效显著。国家发展改革委主任何立峰对示范区建设给予充分肯定，并在2020年10月召开的示范区一周年现场会上指出“示范区呈现出生机勃勃、欣欣向荣的景象”，多次提到“大大好于预期”。

（一）实行“三个圈层”建设、“三个层次”管理的跨区域治理模式

示范区分“三个圈层”建设，实现“面上推进”与“点上突破”较好结合。示范区位于沪苏浙两省一市交界处。最大圈层包括上海青浦区、江苏吴江区、浙江嘉善县全境，总面积2413平方公里，开发建设主要由两区一县人民政府负责，示范区执委会统筹协调。中间圈层即示范区先行启动区，约660平方公里，包括青浦区金泽镇、朱家角镇，吴江区黎里镇，嘉善县西塘镇、姚庄镇，示范区执委

会参与建设。最小圈层是示范区核心中的核心——水乡客厅，约35.8平方公里，位于沪苏浙三省交界原点，拟由沪苏浙共同出资成立开发公司，承担开发建设任务，打造“最江南”水乡客厅。

示范区由“三个层次”管理，即“理事会+执委会+发展公司”管理架构，实现“政府主导”与“市场化推进”的较好结合。沪苏浙联合成立一体化示范区理事会，两省一市常务副省长（副市长）任理事长，理事会作为示范区决策平台，确定一体化示范区发展规划、改革事项、支持政策，协调推进重大项目。示范区执行委员会承担理事会议定事项的具体实施，履行水乡客厅开发建设管理职责和新组建公司出资人职责，负责一体化示范区发展公司及公司董事长（党委书记）、总经理、监事会主席任免和两家公司的业绩考核。两家公司包括：“一体化发展公司”由沪苏浙财政按1∶1∶1比例共出资90亿元，成立相当于副厅级的开发公司；“水乡客厅开发公司”由一体化发展公司联合大型龙头企业共同组建，龙头企业出资比例不超过49%，具体负责水乡客厅的开发任务。

（二）着眼打破行政壁垒，形成了一批开创性、可复制的制度成果

示范区以“不打破行政边界、破除行政壁垒”为目标，聚焦重点领域，探索深层次、高水平的一体化制度创新，形成了32项一体化制度创新成果。例如，建立共同编制、联合报批、一体实施的规划管理机制，沪苏浙编制了全国第一份跨省域、有法定效力的空间规划，第一次实现了跨省域、一张蓝图管全域的目标。规划创新开发建设思维，大量空间留给了湖泊、绿地，集中体现生态、绿色和高品质、国际化的形态。建立促进要素自由流动制度。制定示范区政府核准投资项目目录，明确示范区产业发展目录和先行启动区产业准入标准，出台外国高端人才工作许可互认实施方案，江苏吴江、浙江嘉善的海外人才视同上海海外人才，享受上海市便利的公共服务。建立跨区域共建共享公共服务政策。形成公共服务项目清单（第一批），示范区率先实现医保一卡通2.0版，“青吴嘉”两区一县85家医保定点医疗机构接入门急诊联网结算系统，形成跨省域公交线路17条。建立行之有效的一体化治理机制，注重从法律层面推进示范区合法建设，两省一市人大协同立法，发布《关于促进和保障长三角生态绿色一体化发展示范区建设若干问题的决定》；制定了示范区生态环境“三统一”制度建设方案等一系列制度；两省一市组织部创新干部管理模式，联合制定执委会选聘干部管理规定。

（三）聚焦科技、生态、交通等重点领域，一体化示范区重大项目建设令人鼓舞

示范区在推进制度创新、管理创新的同时，集中推进一批具有显示度的重点项目建设，践行绿水青山就是金山银山。科技创新方面，引进占地2400亩的华为青浦研发中心，项目建成后预计导入3～4万名科研人才，成为华为在全国最大的研发基地；英诺赛科氮化镓等一批产业项目落地投产，不断提升示范区的产业层次，创新链、产业链、价值链加速融合。生态环保方面，“青吴嘉”三地旨在共同修复生态、景观增绿、提升水质，启动了环元荡生态岸线示范段建设，湖荡整治及河湖连通工程（嘉善片）等，筑牢示范区生态绿色底色。互联互通方面，省际断头路贯通工程不仅使江苏吴江到上海青浦的时间由40分钟缩短为5分钟，还探索总结出一整套跨域工程项目统一规划、同一标准、灵活立项（共同立项、委托立项、协同立项等）、同步施工的实施办法。公共服务方面，长三角智慧互联网医院建成启用，在智慧门诊、远程会诊、网上诊疗、检验影像报告互联互通、医保在线支付结算等医疗信息化建设中做出探索和尝试，为优质医疗资源异地共享创造条件。此外，示范区积极争取国家部委支持，全年争取中央预算内投资10.4亿元资金，占到中央预算内长三角一体化专项资金的44%。

（四）注重发挥政府和市场的力量，多方合力推进一体化的格局初步形成

示范区在发挥政府主导作用的同时，善于用市场的逻辑激发各类市场主体的积极性，注重发挥市场主体作用为示范区建设持续赋能。2020年8月，执委会积极推动市场主体参与示范区开发建设，由华为、阿里巴巴、中新集团、中国三峡集团、中金公司、中美绿色基金等12家机构作为创始成员，共同发起成立示范区开发者联盟，创始成员是数字经济、智慧城市、科技创新、园区建设、金融发展等领域的龙头，为示范区建设增添了持久动力。执委会还邀请知名企业家、智库专家作为理事会成员，承担类似公司独立董事的职责，为一体化示范区建设贡献智慧力量。总之，示范区采取“业界共治、机构法定、市场运作”的模式，获得国家长三角一体化发展领导小组等多方肯定。

二、示范区的开发建设依然面临诸多问题，需要引起高度关注

示范区成立不久，取得了显著成绩，但在推进过程中“青吴嘉”三地依然存在发展基础不同、政策措施差异较大、各方利益诉求多元等问题，需要沪苏浙

各级多方在后续工作中不断凝聚共识、深化改革、平衡利益。

（一）自然禀赋不同、发展不平衡是示范区发展面临的客观条件

“青吴嘉”地缘相近，人缘相亲，但自然资源和发展水平不同，造成三地发展理念、发展重点、目标任务均存在较大差异。上海青浦区总面积为676平方公里，常住人口约120万，2020年GDP为1194亿元，一般公共预算收入为583.1亿元。

青浦区总部经济较多，传统产业不强，目前建设重点是上海五大新城之一的青浦新城，聚力发展软件信息、金融业以及物流产业。江苏吴江区总面积为1177平方公里，常住人口约180万人，2020年GDP为2003.2亿元，一般公共预算收入为236.5亿元，民营经济发达，拥有世界500强企业2家（我省仅有2家），电子信息、装备制造、光电通信、丝绸纺织等产业发达。浙江嘉善县总面积为508平方公里，常住人口约60万，2020年GDP为656亿元，一般公共预算收入为73.2亿元，综合实力较弱，主要有木业家具和纺织服饰传统产业，“十四五”重点发展装备制造、电子信息、新能源三大产业。

（二）政策标准、技术标准不统一是示范区发展存在的现实障碍

纵向上看，“青吴嘉”三地隶属上海、江苏、浙江，工作标准都要符合本省（市）以及相关部门要求，有些还要接受省（市）考核。横向上看，三地同属示范区，造成三地土地政策、财政政策、税收分成政策均有较大差异，征地拆迁标准、生态环保标准、规划设计标准不统一。“纵向”与“横向”要求不一致、标准不统一的问题众多，需要多层、各方沟通协调的事项繁多，有的想达成共识难度大。比如，“青吴嘉”要实现规划协同，交界区域存在空间发展不协调甚至冲突的现象，需要跳出省级行政界限的约束，在标准上统一、在标准上破界。还比如，“青吴嘉”共有公共基本服务项目90多项，大部分项目标准不一，很多还是省里规定的标准，所以每一条基本服务项目的统一都需要三地相关部门逐一核对，有的还需要推动省里做出调整，牵一发而动全身，统一难、工作量大。

（三）区域竞争大于合作、利益分享机制不健全是示范区一体化的根本阻碍

宏观层面，区域竞争能够有效改善本地发展的软硬环境、加快当地经济社会发展，区域合作有利于提高资源配置效率，形成统一的国内大市场。微观层面，“青吴嘉”三地长期形成的“一亩三分地”思维普遍存在，一体化所需要的全局意识、统筹决策还没有全面、真正地树立起来。如何在“竞争”与“合作”“个性化”与“一体化”中找到平衡点，依然是需要解决的课题。

三、示范区样本对我省推进“一地六县”和省际“毗邻地区”发展的启示和建议

示范区在一体化体制机制改革、跨区域重大项目建设等方面开展了广泛探索和深入实践，“青吴嘉”三地在实施一体化项目过程中有共识也有争论，有合作也有竞争，有共性更有个性，各方在推进一体化过程中认识自己、认识邻居，共同改变。我省“一地六县”和省际“毗邻地区”正处在谋划建设的起步期，示范区正反两方面的经验为我省推进跨区域一体化提供了难得的样本。

（一）新时代塑造新优势，敢于在一体化关键问题上形成突破

沪苏浙两省一市在推进示范区建设的过程中，始终有共同承担国家重大战略任务的共识，认识到推进示范区改革创新，对促进长三角一体化发展、打破行政壁垒、探索共建共享新模式具有重大战略意义。“一地六县”和省际“毗邻地区”是全新事物，是国家以及省委、省政府明确的重大战略任务，没有成功的经验和模式可以借鉴，推进过程中必然会遇到比单一行政主体更多的困难和问题，需要有足够的勇气和毅力，沿着正确的方向，一步步推进“一地六县”和省际“毗邻地区”建设取得突破性进展和成果。

（二）推进高质量一体化，善于把“自家认识”变成“各方共识”

示范区跨沪苏浙两省一市，每项工作都要与“三级八方”（省、市、县三级，上海市、青浦区、江苏省、嘉兴市、嘉善县、浙江省、苏州市、吴江区八方）沟通协调，工作效率往往比单方推进要低，有些具体工作甚至无法在基层达成共识，需要高层协调推进。我省的“一地六县”和省际“毗邻地区”涉及安徽、江苏、浙江、上海，需要沟通协调的层级和方面更多，可以预见工作协调难度会比上海市牵头的示范区建设难度更大。

建议采取先双方、再多方的策略，以小切口方式，从具有广泛共识的项目做起，形成一定的工作基础和成效后，逐步向跨区域重大项目推进，让“一地六县”和省际“毗邻地区”建设多点开花、小步快跑。

（三）打造现代有为政府，长于用市场的逻辑谋事办事

示范区理事会和执委会善于发挥有为政府的引导作用，通过成立开发者联

盟、成立专家咨询委员会等方式，发挥市场主体的优势特长，共同推进示范区建设。建议主动加强与市场主体、专家学者的沟通对接，积极搭建各类平台，吸纳央企、知名民企、各类金融机构和各方面专家学者，共同参与到“一地六县”和省际“毗邻地区”的规划建设中来。

（四）学习制度创新成果，勇于在我省快速复制推广

示范区形成了32项一体化制度创新成果，很多可以直接或者调整完善后，用于“一地六县”和省际“毗邻地区”，快速形成有显示度的规划建设成果。比如，跨省域国土空间规划编制手册、示范区国土空间规划以及相关专项规划完全可以快速复制推广；生态环境标准、环境监测监控体系、环境监管执法“三统一”制度、一体化示范区重点跨界水体联保专项方案等可以跨省域实现标准统一。一体化示范区创新制度复制建议见表1所列。

表1　一体化示范区创新制度复制建议

序　号	创新制度名称
一、能够快速复制的创新制度	
1	一体化示范区国土空间规划（2413平方公里的一张蓝图）
2	一体化示范区专项规划（水利、生态环境、综合交通、供排水、产业发展、文化旅游）
3	跨省域国土空间规划编制指导手册
4	生态环境标准、环境监测监控体系、环境监管执法“三统一”制度
5	一体化示范区重点跨界水体联保专项方案
6	跨界水体生态修复与岸线贯通工程一体化实施意见
7	一体化示范区存量土地盘活工作方案
8	一体化示范区外国人才工作许可证（A类）跨区域互认
9	一体化示范区海外人才居住证一体化机制
10	一体化示范区专业技术人才资格和继续教育学时互认
11	一体化示范区金融服务同城化体制机制
12	一体化示范区涉税事项跨区域通办
13	长三角一体化电子税务局建设
14	一体化示范区先行启动区财政专项资金

（续表）

序 号	创新制度名称
15	一体化示范区公共服务共建共享机制
16	一体化示范区职业教育一体化工作机制
17	一体化示范区旅游公共服务一体化机制
18	统一的产业发展指导目录
19	一体化示范区卫生监督三地联动执法机制
20	跨省域公交联运机制
21	两省一市人大关于促进和保障一体化示范区建设若干问题的决定
22	两省一市共同支持一体化示范区高质量发展政策
23	一体化示范区开发者大会与示范区开发者联盟
二、通过努力能够复制的创新制度	
1	统一的投资项目核准目录
2	统一的先行启动区产业准入标准
3	统一的企业登记条件、程序、方式等标准规范，统一企业经营许可、资质互认制度
4	统一的公共信用数据归集标准
5	统一的公共信用报告制度
6	一体化示范区理事会、执委会运行机制
三、暂时不能复制的创新制度	
1	一体化示范区医疗同城化机制
2	跨区域古镇群落联动发展机制
3	一体化示范区大数据治理平台

总之，进入新发展阶段，推进长三角一体化发展，对沪苏浙皖来说处在同一条起跑线上，谁启动早、跑得快、力度大，谁就能抢占先机，取得成果。我们可以借鉴示范区的创新制度和建设经验，以“越是艰险越向前”的勇气破解一体化难题，不断推进“一地六县”和省际“毗邻地区”发展取得新进展、新成效。

指　导：张　云　钟　岚

编　审：樊明怀

执　笔：董　楠

推动我省种业高质量发展的对策建议

种业是整个农业产业链的源头，是影响粮食安全和农业产业链、供应链稳定的“卡脖子”环节。我省种业发展态势较好，杂交水稻、常规水稻、小麦等主要农作物种子市值排名靠前，拥有种业企业 280 余家；建有省级以上区域性良种繁育基地 15 个（其中，国家级区域性良种繁育基地 4 个），繁育面积达 16 万公顷，分别占全国良繁面积和制种总量的 13% 和 14% 。

一、我省种业发展的主要短板

我省种业总体仍处在大而不强、产业层次较低的发展阶段，特别是与国内外横向比较，还存在一些较为明显的不足。

（一）牵引性领军企业不够强

2019 年，省内领军企业荃银高科销售收入不到隆平高科的三分之一；跟国际巨头比较，更是不到美国孟山都公司的百分之一（拜耳、孟山都合并前数据）。资产过亿元企业仅 8 家，亿元以上企业数低于北京、甘肃、湖南、山东、内蒙古、江苏和河南等 10 个地区。种业企业销售利润占销售收入的 5.6% ，分别比湖南、河南低 5.4 个和 0.6 个百分点。2019 年主要省份种业企业数量如图 1 所示。

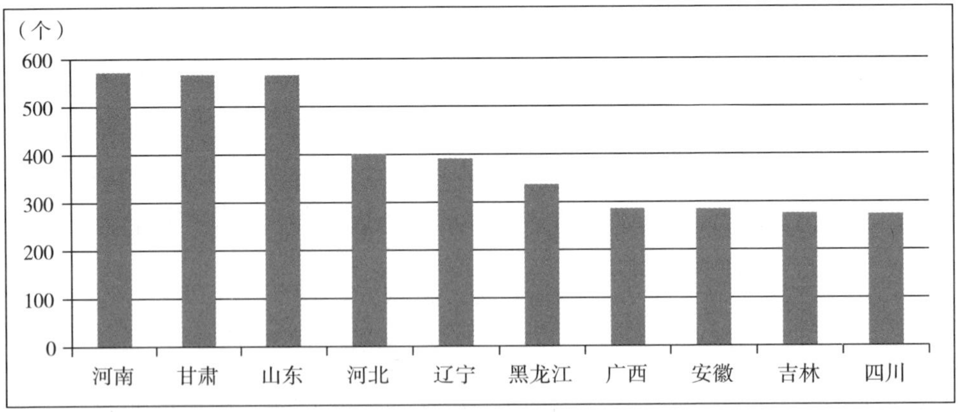

图 1　2019 年主要省份种业企业数量

（二）育种环节相对薄弱

2019 年，我省省级品种审定数目为 103 个，在全国 30 个省（区、市）中排名 11 位（西藏除外），占全国品种审定数的比重为 2.5%。分品种与优势省份比较，杂交水稻审定品种 34 个，为广西壮族自治区的六分之一；小麦审定品种 6 个，不到河南省的十分之一。重点方向审定品种数较少，反映了我省种业发展在育、繁环节衔接上有所失衡。2019 年主要省份品种审定排名如图 2 所示。

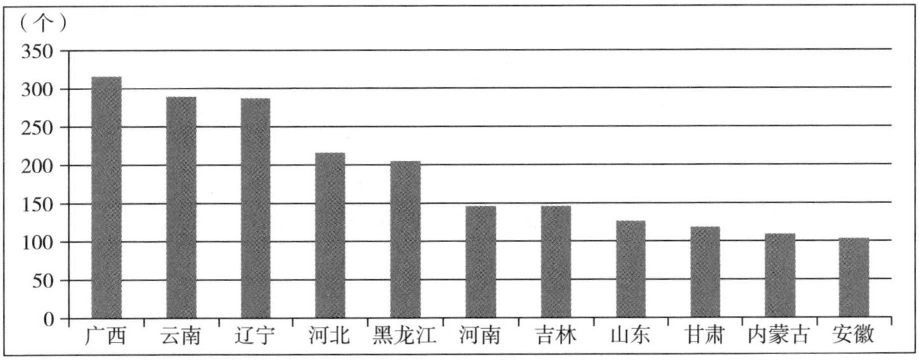

图 2　2019 年主要省份品种审定排名

（三）创新发展基础不坚实

2019 年，我省种业企业研发投入达 3.5 亿元，研发投入总量仅相当于北京市的 56.8%；企业研发投入占种业企业销售收入的 6.2%，投入比重比国际种业企业平均研发投入水平低 4 个百分点左右，同年比北京市低 4.4 个百分点。企业科研人员数量仅 1516 人。种业创新的基础理论尚处于空白地带，技术创新应用水平较低。2019 年主要省份种业科研人员数量如图 3 所示。

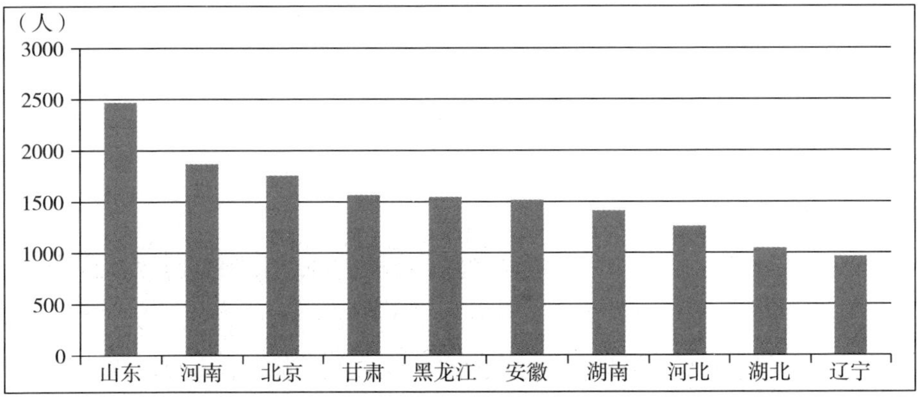

图 3　2019 年主要省份种业科研人员数量

（四）种质资源库建设水平较低

我省地方特色资源还未能得到充分的保护与利用，种子资源库容量小、标准低、设备陈旧、覆盖面窄，农作物种质资源库标准化、智能化程度较低。与之形成鲜明对比的是，孟山都（拜耳）通过并购、合作等方式获取的海量优良种质资源，分布在温带、亚热带、热带等区域，已经形成强大的种业数据库，支撑企业育种平台高效运转。

二、国内外种业发展的主要做法

打好种业翻身仗，需要进一步强化种业安全底线思维，尊重种业和农业科技创新规律，充分借鉴和参考外部经验及做法。

（一）在上游研发环节，联合攻关成为种业品种更新的重要推手

近年来，国家启动良种联合攻关，仅 2019 年就创制育种材料新种质 1706 份，配置杂交组合 28 万多个，增加了种业科研体系的新品种权及新技术专利。2021 年 2 月，北京市启动种质创制和品种选育联合攻关、特色畜禽水产种质资源保护工作，计划用 3 年时间创新改良玉米、小麦、奶牛、北京鸭等 12 个优势物种资源、性状或品种。黑龙江省已编制《黑龙江省“十四五”种业创新发展规划》，提出分品种“1+N”品种创新方案，开展联合攻关。

（二）在中游繁育环节，兼并重组成为龙头企业培育的重要手段

全球种子行业经过四轮兼并重组浪潮之后，目前已形成拜耳（孟山都）、中化先正达、陶氏杜邦三巨头竞争的格局。“十三五”以来，我国种业企业兼并重组趋势明显，2017—2019 年并购事件分别发起 15、11 和 17 件，以隆平高科为例，通过引入中信集团，先后收购广西恒茂、湖南金稻、湖北惠民、河北巡天等股权，企业规模迅速扩张。截至 2019 年年底，经营区域为全国的国内企业已达到 97 家；骨干种子企业总资产仅占全部种子企业资产的 18.99%，种子行业兼并重组的态势仍将持续。

（三）在下游推广环节，一体化延伸成为价值链提升的重要路径

2019 年，我国具备“育繁推”一体化的种子企业仅 80 家左右，不到总数的 3%。当前，国家大力推动种业“育繁推”一体化，供给侧与需求侧双向发力，着力将种业科研优势转化为市场优势和效益优势，提升完善种业产业底层生态。

以山东省为例，规划到2025年，培育“育繁推”一体化企业达到50家以上，并提出10家企业进入全国同行业前50强的目标。

三、对策建议

加快我省种业高质量发展步伐，需要发挥安徽综合资源禀赋和科技创新优势，立足于长三角一体化发展契机，与综合性国家科学中心深度融合，上中下游协同发力，打造具有全国乃至全球竞争力的国际种业区域。

（一）统筹薄弱领域补短板与优势作物锻长板，实施一批联合攻关项目

加强对重点领域攻关项目的支持，培育具有自主知识产权的优良农作物，尽快突破短板环节、缩小横向差距。一是重点针对大豆、玉米、耐储番茄、甜椒等国内薄弱环节，依托我省战略性新兴产业政策资源，支持开展生物技术重大工程、重大专项等研发项目。二是针对杂交水稻、常规水稻、小麦等领域，依托国家地方联合工程实验室等平台，积极参与国家四大作物良种联合攻关，开展安徽省水稻、小麦良种联合攻关。三是落实国家畜禽原种保护工作，实施全省新一轮畜禽遗传改良计划，加强白羽肉鸡等品种繁育。

（二）以公益性与商业化育种机制融合为重点，加强政企合作共建

引导和支持企业参与公益性研发平台建设，加强对关键共性技术、前沿引领技术、现代工程技术、颠覆性技术攻关和应用，增强对商业化育种机制的支撑作用。一是整合农业（种业）研发资源，整合对竞争性产品的育种研发投资，加大对非公益性农业科研单位和种业企业的支持力度。二是强化南繁试验基地建设，支持公益性研发机构与荃银高科等重点企业联合建设南繁基地、南繁试验站点。三是依托综合性国家科学中心，搭建农作物及畜禽种业大数据管理平台，开展国家现代农业产业科技创新中心建设，支持与国外、北京、深圳等地高端种业机构开展合作共建，加快数字种业建设步伐。

（三）强化现代金融等市场化手段运用，加快企业重组步伐

发挥现代金融等市场化手段的撬动和整合作用，设立种业发展基金，培育和引进相结合，不断优化种业市场主体结构。一是顺应种业企业兼并重组发展趋势，支持荃银高科、丰乐种业等龙头企业通过企业并购重组等方式，整合省内外中小型育种企业，组建以种业为核心的农资集团。二是发挥我省科技创新资源优

势，以科技研发型企业以及贸易平台型企业为重点方向，引进种业总部企业。三是以促进种业新业态领域发展为重点，加快省内种业企业孵化培育，引导扶持现有杂交水稻、生猪、肉牛、蛋鸡等领域种业企业做强做专做大，培育一批育种能力强、生产加工技术先进、市场营销网络健全、技术服务到位的“育繁推”一体化企业。四是大力推动“种业+服务”融合，培育一批种业金融、检验检测、知识产权保护类服务业主体。

（四）深化“育繁推”一体化，完善种业产权保护与利用生态

依托长三角一体化，建立健全种业推广市场体系，提升我省绿色农产品供给能力。一是结合长三角绿色农产品生产加工供应基地建设，以安全优质的粮食、蔬菜、茶叶、畜禽等为重点，按照“一个标准供应、一个平台流通、一个体系监管”要求，探索建立长三角农产品品种登记备案制度，加快构建基于长三角平台的良种“育繁推”体系。二是加强良种繁育企业与专用品牌粮食生产之间的衔接，通过订单式生产、打造生产加工联合体等渠道，促进种粮一体化。三是搭建分子育种技术、种业大数据信息等平台，加强对品种权的保护，建立种子质量可追溯制度，维护品种选育者、经营者的权益。四是建立健全多元化、市场化、社会化服务体系，发展种子新品种测试、种子检验检测、新品种保护、法律服务、金融保险、种业会展会议等服务。

（五）突出“生物技术+信息化”技术创新与应用模式，培养新型种业人才

聚焦生物育种基因技术产业链发展要求，加强学科建设和人才培养，协同推进生物育种理论创新和技术创新。一是加强现代生物（育种）学科建设，鼓励中国科学技术大学、安徽农业大学等机构，依托现有基础，突出基因编辑、合成生物学、人工智能等技术方向，建设一流学科和一流专业。二是鼓励有条件的科研院所和种业企业联合建立科研工作站，推动种业研发向“常规育种+生物技术+信息化”的育种“4.0 时代”转变，推动种业研发人才与市场需求深度结合。三是搭建种业领军人才绿色通道，加大领军人才引进力度，支持研发团队申报省级重大项目，优先评定省级科技进步奖。

（六）打造若干种业小镇，构筑种业跨越式发展平台

以特色小镇微型产业平台为载体，推动种业研发、产业化融合发展，构筑乡村振兴新载体。一是加强资源整合，鼓励荃银高科、丰乐种业、皖垦种业等龙头企业依托省级以上繁育基地建设，联合公益性研发机构、产业链上下游环节企业、相关种业服务机构等，推进种业创新创业资源集聚发展。二是结合省域农业产业和种业资源布局要求，在茶叶、小麦、水稻等优势产区开展种业产业平台建设。三是创新建设模式，发挥产业基金的资源撬动作用，在种业小镇投融资和管理模式上勇于创新，探索以专家委员会为主导的科创小镇管理模式，不断优化种业创新创业的完整生态体系。

指　导：樊明怀

执　笔：夏　飞　王业春　饶　磊

对标上海　学习先进
加快安徽绿色金融发展的几点思考

经济是肌体，金融是血脉，两者共生共荣。近年来，上海市立足城市核心功能，着力推进国际金融中心等“五个中心”建设，成效十分显著。近期，安徽省经济研究院通过调研发现，上海市金融业发达、金融业态多样、金融产品丰富、金融人才集聚；上海各级政府对国家金融政策反应灵敏，有的甚至引领推动国家金融政策的出台；上海市各级干部与金融机构的交往互动频繁，金融意识较强、金融知识丰富。习近平主席在第75届联合国大会一般性辩论上提出，中国二氧化碳力争于2030年前达到峰值，努力争取2060年前实现碳中和。上海市加大了对绿色金融的推进力度，加快了全国碳排放权交易市场建设，提出了打造联通国内国际双循环的绿色金融枢纽的战略目标。安徽正处于争先进位的关键时期，学习借鉴上海经验，加快金融业特别是绿色金融发展，对推动新阶段现代化美好安徽建设具有重要意义。

一、上海市金融业发达，具备发展绿色金融的良好基础

未来40年，在碳达峰、碳中和的政策背景下，我国的经济发展方式、产业结构、人民生活理念都将发生革命性变化。上海市深入开展绿色金融探索实践，在市场、人才、开放和政策等方面具备了先发优势。

（一）金融市场发达，金融体系齐备

目前，上海已经成为全球金融市场中最为完备的金融中心城市之一，股票、债券、货币、外汇、票据、期货、黄金、保险、信托等各类金融市场发达。中国（深圳）综合开发研究院和英国智库Z/Yen联合发布的“全球金融中心指数中”，上海首次超过东京，紧随纽约、伦敦，排名全球第3。2020年，上海金融市场的成交总额已经达到2274.83万亿元，金融市场直接融资额达17.6万亿元，占到全国直接融资总额的88%左右。

（二）金融人才集聚，金融理念超前

绿色金融是综合经济、金融、环境科学、生态保护等多个学科的跨学科领域，发展绿色金融需要大量跨学科、专业性人才。上海高校和科研院所较多，相关学科门类丰富且水平较高，覆盖绿色金融和环保科技的各个领域。此外，上海还汇聚了大量的跨国公司研发机构和高端金融人才。

（三）金融国际化水平高，对外开放程度深

上海市注重发挥对外开放最前沿的优势，金融市场国际化快速发展，众多全球知名金融机构落户上海，金融开放程度不断扩大。目前，全球排名前 20 的资产管理机构已有 17 家在沪设立实体，外资金融机构占上海金融机构总数的 30%。这些机构大多在绿色金融和 ESG（环境、社会和公司治理）信息披露方面有着丰富的实践经验。

（四）多重国家战略叠加，金融政策优势明显

上海市是长三角一体化、长江经济带、浦东开发开放等重大国家战略的叠加区域，用好用足用活国家赋予上海金融优惠政策的能力突出。比如，2020 年 3 月，长三角生态绿色一体化发展示范区执委会会同人民银行上海总部等 12 部门联合出台了《关于在长三角生态绿色一体化发展示范区深化落实金融支持政策推进先行先试的若干举措》，全面启动一体化示范区金融服务“同城化”。

二、动手早、起步快，绿色金融发展取得积极进展

上海市准确把握金融业发展的大方向、大趋势，着力在绿色金融产品开发、绿色金融业务创新等方面率先探索，取得了一批积极成果，初步形成了多层次的绿色金融组织机构体系、多元化的绿色金融产品和服务体系、多渠道的绿色产融结合的市场平台体系。

（一）发挥绿色机构的引领作用

一是成功争取国家绿色发展基金在上海落地。聚焦长江经济带沿线绿色发展，发挥财政资金的增信、让利作用，引导社会资本投入环境保护和污染防治、生态修复和国土空间绿化、能源节约利用、绿色交通、清洁能源等绿色发展重点领域，国家绿色发展基金首期总规模已达 885 亿元。二是激发绿色技术市场活力。早在 2017 年，上海市就和科技部共同推动“绿色技术银行”在上海设立，

促进绿色科技成果转移和转化，汇聚资源节约、环境友好、安全高效、生命健康等可持续发展重点领域中的先进实用绿色技术。三是积极探索碳金融发展。依托上海环境能源交易所，上海在碳基金、国家核证自愿减排量（CCER）质押、借碳、碳回购、碳信托和上海碳配额远期等方面取得突破，积累了大量理论和实践经验。

（二）主动服务绿色投融资需求

一是积极开展气候投融资业务。紧紧抓住国家发布《关于促进应对气候变化投融资的指导意见》的政策机遇，引导和鼓励金融机构开展气候投融资业务，争取国家气候投融资服务平台落户上海，引导国际国内资金更好投向应对气候变化领域。二是加强绿色信贷支持。在沪商业银行不断加大绿色信贷投放，积极探索项目收益权、排污权等环境抵质押融资产品创新。2020 年年末，上海辖内银行业绿色信贷余额为 4288.3 亿元，比上年增加了 710.6 亿元，同比增长了 22.2%，高于同期其他各项贷款增速。三是加强绿色债券产品创新。上海绿色债券发行方式和产品类型不断创新，市场参与主体更加多元，多只“首单”产品成功落地，有效扩大了绿色产业支持范围。比如，“两山”生态环保主题金融债券、首单应对气候变化专题“债券通”绿色金融债券、首批“碳中和”绿色债券等。

（三）大力扶持绿色产业

一是提供多元绿色金融产品。上海证券交易所成立了华宝 MSCI 中国 A 股国际通 ESG 通用指数证券投资基金（LOF），开发了“碳中和”相关 ETF，近期海外也陆续推出投资中国的 ESG ETF。二是加快发展绿色保险。在环境污染高风险企业中推广环境污染强制责任保险，创新研发生态绿色环境救助责任险，推进跨域生态环境保护联防联治。支持中国太平洋保险组建绿色保险跨域共保体，有效改变过去“你保护、他污染”的孤立管理模式。三是打造绿色金融国际合作案例。上海证券交易所与卢森堡证券交易所签署绿色债券信息通合作协议。截至 2019 年年底，已有 23 只上交所挂牌的绿色债券在“信息通”上西向展示，总金额 308.4 亿元。

（四）着力构建绿色金融标准体系

上海市为顺利实现“2025 年前实现碳排放达峰”目标，加快建设绿色金融标准体系。一是积极开展绿色金融标准体系的研究。加强绿色金融领域国际合作，推动金融资源向碳中和领域倾斜，鼓励企业和金融机构积极开展ESG信息披露。配合国家金融管理部门完善绿色金融业绩评价、考核等政策措施，引导金融机构增加绿色资产配置。二是将碳金融纳入国际金融中心建设重点。以全国碳交易市场为基础，打造国际碳金融中心，积极探索碳市场的远期、期货、期权等金融产品交易，主动发布全国碳市场价格指数，打造具有国际影响力的碳市场定价中心。三是开展绿色指数编制研究。中证指数公司发布ESG评价方法，研究编制了中证800 ESG债券指数、中证800 ESG信用债指数等“碳中和”绿色投资指数，为国内ESG发展提供了重要基础。

三、以绿色金融为引领，发展壮大安徽金融业的几点启示

尽管我省经济总量与上海相当，但金融业的发展理念、改革创新力度、服务实体经济能力均存在较大差距。上海市在绿色金融方面的创新做法、先进理念、先发经验，为我省加快绿色金融发展开拓了思路、提供了借鉴，主要启示有以下几个方面。

启示之一，看先进、学先进，全方位对接上海绿色金融资源。上海市始终瞄准世界最前沿、国际最高端发展金融产业，目前已经是全球排名第3的国际金融中心，正在聚力打造成联通国内国际双循环的绿色金融枢纽。苏州市敏锐意识到上海市能够溢出的最大资源就是金融，积极推动与上海金融部门的干部交流，进而全面加强与上海的金融对接与合作。我省要以落实长三角一体化发展战略为契机，全面加强与上海市金融管理机构、银行、券商、基金、研究机构的沟通、交流、合作，积极参加上海各类金融活动，努力实现金融理念、金融管理、金融资源的等高对接。同时，通过搭平台、建机制、促改革等方式，加强与国家金融管理部门的沟通交流，紧跟绿色金融发展大趋势。比如，可以谋划举办促进绿色金融发展的高层次、国际化的论坛、研讨活动等。

启示之二，早谋划、快启动，支持创建全国绿色金融改革试验区。沪苏浙两省一市正在依托长三角生态绿色一体化发展示范区创建国家绿色金融改革创新试验区，并与中国人民银行等部门积极对接。全国还有十几个城市正在创建绿色金融改革试验区，其中北京市、重庆市有望近期获批。从全国来看，6省9市均从国家绿色金融改革创新试验区的建设中获得了较多的金融资源。尤其要注意的是，浙江省湖州市在构建绿色金融的指标体系、政策体系的同时，也为湖州市带

来了更多的金融资源。建议我省支持符合条件的市区争创全国绿色金融改革试验区，以绿色金融改革促进我省金融业发展，集聚更多优质金融资源。

启示之三，战当下、赢未来，着手建设我省绿色金融体系。上海市不仅金融资源丰富，发展绿色金融的创新意识也特别强。早在 2011 年，上海市就开展了碳排放权交易试点研究，2013 年启动了碳排放权线上交易。全国碳排放权交易市场于 2020 年 7 月正式启动上线交易，上海由于启动早、技术相对成熟，成为全国碳排放权交易系统的建设和运维承担方，将在全国乃至全球碳市场发展格局中扮演更加重要的角色。上海各大银行、券商也在联合相关研究机构积极研究在碳达峰、碳中和背景下，如何优化配置金融资源。我省可以对标绿色金融的要求，强化绿色金融思维，大力招引绿色金融机构，培育壮大银行和非银行业绿色金融机构，积极发展私募股权投资基金，逐步构建起我省绿色金融体系，赢得未来金融业发展优势。

启示之四，金融活、经济活，着力提升绿色金融服务实体的经济能力。金融是现代经济的血液，唯有血脉畅通，经济增长才会有力。上海市通过不断开发绿色金融产品，嵌入实体经济发展全流程，引领全市实体经济转型升级。我省应按照“绿色金融+”的思维，发掘绿色金融与大数据、云计算、人工智能、区块链等金融科技相关领域的交叉点、结合点，出台更加有含金量的政策，鼓励绿色金融加强对转型企业、科技型企业、民营企业、小微企业的绿色信贷支持，合力推动以“铜墙铁壁”为代表的传统产业转型升级、推动十大战略性新兴产业加快发展，以绿色金融助力产业结构调整和产业升级。

启示之五，强担当、促融合，畅通政府、金融机构、企业信息渠道。上海市通过政策聚焦、平台对接、科技赋能、强化服务等多种方式、多个层面搭建起政府、金融机构、企业的沟通渠道，不仅提高了政府金融支持政策的精准性和直达性，而且有效整合了金融资源，助力实体经济发展。我省可以针对政府、金融机构和企业信息不对称的情况，充分运用大数据、云计算等技术，搭建数字化的绿色金融服务平台，引导金融机构加大对我省长三角一体化、中部地区崛起以及安徽自贸试验区建设等重大战略项目的支持力度，引导更多绿色金融资源向我省集聚。

启示之六，造环境、聚人气，加大绿色金融人才培养引进力度。上海市高度发达的金融体系和完善的金融生态，使其成为国内对金融人才吸引力最强的城市，其金融人才的需求和人才流动的特点具有行业代表性和引领性。随着传统金融业快速向绿色金融、科技金融转型升级，我省应把握弯道超车的重要机遇期，多管齐下、协同发力，努力建设高素质的绿色金融人才队伍。省内金融机构要强化与世界顶尖金融机构的合作，加强金融分支机构与总部之间的交流，为绿色金融人才提供更广阔的学习与交流平台，营造干事创业的浓厚氛围。高校要有开放融合的意识，紧紧跟上金融业的新变化、新动态、新趋势，创新校企协同培养高素质金融人才的机制，大力培养复合型高素质金融人才。

审　稿：樊明怀

执　笔：张　云　董　楠　窦　瑾

做碳达峰碳中和的“领头雁”

——“双碳目标”下开发区减污降碳路径探析

开发区是我国工业发展的主要形态和重要引擎，是碳排放的“源区”、减污降碳的“靶区”，以及绿色低碳经济的重要承载平台。碳达峰碳中和是开发区绿色发展的重要目标任务，也是义不容辞的责任。我省开发区应充分发挥供应链产业链集聚、基础设施集约、行政管理高效等优势，抢抓“双碳目标”机遇，尽快摸清碳排放家底，优化能源结构和产业结构，构建绿色自主可供的供应链产业链和产业共生网络，争做碳达峰碳中和的“领头雁”。

一、找准“双碳目标”的“牛鼻子”

1. 开发区是我国工业发展的重要载体。全国列入《中国开发区审核公告目录（2018年版）》的开发区共有2000余家（国家级开发区552家，省级开发区1991家）。商务部和科技部年报数据显示，仅国家级经济技术开发区和高新技术产业开发区占国内生产总值比重已超过23%，据估计开发区对全国的经济贡献率达50%以上。

2. 开发区是我国碳排放的重点区域。据测算，开发区贡献了全国31%以上的碳排放，随着工业企业入园率逐步提升，开发区的碳排放在全国的贡献率将持续攀升。同时，开发区还存在能源结构传统、能源设施落后等问题。从能源结构来看，燃煤占开发区能源消费总量的74%，远高于工业部门整体燃煤消费比例（56%），余热、生物质等非常规能源占比仅为2%，标准化厂房屋顶太阳能光伏发电占比仅为1%。从能源基础设施来看，我国园区能源基础设施大多患了“三高”症，即燃煤机组占比高（装机容量占87%）、小机组占比高（50MW以下数量占62%）、温室气体排放量在园区占比高（平均为75%）。

3. 开发区具备减污降碳的巨大潜力。加强节能降耗、持续推进工业减污降碳是实现“双碳目标”的关键路径。开发区在能源结构调整挖掘方面提升空间较大。开发区基础设施相对集中，通过能源供应和污染治理等基础设施共享共用和要素耦合，能够有效推动园区节能减排。初步测算，到2050年开发区碳减排潜力达51%（以2015年为基准年）。

由此可见，开发区加快经济绿色低碳转型，既是实现绿色环保可持续发展的内在要求，也是实现碳达峰碳中和目标的重要途径，开发区的减污降碳是碳达峰碳中和行动中必须牢牢牵住的“牛鼻子”。

二、摸清“双碳目标”的家底

截至2020年年底，全省共有省级以上开发区131个（其中，国家级开发区23个，省级开发区108个），贡献了全省60%以上的规上工业增加值、90%以上的战略性新兴产业产值、90%以上的高新技术产业产值和70%以上的实际利用外资，为全省经济高质量发展提供了强劲动能。其中，经营销售收入1000亿元以上开发区达8个，500亿元以上开发区达17个。近期，安徽省经济研究院就碳达峰碳中和相关情况对全省开发区进行了问卷调查，共发放问卷126份，实际回收有效问卷111份。从问卷调查情况来看，我省部分开发区虽已开展碳达峰碳中和的相关工作，工作认识和工作力度有待进一步提升。

1. 工作力度有待提升。只有6.9%的开发区正在编制碳达峰碳中和相关规划方案，16.4%的开发区计划年内启动编制，76.7%的开发区尚无编制计划。仅一半（49.1%）的开发区制定了绿色产业发展支持政策。

2. 工作机制尚不完善。17.2%的开发区建立了能源管理机制和架构，25.9%的开发区建立了企业节能减排激励机制，10.3%的开发区能定期开展二氧化碳排放量核算并公布能源消耗、二氧化碳排放信息。其中，仅有1.7%的开发区实施区域能源互联网建设，2.6%的开发区建设了能源、碳排放管理系统平台。

3. 专业知识储备不足。“碳达峰碳中和”是涉及能源、产业、生态的新兴领域，开发区在此领域专业知识尚有欠缺。调查问卷反映，在涉及2020年单位GDP能耗、单位GDP二氧化碳排放量、可再生能源在能源消费结构中的比例、热电联产比例等问题时，大多数开发区回答不清楚、不了解。

此外，从问卷反馈情况来看，园区管理精细化智慧化水平不高、环境相关统计数据可获得性不强、污染物减排和温室气体管控协同治理能力不足等问题在不少开发区普遍存在，进一步制约了开发区充分发挥降碳减排能力。

三、避免“双碳目标”陷阱和误区

长三角区域将在“十五五”中期率先实现碳达峰，因此我省的碳达峰碳中和工作应提前谋划、深耕厚植，特别要注意避免陷阱和误区，确保碳减排工作行稳致远。

1. 避免“一哄而上”。光伏、风机、新能源汽车、锂电池等新能源领域站在投资的“风口浪尖”上。开发区打造碳中和产业集群尤其要警惕头脑发热、盲目进场，政府要管住“有形的手”，结合自身优势因地制宜，实施差异化发展，避免过热投资和产业布局同质化。

2. 避免“一刀切”。要避免不分行业、不分园区载体类型、不分企业规模，简单使用单一的减排标准、指标。建议根据行业、园区和企业类型设置差别化考核标准，设定减排窗口期，加强减排政策资金扶持。联合推进碳捕集、碳封存领域共性技术研发、普及和应用，降低技术研发及应用成本，协助中小企业逐步实现“近零碳”排放。

3. 避免“单一片面”。减污降碳是一项系统工程，要改变传统能源体系中煤电油气核等各类能源相互割裂、各自发展的格局，推动“单一能源”走向多种能源的集成和融合，提供集成解决方案。打破行业之间、部门之间、企业之间、区域之间的壁垒，实现碳中和及其相关产业链的协同融合发展。

四、抓牢“双碳目标”的风口

“双碳目标”的实施，既给开发区带来转型发展的压力，也为开发区带来新产业、新模式、新业态发展的机遇，开发区应抢抓风口，率先作为。开发区要抓紧摸清家底，发挥产业链供应链集聚、基础设施集约、行政管理高效等优势，推动形成绿色自主可控的供应链产业链和产业共生网络，率先实现减污降碳，争做碳达峰碳中和的“领头雁”。

（一）提高政治站位，科学施策

各地必须提高政治站位，充分认识到碳达峰碳中和的重要性，在“十四五”规划、项目建设、投资、管理等方面，提前谋划，转变观念，将碳中和的理念贯穿始终。在推动园区碳达峰碳中和工作中应科学施策，明确目标，明晰路径、制订方案。按照绿色发展水平、经济规模、主导产业、基础设施建设状况等属性，进行分级分类，制定低碳发展分类指导路线图，明确各类开发区低碳化转型的行动重点，建立深度减排动态优化方案，明确重点部门、行业的责任清单，建立目标责任评价考核制度、年度和中期跟踪评估机制。

（二）建立统计核算系统，强化支撑

碳排放数据是研究分析园区碳减排重点领域和制定降碳具体措施的重要基础。园区层面的碳排放基础数据缺失、碳排放核算体系缺位，影响了园区对自身碳排放现状及减排形势的分析研判，阻碍了园区绿色低碳转型发展。

1. 构建统计监测制度。加强顶层设计，解决统计核算方法的可行性、统计核算范围的一致性、统计核算结果的可比性等问题，为后续全面深化园区温室气体减排工作提供基础和手段。以 2015 年为基准年，结合产业定位和结构、资源能源禀赋、经济发展规划，识别出排放存量大、排放增量大、减排潜力大、减排成本低、对达峰目标贡献大的行业、部门及重大高耗能、高排放项目。

2. 升级智慧管理平台。利用智慧园区已有安全环境监测预警平台，实时获取大气环境、水耗、物耗、能耗等数据，将园区能源消耗、环境质量监测、排污企业排放监测等多要素有机结合，实现园区减碳降耗管理业务的信息化、现代化、专业化。推动开发区综合能源管理平台建设，加快实现能源流、业务流、信息流的融合，促进园区企业节能降耗和能效提升。

3. 建立核算交易制度。编制园区温室气体核算框架与实施细则，确定系统、规范、标准的园区温室气体排放核算方法。搭建碳排放交易平台，帮助中小企业盘活存量碳资产、挖掘碳减排潜能，用市场化的碳交易机制促进中小企业减排。

（三）细化实现路径，多措并举

1. 优化能源结构。大力推广可再生能源替换化石能源，将能源结构优化重点放在光、余热、生活垃圾、生物质、风、氢等新能源上。立即启动开发区屋顶资源调查工作，全面摸清各类开发区相同类型建筑度较高区域的屋顶资源现状和光伏发电应用需求，加快屋顶光伏应用的推广。改进焚烧炉技术以提升掺烧比，大力提升垃圾、生物质、余热这三类非常规能源的回收利用率。逐步建立起以光伏、光热为主力，以天然气为过渡和调峰，以余热、垃圾、生物质为补充，以氢能为储备技术，发、调、储一体，电热联动的能源供应格局。

2. 提高利用效率。专业化、规模化的园区基础设施，可实现污染物处理能耗、排放量双降低。经测算，通过燃煤锅炉改造为燃气锅炉、垃圾焚烧炉替代燃煤锅炉、抽凝/纯凝汽轮机升级为背压汽轮机、大容量燃煤机组替代小容量燃煤机组、天然气联合循环机组替代小容量燃煤机组的5种技术综合运用，可实现二氧化碳减排8%～16%，协同减排二氧化硫24%～31%、减排氮氧化物10%～14%，节水34%～39%，单位减排成本可节省519元/吨CO_2当量（2015年可比价）。目前，我省已有93家开发区实现了集中供热或清洁能源替代，预测已减排14%～46%（受样本和模型影响，区间偏大）。“十四五”期间，我省继续加快园区集中供热设施建设，推动污水、固废集中处理设施提质增效，实现能源和污染治理基础设施共建、共享。

3. 调整产业结构。编制碳中和产业规划、产业地图等，引导产业链上下游合理布局，打通研发—转化—制造—应用等环节，构建产业生态化链条，推动产业链集约发展。积极引导人工智能、5G等新兴技术运用于汽车制造等传统产业，加强应用示范推广。实施二氧化碳捕集、利用与封存的全产业链示范项目建设，以碳的近零排放为终极目标，坚持减碳进程与转型升级相统筹。大力发展碳金融等产业，培育发展新的产业增长点，提前占据行业制高点。

4. 升级工艺技术。鼓励占全国煤炭消费总量90%左右的电力、供热、冶金、建材、化工五大传统产业通过技术创新、绿色技改，实现超低排放、超净排放。以园区清洁生产审核为契机，构建企业间的产业共生网络和绿色供应链、产业链，加强资源、物料的循环利用和梯级利用。优化园区产业布局，通过企业间多级串联、副产品交换、蒸汽—热水多级利用等合作，挖掘园区企业间的清洁生产潜力，实现废物资源化、循环化。通过能耗、物耗、废弃物排放等多项指标综合分析，筛选园区重点行业并进行综合评价，利用共性技术提升重点行业清洁生产水平。

5. 强制义务倒逼。将碳排放影响评价纳入环境影响评价体系，开展减排潜力分析、降碳措施可行性论证及方案比选。鼓励企业设置碳达峰碳中和时间表，探索实施减污降碳协同治理和碳捕集、封存、综合利用工程试点、示范。分行业设计路线图，建立有效的激励、约束机制，实现结构性减排。

（四）强化政策保障，夯实基础

1. 建立行业标准。结合本省产业结构特点，借鉴北京市做法，研究出台电力、热力、水泥、石化、工业等行业地方核算排放标准。以标准方式明确行业二氧化碳排放核算报告的范围、核算步骤与方法、数据质量管理、报告要求等，并提出具有可操作性、统一的、标准化的要求和数据收集与监测方法，构建完整的标准体系。针对碳中和领域立法、规划、标准、统计等方面的空白，开展先行先试探索，鼓励相关研究机构和企业参与低碳领域的标准化组织，增强在规则制定中的话语权。

2. 差异化价格政策。在推动开发区“标准地”改革中，在凸显亩均效益的基础上，分行业分区域设置单位增加值碳排放量约束性指标。同时，根据项目与碳中和产业的关联度设置差别化土地出让政策，以市场机制倒逼产业绿色发展。

3. 实现碳汇交易。建立碳排放总量控制下的碳排放权交易市场，探索市场化的碳资产管理和碳金融创新，开展碳排放质押融资。依托生态补偿机制，探索建立更有效的生态价值市场化实现机制，充分发挥“固碳”效应在碳市场中获得收入，提高变现能力，促进重点排放单位提升减碳意识，拓宽企业履行减碳责任的途径。

指　导：陈加林
审　稿：樊明怀
执　笔：田皓洁　张贝尔　王　珏

把握人口变迁趋势，构建我省区域发展新格局

第六次全国人口普查以来，我省常住人口平稳增长，区域人口分布持续变化，对全省经济社会发展格局带来深刻影响。目前，我省城镇化已经进入城市群和都市圈引领发展阶段。第十四个五年规划和2035年远景目标《安徽省国民经济和社会发展纲要》（以下简称《纲要》）提出，高质量建设“一圈五区”，明确战略定位，强化优势互补，增强各区域板块内生发展动力，打造安徽特色的高质量发展动力系统。因此，把握人口变迁趋势，促进人口分布与资源环境承载力相匹配，对我省全面推动长三角一体化，加快构建区域发展新格局具有重要意义。

一、国内外人口变迁的总体趋势

从世界来看，近百年来，人口规模、结构、分布及其与经济增长关系均发生了显著变化，体现了人口发展的基本规律。一是人口持续增长仍是世界人口发展基本态势。1900年到2019年，世界人口总量从16.5亿增至76.7亿。二是人类迈入老龄化和城镇化时代。19世纪下半叶，只有法国、瑞典、挪威、英国等个别国家进入老龄社会，2001年世界65岁以上人口比重提高至7.0%，世界总体进入老龄化时代；1900年世界城镇人口比重仅为13.6%，2019年达到55.7%，世界多数人口已经居住在城镇，世界进入城镇化时代。三是人口与经济增长关系发生显著变化。过去100年，世界经济增长快于人口增长，真正迈入了“后马尔萨斯时代”。四是人口地理分布发生变化。自20世纪初至今，欧洲人口地理分布占比从24.7%降至9.6%，北美洲稳定在5.0%左右，非洲占比提高至17.2%；19世纪的移民潮给美国带来了巨大的人口红利，在一定程度上成就了美国于1894年成为世界第一大经济体；亚洲人口数量年均增长9.0%，占世界人口比重增至59.5%。2020年，按购买力平价计算，亚洲经济总量占世界的份额提高至47.3%；按年平均汇率折算，我国经济总量占世界经济的比重超过17.0%，世界人口和经济重心地位更加突出。

从国内来看，1935年，胡焕庸提出黑河（瑷珲）—腾冲线即胡焕庸线，首

次揭示了中国人口分布规律。2000 年第 5 次人口普查发现，“胡焕庸线”两侧的人口分布比例与 70 多年前相差不到 2%。“胡焕庸线”东南方 43% 的国土居住着全国 94% 左右的人口，以平原、水网、低山丘陵和喀斯特地貌为主，生态环境压力巨大；该线西北方 57% 的国土供养大约 6% 的人口，以草原、戈壁沙漠、绿洲和雪域高原为主，生态系统非常脆弱。根据 2020 年第 7 次全国人口普查数据，与 2010 年相比，东部地区人口所占比重上升 2. 15 个百分点，中部地区人口所占比重下降 0. 79 个百分点，西部地区人口所占比重上升 0. 22 个百分点，东北地区人口所占比重下降 1. 20 个百分点；31 个省份中，人口增长较多的 5 个省份依次为：广东、浙江、江苏、山东、河南，前 4 名均为东部地区。长三角地区以不到全国 1/25 的土地总面积集聚了 1/6 的人口，提供了近 1/4 的地区生产总值。

从省内来看，与 2010 年（第六次人口普查）相比，我省常住人口增长 2. 57%，尽管占全国比重从 4. 44% 下降到 4. 32%，但在中部地区增长幅度仅次于河南，占比从 16. 67% 提高到 16. 73%。省内各市常住人口分布也在发生深刻变化。一是 16 个市中，仅有合肥、阜阳、亳州、蚌埠、芜湖和滁州 6 个市常住人口增加，且与地区生产总值增幅显著相关，滁州、阜阳、亳州、合肥、蚌埠增幅居全省前 5 位；合肥、阜阳、亳州、蚌埠、芜湖常住人口全省占比上升，淮南和安庆人口减少超过 30 万人，位列前两位，铜陵减少 25. 3 万人，位列第三。二是合肥成为常住人口增长最多的城市，十年增加了 191. 29 万人，增量在长三角地区仅次于杭州和苏州，位列第三，比南京多 60. 2 万人，同时合肥常住人口总量（936. 99 万人）也超过南京（931. 47 万人），占全省的比重提高了 2. 82 个百分点，比全省常住人口增量还多 38. 6 万人。合肥中心城区（四城区+三大开发区）常住人口已达 511. 8 万人，十年来增长 52. 7%，已经进入特大城市[①]发展阶段。2010—2020 年我省常住人口变化情况如图 1 所示。我省各市十年地区生产总值增幅见表 1 所列。

① 联合国通常将 100 万人口以上的城市划定为特大城市。2014 年 11 月，《国务院关于调整城市规模划分标准的通知》规定：城区常住人口 500 万以上 1000 万以下的城市为特大城市。

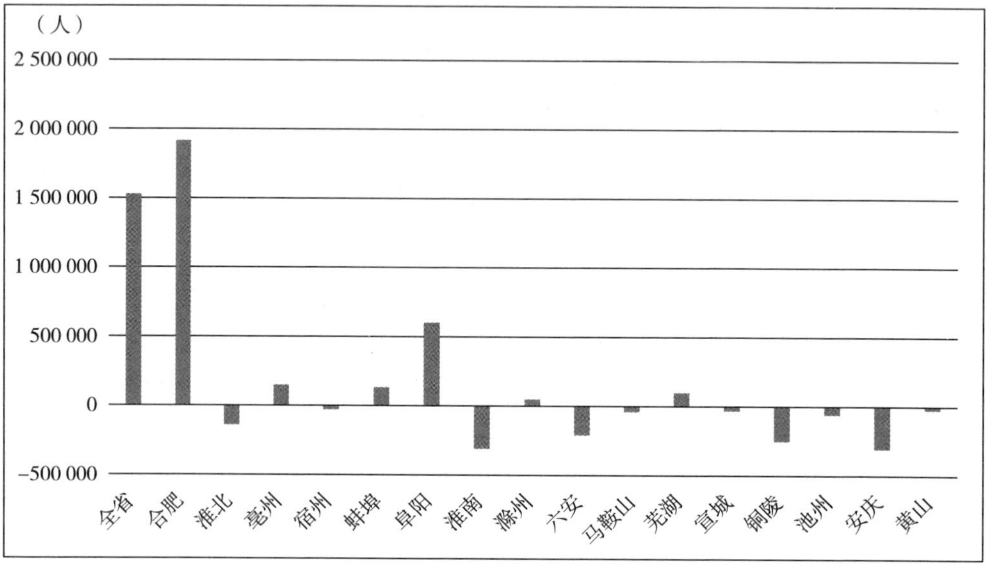

图1 2010—2020 年我省常住人口变化情况

表1 我省各市十年地区生产总值增幅 （单位:%）

地 区	2010—2020 年
滁州	335.87
阜阳	288.80
亳州	252.20
合肥	239.31
蚌埠	226.42
宿州	214.34
宣城	205.63
全省	201.58
六安	193.32
池州	188.82
安庆	184.12
芜湖	182.63
黄山	174.81
淮北	142.42

（续表）

地　区	2010—2020 年
马鞍山	121.98
淮南	88.04
铜陵	70.93

我省各市的 GDP 全省占比/人口全省占比明显分化，比值在 0.54 ~ 1.69 之间，其中合肥、芜湖、马鞍山三市最高。从人口分布与经济分布匹配的角度来看，区域差距主要由经济聚集度所决定，人口聚集度处于从属地位，促进人口在区域间的合理流动是实现区域均衡发展的有效途径。我省各市经济—人口占比见表 2 所列。

表 2　我省各市经济—人口占比

地　区	经济—人口比值
合肥	1.69
芜湖	1.62
马鞍山	1.60
铜陵	1.21
滁州	1.20
池州	1.02
宣城	1.01
黄山	1.01
全省	1.00
蚌埠	1.00
安庆	0.93
淮北	0.90
淮南	0.70
宿州	0.61
六安	0.60
亳州	0.57
阜阳	0.54

二、当前我省区域经济布局的人口支撑

党的十八大以来，习近平总书记亲自谋划、亲自部署、亲自推动重大区域发展战略，我国区域发展协调性明显增强，区域比较优势进一步发挥，区域发展差距逐步缩小。在开启全面建设社会主义现代化国家新征程之际，我省必须立足发展新阶段、贯彻新发展理念，加快形成要素有序自由流动、主体功能明显、基本公共服务均等、资源环境可承载、优势互补、高质量发展的区域经济布局，加快形成双循环相互促进的新发展格局。

（一）合芜蚌和皖江地区人口受教育程度高、劳动年龄人口多，有利于自主创新和承接产业转移示范区建设

合肥都市圈、合芜蚌自主创新示范区、皖江承接产业转移示范区包括了全省16个市中的9个市①，资源环境承载力较强、集聚人口多、经济条件较好，是我省经济发展最活跃、开放程度最高、创新能力最强的区域，其中8个市也是长三角一体化高质量发展的中心区。

9个市土地总面积占全省的55.83%，集聚了全省52.07%的常住人口，贡献了69.68%的地区生产总值②。合芜蚌自主创新示范区15~59岁劳动年龄人口比重为全省最高，其次为皖江承接产业转移示范区、合肥都市圈，劳动年龄人口比重均显著高于全省平均水平，这与近十年以来人口流入、常住人口增加有较大关联，既有利于合肥加快集聚年轻人口、缓解老龄化趋势、打造长三角副中心城市，又有利于皖江示范区延续人口红利、加快推动新型工业化和新型城镇化进程。“一圈五区”人口结构见表3所列。

表3　“一圈五区”人口结构　（单位:%）

	0~14岁	15~59岁	60岁及以上
全省	19.24	61.96	18.79
合肥都市圈	17.33	63.95	18.72

① 分别为合肥、滁州、马鞍山、芜湖、宣城、铜陵、池州、安庆和蚌埠。

② 因为疫情影响，地区生产总值采用2019年数据。

（续表）

	0～14岁	15～59岁	60岁及以上
合芜蚌自主创新示范区	17.23	65.83	16.95
皖北地区①	23.37	58.99	17.64
皖江承接产业转移示范区	15.69	65.05	19.26
皖西革命老区	18.53	60.21	21.26
皖南国际文化旅游示范区	14.97	63.25	21.78

从受教育程度人口来看，合芜蚌自主创新示范区受教育人口比重最高，大学、高中受教育人口占常住人口比重合计达到35.45%，数量占全省大学、高中受教育人口数的35.65%；其次是皖江承接产业转移示范区和合肥都市圈，分别为32.64%和31.54%。有研究表明，人才集聚对区域技术创新有显著促进作用。因此，从人口受教育程度来看，合芜蚌、皖江、合肥都市圈有明显优势，既有利于促进区域自主创新和产业转型升级，也有利于推动我省高质量参与长三角一体化水平分工与合作。“一圈五区”受教育程度人口情况见表4所列。

表4 “一圈五区”受教育程度人口情况

地区	大学（大专及以上）		高中（含中专）		合计（%）
	人数	比重（%）	人数	比重（%）	
全省	8 104 408	13.28	8 112 952	13.29	26.57
合肥都市圈	5 103 918	17.08	4 320 418	14.46	31.54
合芜蚌自主创新示范区	3 486 628	21.38	2 295 073	14.07	35.45
皖北地区	2 365 662	8.82	3 197 643	11.92	20.74
皖江承接产业转移示范区	5 141 948	18.05	4 153 072	14.58	32.64
皖西革命老区	425 442	9.68	599 213	13.64	23.32
皖南国际文化旅游示范区	2 324 888	14.13	2 154 484	13.09	27.22

① 本文指皖北六市，即淮北、亳州、宿州、蚌埠、阜阳、淮南。

（二）皖北地区劳动力后备资源丰富、人口老龄化程度低，有利于加快推动振兴发展

皖北地区农业生产条件较好，在全国优势农产品布局中属复合农产品产业带，是国家农产品主产区，有较强的农产品生产和供给能力。地区人口多、密度高。2020 年，皖北六市土地总面积占全省的 30.41%，常住人口为 2682.18 万人，占全省的 43.95%；人口密度 629 人/平方公里，仅次于合芜蚌自主创新示范区。“一圈五区”土地和人口情况见表 5 所列。

表 5　“一圈五区”土地和人口情况

地　区	土地总面积（平方公里）	人口密度（人/平方公里）
全省	140 268.9	435
合肥都市圈	61 956.2	482
合芜蚌自主创新示范区	23 423.0	696
皖北地区	42 653.8	629
皖江承接产业转移示范区	72 357.0	394
皖西革命老区	15 451.2	284
皖南国际文化旅游示范区	57 219.0	288

根据第 7 次人口普查数据，从人口结构来看，皖北地区 0～14 岁人口比重高于全省平均水平 4.13 个百分点，60 岁及以上人口比重低于全省平均水平 1.15 个百分点，老龄化程度较低；劳动年龄人口比重低于全省 2.97 个百分点，说明由于劳务输出，人口总体呈现净流出状态。皖北地区 0～14 岁人口比重大，农村常住人口多，劳动力后备资源丰富，是我省人口红利的潜力地区，有利于充分发挥农业产品供给、生态屏障、文化传承等功能，形成工农互促、城乡互补、协调发展、共同繁荣的新型工农城乡关系，加快推动乡村振兴。

（三）皖南和皖西地区人口密度低、素质高，有利于发展健康养老和文化旅游产业

根据第 7 次人口普查数据，皖西革命老区和皖南国际文化旅游示范区每平方公里常住人口分别为 284 人和 288 人。其中，黄山市和池州市分别为 136 人和

160 人，远低于全省 435 人的平均水平；高中（含中专）以上人口比重分别为 23. 32% 和 27. 22%，明显高于皖北 20. 74% 的平均水平。黄山、池州的山区生态系统脆弱，资源环境承载能力弱，是全国重要的生态功能区，不适宜大规模集聚经济和人口。“一圈五区” 人口密度如图 2 所示。

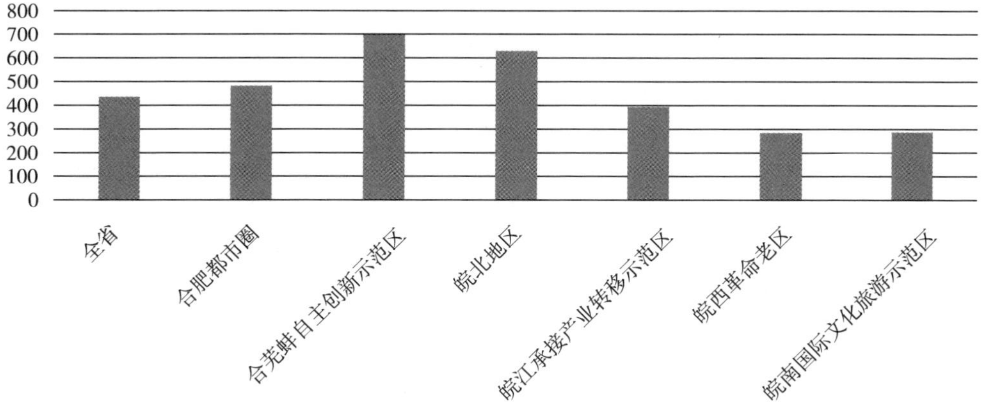

图 2　“一圈五区” 人口密度

人口密度低、受教育程度较高，有利于皖南国际文化旅游示范区和皖西革命老区发挥人文历史和红色文化底蕴深厚、自然山水资源丰富优势，积极发展红色旅游、休闲度假、健康养老产业，通过开发创意产品、体验产品、定制产品，推进生态、文化、旅游融合发展，提升科技水平、文化内涵、绿色含量，加快培育研学旅行、康养旅游等新兴业态，打造长三角高品质红色旅游示范基地和旅游康养基地，创建文化和旅游产业融合发展示范区。

三、优化我省人口空间分布的对策建议

人口流动和聚集不仅是提高经济复杂度的必要途径，也是形成参与竞争、打造核心增长极的基础要素。目前，我国新型城镇化已经进入城市群和都市圈引领发展阶段，由于区域间人口、经济及社会等发展的不平衡，城乡发展中出现城市拥挤、人口失业、大城市房价偏高、农村存在“留守”与“空巢”等人口、社会问题。在人口流动活跃的大背景下，我省推动长三角一体化发展，更需精确把控人口总量、结构和流动趋势，推动人口发展与经济、社会发展水平及资源、环境承载力相协调。

（一）引导人口有序流动，形成人口与资源环境承载力相匹配的发展格局

区域人口合理布局，就是根据不同区域的经济社会、资源禀赋、生态环境及其变化趋势，在人口、经济、产业及城市化等方面实施的政策措施，实现优化的人口均衡布局。结合我省情况，根据主体功能区规划，可按照重点开发区域、农产品主产区和生态功能区引导人口有序流动。

一是引导人口向重点开发区域集聚。人口尤其是高素质人才的聚集对区域发展具有重要意义。合肥是我省的“极化发展区域”，是省内人口迁入的首选地区，但近年来由于人口迅速增加，导致房价上涨过快，且“大城市病”开始显现。因此，要构建“多中心城市”城镇化体系，引导人口适当向“资源禀赋丰富，生态安全，发展条件好，人口承载力强”的皖江地区集中，加快芜湖省域副中心城市建设，形成省内“双都市圈”发展格局。合芜蚌等创新资源密集型城市要加快集聚高端人才，其他中小城市仍需承接劳动密集型产业，首先要扩大城市规模、提升城市效率，再统筹考虑产业高端化和人口结构优化。

二是推动农产品主产区中小城市发展。皖北六市十年来常住人口增加了1.5%，其中阜阳、淮北、宿州、亳州四市中心城区工业和生活水源主要以中深层、深层地下水为主，由于多年来的超量开采，已经形成大面积漏斗。由于水资源短缺，皖北腹地不适合大规模集聚人口。同时，工业化与城市化在吸收人口时的筛选机制使得农村人口不仅数量锐减而且质量下降，推动乡村振兴任务艰巨。因此，皖北地区应坚持点状开发，引导人口在资源环境承载力强、发展潜力大的县城和小城镇布局，积极实施现代化中小城市培育工程，加快发展劳动密集型产业、县域特色经济及农村二、三产业，成为承接农业转移人口就近市民化的主载体，构建以小城市、城镇为主体的城镇群，促进条件好的农村地区人口回归，为全面推动乡村振兴和国家农产品主产区建设提供重要支撑。

三是控制重点生态功能区人口过快下降。十年来，黄山、池州、六安等生态功能区的常住人口分别下降了1.92%、4.37%和4.59%，其中65岁以上人口比重分别为18.11%、16.74%和16.86%，明显高于全省15.01%的平均水平。劳动年龄人口外出务工，人口净流出，在一定程度上导致人口老龄化加剧。皖南和皖西地区要把保护生态环境摆在突出位置，坚持环境优先、绿色发展，提升城镇品质和功能，突出生态和文化特色，加强与周边城市的互动发展，促进人口向县城和重点城镇适度集聚，加快旅游、康养等优势主导产业发展，吸引更多年轻人

口在服务领域就业[1]，打造重要的生态文明示范区和知名的旅游观光度假胜地。

（二）探索建立省内跨区域人口迁移机制

按照人口流向和人口聚集配置资源，实现重大基础设施建设和生产力布局与人口相结合。通过建立健全财政转移支付同农业转移人口市民化挂钩、城镇建设用地增加规模与吸纳农业转移人口落户数量挂钩、中央预算内投资安排向吸纳农业转移人口落户数量较多的城镇倾斜的“三挂钩”激励机制，以及农业转移人口市民化成本分担机制，实现政策与人的结合、资金与人的结合、资源与人的结合。充分发挥市场在资源配置中的决定性作用，尊重人口迁移客观规律，更好发挥政府作用，建立健全引导人口省内迁移的相关政策，加快形成符合主体功能区要求的差异化人口流动机制，重点开发区域实行更为积极的产业和人口集聚政策，重点生态功能区实施适度的人口退出政策，制定和完善人口流入地与流出地的利益协调机制、生产力空间布局的相关规划。统筹推进土地、财政、教育、就业以及医疗、养老、住房保障等领域的配套政策，加强对重点生态功能区、农产品主产区、困难地区的有效转移支付，建立常态化的生态补偿机制。

（三）推动基本公共服务均等化

加快完善公平稳定的公共服务，满足流动人口的需求，提高社会融合能力。进一步改善县城医疗卫生、教育、养老托育、文旅体育、社会福利和社区综合服务设施。把公共基础设施建设的重点放在农村，推动乡村水、电、路、气、通信、广播电视、物流等基础设施提档升级，促进城乡基础设施互联互通、共建共享，构建布局合理、功能完备、安全高效的现代乡村基础设施体系。加快推进城乡基本公共服务均等化，促进公共教育、医疗卫生、公共文化、社会保障、养老设施等资源向农村倾斜，注重加强普惠性、兜底性、基础性民生建设，建立健全全民覆盖、普惠共享、城乡一体的基本公共服务体系。

审　稿：樊明怀

执　笔：闪　辉

---

① 根据国家统计局资料，2019 年，我国商业、服务业人员就业人数中，25～49 岁年龄段占比高达 72.1%。

关于“加快种业发展、建设种业强省”的调研报告

2020 年 12 月，习近平总书记在中央经济工作会议上明确提出，要立志打一场种业翻身仗，保障国家粮食安全。安徽是种业大省，种业市场规模、重点企业等在国内具有重要影响。近期，安徽省经济研究院协助省委办公厅，与有关部门、重点企业进行了座谈，对全省种业发展情况进行了摸排。从调研来看，目前，省内种业发展基础扎实，种质资源丰富优质、种业企业实力较强、产业创新发展加快、良种繁育推广积极。同时，我省还面临“三个没有”困境（没有上升高层面、没有举全省之力、没有发掘大潜力），以及“两缺乏两较弱”突出短板（种质资源保护平台缺乏、产业发展重大平台缺乏、创新能力仍然相对较弱、政策支持力度相对较弱）。下一步，有必要加快建设省级种质资源库、争创建设国家农业高新区、研究设立省级种业战新基地、加大种业专项政策支持力度，加快推动从“种业大省”迈向“种业强省”，全力保障国家粮食安全。

一、全省种业基本情况

安徽是种业大省，经过多年持续自主创新探索，初步形成了“种质资源+龙头企业+繁育推”全产业链融合发展布局，部分细分领域走在全国前列，部分龙头企业引领行业发展，具备了推进种业高质量发展，加快打造“种业强省”的基础条件。

（一）种质资源丰富优质

种质资源是保障国家粮食安全与重要农产品供给的战略性资源，是农业科技原始创新与现代种业发展的物质基础。安徽省地处南北过渡地带，自然资源条件优越，种质资源丰富，为种业高质量发展提供了物质保障。一是在全国地位重要。我省是全国第三次农作物种子资源普查与收集行动的重点省份之一，有国家野生大豆、野生茶叶、中华猕猴桃等农业野生植物原生境保护点 13 个，占全国的 6%。二是资源量大质优。我省目前全省保存种子资源约 6 万份，入国家种质库资源 6391 份，包括水稻抗稻瘟病的“鸡爪籼”、小麦抗干热风的“西南成”

等地方品种，霍山县“杨三寨神”韭菜被认定为2019年全国农作物种质资源普查与收集十大重要发现之一。三是资源类型较多。我省建有水稻、油菜、玉米等种质资源中短期低温库，茶叶、果树等园艺作物种质资源圃，涵盖主要农作物种质资源类型。

（二）种业企业实力较强

近年来，省内种业企业加快发展，涌现出一批行业龙头企业，在国内外影响力逐步提升。2019年，省内种业市值总额居全国第3位，种业企业数量、总资产、净利润分别居全国第7位、第5位和第4位。一是种业企业数量较多。目前，农作物种子持证企业有236家、占全国的3.7%，其中农业农村部核发全国育繁推一体化企业有10家、占全国的9.3%；种畜禽企业达326家、占全国的4.2%。二是优质企业加快成长。拥有两家上市公司，合肥丰乐种业、荃银高科分别为主板和科创板种业第一股。其中，荃银高科位居全国水稻种子企业第2位、农作物种业综合实力第6位，合肥丰乐种业位居全国玉米种子企业第9位。同时，涌现出安欣牧业、皖垦种业、安徽隆平、安徽华成等一批在国内具有较大影响力和竞争力的种子企业，安欣牧业位列全国种羊企业第2位，皖垦种业、安徽华成分别位列全国小麦种子企业第5、第7位。

（三）产业创新发展加快

“十三五”以来，种业创新投入持续加大，产业创新平台加快建设，产业创新成果持续推广，省内种业创新水平得到显著提升。一是种业技术投入快速提升。“十三五”期间，种业企业科研投入由2015年的1.5亿元增加至2019年的3.5亿元；支持生物育种领域重大专项67个，带动企业研发投入超2亿元。二是种业创新平台加快建设。布局了一批创新基地平台，其中省重点实验室5家、省工程技术研究中心12家；安徽省农科院拥有农业农村部作物生态环境安全监督检测中心（合肥）、科技部水稻分子育种国际联合研究中心等14个部级科技创新平台。三是种业创新成果加快涌现。2019年，省内种业专利申请量、授权量居全国第3、第7位。近五年共审定水稻、小麦、玉米等主要农作物品种487个，两优688、皖稻153等一批高产优质、广适多抗的新品种成为国内水稻、小麦大田生产商的主导品种；成功培育8个国家级、10个省级畜禽新品种，畜禽种业创新实现重大突破进展。

（四）良种繁育推广积极

良种“繁育推”是种业发展的重要保障，是优质品种走向市场化的必由之路。安徽在良种“繁育推”方面走在国内前列。一是形成良好的企业支撑。目前，安徽“育、繁、推一体化”种业企业达到10家。其中，荃银高科是首批中国农业对外合作百强企业，是全国拥有商务部农业技术援外项目实施资质的两家农业企业之一，出口覆盖20多个国家和地区，年出口种子5500多吨。二是形成良好的基地支撑。建有省级以上区域性良种繁育基地15个（其中，国家级区域性良种繁育基地4个）、繁育面积达16万公顷，分别占全国的13%和14%。三是形成良好的资源支撑。优质的种质资源较好助力良种“繁育推”，如利用地方特色资源培育的涡阳薹干菜、南陵紫云英远销日韩等国；发挥资源优势，每年培育并推广的主要农作物品种约50个，“丰两优”“荃优”等系列品种成为全国主推品种。

二、值得关注的问题

全省种业发展成绩显著，但与打好种业翻身仗要求相比，与周边种业大省、强省相比，总体上还面临“三个没有”困境。一是“没有上升高层面”。仅仅依托重点研究单位、重点企业推动发展，明显缺乏国家层面的大平台。二是“没有举全省之力”。产业发展缺少省级层面专项政策支持，特别是“三重一创”等重大产业政策专项支持偏少。三是“没有发掘大潜力”。省内种业基础扎实，增长空间潜力有待充分挖掘。具体短板主要表现为“两缺乏两较弱”。

（一）种质资源保护平台缺乏

农作物种质资源是农业科学原始创新、作物育种创新及生物技术产业发展的重要物质基础，建立种质资源库是推动种业发展的物质条件基础，是种业发展的综合竞争力之一。我省种质资源丰富，但资源保护基础条件相对薄弱，省级种质资源保护平台建设明显滞后于周边多数省份，是粮食主产区中为数不多的没有省级种质资源保护平台的省份。如江苏，2008年便建成“江苏省农业种质资源中期库”，河南建有“国家区域性（河南）农作物种质资源保护利用中心库”，湖北建有“湖北省农作物种质资源中期库”，江西2021年启动建设“江西省农作物种质资源库”。

（二）产业发展重大平台缺乏

重大产业平台是推动种业企业集聚、实现产业高质量发展的重要力量，影响地方种业发展快慢，是地方种业综合竞争力的主要体现。目前，省内对种业发展引导相对不足，缺乏重大产业园区基地等平台布局，特别是国家级、省级产业发展平台，成为当前发展的突出短板，与周边省份相比尤其突出。例如，河南获批国家唯一一所以生物育种为主体的“国家生物育种产业创新中心”，还建有周口国家农业高新技术产业示范区；湖北2020年获批建设武汉国家现代农业产业科技创新中心；江苏南京获批国家现代农业产业科技创新中心和国家农业高新技术产业示范区。

（三）创新能力仍然相对较弱

近年来，省内种业科技创新进步显著，但在综合水平、基础理论、原始技术创新等方面差距明显。种业创新应用方面，国外种业已经进入“常规育种+生物技术+信息化”的“育种4.0时代”，省内还处在以杂交选育为主的“2.0时代”，多数企业尚未成为技术创新主体，80%以上的种子企业没有育种能力，或育种技术落后。技术创新工具短缺，世界种业正迎来以基因编辑、人工智能等技术融合发展的新一轮科技革命。此外，人才支撑不足，中高端种业人才缺乏；同时，缺乏灵活的人才激励机制，高层次人才流向外省严重。

（四）政策支持力度相对较弱

省内支持包括种业在内的战略性新兴产业普惠性政策较多，但专项性支持政策偏少。合肥提出打造“种业之都”，出台了推进现代农作物种业发展的指导意见；省级财政每年安排种业专项资金2000万元支持种业发展，2021年追加到1亿元，但明显滞后于现实需求。南京农高区对成功上市的种业企业分段给予最高1000万元奖励，合肥对首发上市科创板的种业企业给予200万元的一次性奖励，力度明显较弱。长沙提出打造“种业硅谷”，对新批准组建的国家级、省级和市级创新发展平台，给予200万元、100万元、50万元支持，合肥缺乏对种业创新平台建设的专项支持。

三、对策建议

当前，推动种业高质量发展要求高、任务重、时间紧，有必要发挥优势，聚焦问题短板，加快打造“三大平台”，提升两方面政策力度，综合施策，加快建设“种业强省”，保障国家粮食安全。

（一）建设省级种质资源库

充分发挥我省种质资源丰富的优势，尽快组建安徽省农作物种质资源研究中心，建设一座功能齐全的省级农作物种质资源库（中期库），实现省内农作物种质资源集中保存保护和共享共用。加大对地方特色种质资源的保护力度，强化种质资源深度鉴定、优异基因发掘和新种质创制。同时，配套完善省内资源场、区、圃，夯实种业创新资源基础，为种业创新发展提供种质资源条件。

（二）争创打造国家农业高新区

对标国家农业高新区建设要求，大力支持合肥等有条件地区加快打造国家农高区。以国家农高区建设为导向，发挥创新优势，加快智慧农业建设，强化种业生产各环节技术创新，发展大数据、物联网、无人机等，全面提升种业科技水平；推进种业产业化水平提升，扶持一批“繁育推”一体化龙头企业。着力推动智能农机建设，实现“播种、施肥、植保、收获”智能一条龙，为种业高质量发展提供优质产业环境，加快实现种业高质量发展。

（三）研究设立省级种业战新基地

借助合肥种业龙头企业集聚优势，支持合肥围绕种业建设省级战新基地，壮大产业集聚规模。积极支持骨干种业企业申报建设省重大新兴产业专项和重大新兴产业工程。积极组建一批高层次种业团队，打造一批高水平种业新型研发机构，保护一批具有地方特色的优质种质资源，培育一批具有自主知识产权的新品种，攻克一批突破性关键核心技术，壮大一批具有核心竞争力的种业企业，积极争创国家生物育种产业创新中心，带动形成战新产业集群，加快把合肥打造成为名副其实的国内“种业之都”。

（四）激发种业企业机构人才活力

依托省内重点高校研究机构，打造种质资源的鉴定评价挖掘利用、生物性状鉴定与测试等公共平台，建设省级农作物、畜禽、农业微生物种质资源保护与利用中心，建设安徽省生物育种研究院，为种业人才发展提供一批先进的创新场所。遴选一批省内种业领域领军人才，认定一批优质示范企业，鼓励企业加强技术创新。创新体制机制，研究出台鼓励种业人才流动办法，打破科研院所和企业界限，加快打通高校、科研院所、企业间人才流动通道。

（五）加大种业专项政策支持力度

在市场主体、科研机构等方面，加大政策支持力度。鼓励合肥比照“长沙·中国隆平种业硅谷”系列政策，设立种业专项资金，用于支持科技、人才、用地、融资等方面发展。加大对种业基础研究、科创平台和创新团队建设、南繁基地建设等方面的投入。在省“三重一创”政策中加大对种业发展的支持力度，引导上马一批引领行业技术创新的重大专项、重大工程，代表国家层面突破一批种子安全“卡脖子”技术，以高质量发展保障国家粮食安全。

指　导：樊明怀

执　笔：余茂军　窦　瑾　张淑娟

抢抓政策窗口期恢复
推动旅游业高质量发展

旅游业占全省经济总量的5.5%左右，叠加高度关联的文化产业，共占全省经济总量的10%左右，且延展性很强，涉及一二三次产业，既是拉动消费增长的直接动力，也是促进产业升级的重要切口，还是吸纳居民就业的重要领域，已然是国民经济中的战略性支柱产业。2020年疫情突袭而至，整个旅游业受到涤荡式洗牌，短期冲击十分惨重，同时人们生活方式、消费方式特别是旅游方式也发生潜移默化的改变，长期影响重大。随着疫苗接种普及程度大幅提高和居民收入稳定增长，多项政策效应叠加释放，旅游业有望在2021年下半年持续恢复，并在中长期保持快速发展。因此，我省要把握新趋势，用好“窗口期”、下好“先手棋”，谋深一层、走远一步，抢先机、开新局、迎高潮。

一、后疫情时代旅游业发展新趋势

经过前所未有的疫情冲击，在系列政策大力支持下，旅游业发展模式、产业形态、产品供给、空间分布、服务保障等出现了新变化、新特征，一些长期性趋势正在加速演进。

1. 国内旅游恢复弹性较强。大部分国际游尚未恢复，城市休闲和乡村度假更趋欢迎，乡镇居民参与比重稳步提高，带动旅游市场快速复苏、强劲释放。文化和旅游部数据显示，“五一”假期乡村居民出游率达14.3%。“五一”、端午节假期，全国国内旅游出游人次分别恢复至疫情前同期的103.2%、98.7%，国内旅游收入恢复至77%、74.8%；我省出游人次分别恢复至106.1%、98.9%，旅游收入恢复至91.7%、80.7%，均大幅好于国际市场。

2. 新兴旅游替代效应明显。疫情防控常态化条件下，进一步推动私家车保有量和异地租车便捷度提高，游客更注重个性化差异化和舒适度安全感，自驾游、房车游、家庭游持续升温，本地及周边游占比较高。“五一”假期，合肥市野生动物园游客接待量处于饱和状态，金寨县第二届中国红岭公路大会吸引各地房车 130 多辆，“皖南川藏线”等经典自驾线路节假日车流量大幅增加。

3. 智慧旅游科技赋能突出。以智慧旅游为核心的现代旅游体系加快建设，在线推广、视频直播、IP 化塑造、网络预约改变了旅游资源供需双方信息对接方式，大数据监控实现精准引流、智能检票系统实现景区畅行、移动支付设备实现快捷交易、商品快递服务实现直接到家，游客更加重视价值和品质，旅行社服务模式加快向定制化转型，酒店式公寓、高端民宿和线上线下结合式购物明显增多。

4. 融合文旅产品需求大增。高规格、大规模的文化旅游综合体、文旅小镇加快推动了关联资源整合，游客更倾向于集游玩自然景观和体验文化韵味于一体，沉浸式、体验式的红色游、研学游等新业态发展较快。“五一”假期，安徽博物院日均观众量同比增长 335%，恢复至 2019 年同期的 133.8%，黄山黟县《宏村 · 阿菊》演出节假日场场爆满，黄山市岩寺新四军军部旧址纪念馆、明光市三界军旅小镇等景点接待量倍增。

二、旅游业发展中存在的主要堵点

尽管我省拥有丰富珍贵的旅游资源，但面对新形势，旅游业恢复和发展中仍面临一些困难挑战，其中既有总量性制约，也有结构性矛盾，既有市场发展不充分的弱项，也有规划政策引导不到位的落差。

1. 旅游业态不够丰富。产品和服务类型相对偏少，内容设计感不足，对终端消费环节带动作用不强。2019 年，入境安徽过夜游客人均天花费为 204.48 美元，比全国水平低 26.58 美元，居全国第 20 位、长三角末位、中部第 5 位。旅游产业单一化发展比较突出，倚重于传统优势，缺乏构建产业新赛道的思维，对加强与会展、研学等新业态开放合作、跨界融合的新优势把握不足，“+旅游”模式尚未形成。以黄山风景区为例，门票收入仍占旅游总收入的 30% 左右，既缺少《张家界千古情》大型歌舞秀等精彩演出项目，也缺少类似于武汉黄鹤楼景区推出的“黄鹤楼雪糕”等“爆款”。

2. 旅游服务参差不齐。个性化、舒适化、智能化不够，有的景区住宿条件大众化，缺少高端民宿、特色房型，特别是随着消费下沉，乡村游配套的酒店、餐馆管理水平低。2019 年，全省拥有星级饭店 268 家，比浙江、江苏分别少 260 家、140 家，在中部地区明显少于河南、湖北、江西、湖南。其中，五星级饭店占比仅为8.6%，比全国水平低0.6个百分点，比上海、江苏、浙江分别低28.3、10.3、6.6个百分点。服务标准化程度有待提升，一些景点旅游标识建设较为随意，连续性较差，游客难以理解。多数景点科技赋能不足，线上预约、线上讲解、实时导航、设施查找和游览线路推荐等服务不够，酒店刷脸入住的端口难以获取。

3. 基础设施仍有短板。与通达旅游城市的“大交通”“快交通”相比，直达景点的交通“微循环”明显不足，景点之间一体化交通发展较为滞后，公共交通不够发达，这也为“黑车”出现提供了土壤和条件。节假日期间，一些“网红”景点在旅游高峰时段交通拥堵问题突出，存在一些安全隐患。有的景区周边停车场建设不足，难以适应近年来日益增多的自驾游需求。山岳型景区普遍缺少价格适宜的短距离交通工具，游客通达难度较大。比如，某地4A级景区，从县城过去还需经过一段被毁损的柏油路和一段沙石路。

4. 旅游资源开发不足。分散状况仍较突出，规划、开发、宣传、运营统筹不够，一些景点地理上相近，但由于缺少有效整合，同城、相邻城市之间景点缺乏良好互动，综合旅游线路规划、推广不力，导致深度游的能力不足。2019年，全省旅行社接待国内游客人均2.17天，比全国水平低0.22天。大多数旅游景点依赖于自然风光，资源拓展不足，产业链短、生态圈小的瓶颈制约明显，对游客缺乏吸引力。2019年，全省5A级旅游景区平均吸引游客310.6万人，比全国平均水平少121.1万人，居长三角末位、中部第3位。

5. 经营主体实力不强。尽管黄山、九华山等大型景区为集团化运营，但与其他景区关联度不高，更多景区运营主体小、散、乱，餐饮、住宿等行业多为个体经营，彼此低价竞争、服务难有保障，购票、用餐等方面经营优惠措施衔接不畅。有的国有旅游集团公司“主业不主”，没有发挥国有企业对旅游资源的综合经营优势。2020年，黄山市星级饭店营业收入仅为3.34亿元，相当于同为全国重点旅游城市南京、苏州、杭州的10.1%、15.3%、10.2%。

三、加快促进旅游业恢复和高质量发展的对策建议

“十四五”时期乃至未来一段时间，是我省加快打造“三地一区”关键时期，推动全省旅游业快速恢复和高质量发展十分重要。总的考虑：以习近平新时代中国特色社会主义思想为指导，准确把握新发展阶段、全面贯彻新发展理念、

服务于构建新发展格局，抢抓政策强劲供给的窗口期，以全域旅游为方向，以高端品质为引领，以旅游强省为目标，以体制机制完善为保障，加强资源整合提升，推动多元融合发展，优化提升产品服务、品牌标识、生态环境、市场主体、规划政策，快速恢复市场元气，培育壮大和延伸完善现代旅游业体系，形成经济社会发展和综合实力竞争的强大支撑和重要支柱。

突出把握好四个方面：一是坚持大战略思维。牢牢把握扩大内需这个战略基点，把发展旅游业摆在拓展高端消费和扩大有效投资的最佳结合部进行考量，顺应消费需求发展趋势，加强项目谋划实施。二是坚持高标准保护。牢固树立绿水青山就是金山银山的理念，把保护生态环境作为旅游业发展的根本立足点，统筹发展和安全、保护和利用，做强优势、做大本钱、做足实力。三是坚持高质量供给。紧紧围绕“旅游+”“+旅游”，大力发展大众旅游、智慧旅游、休闲旅游、乡村旅游、红色旅游，提供更多样的产品、更优质的服务、更深度的体验，打造更多安徽品牌。四是坚持高效率驱动。充分利用高科技，推进旅游业向数字化、网络化、智能化转变，提高资源要素配置效率和公平性，提升市场监管能力，增强游客体验感、获得感和幸福感。重点实施以下六大工程：

1. 实施文旅融合工程，擦亮“金字”招牌。坚持以文塑旅、以旅彰文，研究制定促进文化和旅游业融合发展的专项规划及政策措施，注重与国家公园、自然保护区、风景名胜区、地质公园、森林公园、湿地公园、水产种质资源保护区、矿山公园、水利风景区等各类自然保护地统筹衔接。充分挖掘皖南徽文化、大别山红色文化、皖北老庄文化等特色资源，集中力量建设5～6条世界级精品主题文化旅游带，邀请国内外一流设计团队，逐条编制高标准的发展规划和建设方案，系统考虑沿线景区景点、文化要素、交通设施、综合配套等布局，做到统一规划、统一建设、统一主题、统一标识、统一管理、统一运营“六个统一”，真正串点成线、聚散成团，形成拳头产品、王牌效应。加强传统优秀文化研究和开发，设立一批研究中心、特色博物馆，推出一批具有深厚内涵、体现时代精神、符合当代审美的文艺剧目和实景演出。

2. 实施产品创新工程，拓展“示范”空间。依托皖南国际文化旅游示范区建设，大力发展会展旅游，支持黄山市打造国际会展城，建设国际徽文化交流中心。拓展研学旅游，推出农耕民俗、红色教育、水墨江南、传统国学、非遗体验等主题研学路线，支持建设一批中小学研学实践教育基地。促进体育旅游，谋划打造环巢湖自行车赛、黄山山地马拉松赛等品牌赛事，用好自贸试验区政策，积极发展航空旅游产业。发展工业旅游，依托工厂、工业遗产项目，建设一批省级工业旅游基地和工业旅游试点企业。支持发展夜间经济，融入文化元素、地方特色，建设一批夜间经济示范街区。开展等级民宿创建，引导建设一批文化主题民宿，打造一批精品民宿集聚区。促进“皖货”进景区，支持文创和旅游产品研发，推出一批徽派文化符号“伴手礼”，引导景区、游客集散中心等建设平价店，设置地产品、专卖产品上架比例，完善邮政快递网点和设施布局。推进“徽菜”标准化，支持创建一批非遗品牌。

3. 实施数字赋能工程，畅享“皖美”体验。加快完善智慧旅游公共服务平台，优化提升“皖游通”功能，深度整合利用数据资源，为游客提供一站式服务，做到“一键查找、一键评价”。充分运用人工智能技术，精准实施疫情防控，扎实推广“一脸游”，实现刷脸入园、刷脸入住、刷脸支付等。打造一批示范智慧旅游景区样板，建设一批示范性智慧旅游厕所。开展以新媒体为主的全案、精准营销，高品质开发一批“网红”打卡点，组织“V眼看安徽”等活动，全方位、多角度、趣味性地讲好“皖美”旅游故事。研究布局未来旅游，突出绿色发展、人性化高品质服务、未来科技运用等要素，推动业态跨界融合、产品迭代升级，探索打造智慧化程度高、体验感好、管理效率佳的未来景区、未来度假区、未来小镇、未来酒店、未来民宿等。

4. 实施环境优化工程，营造“安心”氛围。畅通沪苏浙、贯通周边省，建设“快进”交通网，高标准打造一批旅游“1号公路”，推动国家5A级景区、国家级旅游度假区半小时上高速、1级以上公路全面通达，国家4A级景区、省级旅游度假区便捷畅通，实现机场、高铁站、客运站、码头等到主要景区交通无缝直连，力争“零”换乘。打造“慢游”风景线，优先支持景区村镇“四好农村路”建设，建设“乡村畅游”专线，完善骑行、步行绿道网，升级旅游交通标识系统。国省干线公路和景区公路增设一批观景台、自驾旅居车营地等，提高高铁站、高速服务区等旅游休闲功能。加快第三卫生间、“潮汐”厕所建设。全面推广旅游购物“30天无理由退货”，在5A级景区、国家旅游度假区游客中心设置矛盾调解、消费者权益保护专台，提高投诉受理率和办结率。

5. 实施活力激发工程，建设“兴业”热土。强化与长三角、中部地区的旅游战略合作，加大“双招双引”力度，鼓励各地用好组合政策，引进国内外知名文化旅游企业、跨界资本和管理服务品牌。探索开展一地一集团化运作，通过直接投资、参股控股、兼并重组等方式，推动小景点免费开放、大景点套票优惠。深化旅游景区经营权和所有权“两权”分离改革，进一步明晰产权属性。强化用地要素保障，用好农村集体土地入市政策，农村集体经济组织、农户利用闲置房屋发展乡村旅游产业的可以保持原土地用途、权利类型不变。鼓励金融机构支持企业抵（质）押建设用地使用权、林权等，探索开展收费权、经营权以及在建项目抵（质）押业务，开发知识产权、应收账款、艺术品等质押融资产品，引导社会资本投资旅游业。

6. 实施消费引导工程，编制“正向”目录。依据纳入财政部党政机关会议定点场所管理信息系统的酒店情况，省级有关部门推出全省性党政机关会议定点场所目录，黄山市、池州市推出市级目录，并通过主流媒体加强宣传推荐。各级领导干部带头落实带薪休假制度，鼓励开展职工疗休养活动，倡导机关企事业单位在省内开展疗休养，编制并发布包含民宿、特色小镇、旅游景区、工人疗休养院等在内的疗休养目的地推荐目录。

审　稿：樊明怀

执　笔：陶宗华　阮华彪　韩　健

杨大伟　陆贝贝

“第十二届中国卫星导航年会”观点综述及相关思考

2021年5月底，“第十二届中国卫星导航年会”在南昌召开。会议邀请全国卫星导航领域400多名专家，围绕“时空数据，赋能未来”主题开展讨论。总结专家观点意见，准确把握北斗产业发展的新形势、新任务和新要求，对我省加快培育北斗产业具有指导意义和借鉴价值。

一、新进程：北斗进入产业化发展新阶段

国家卫星导航系统管理办公室副主任陈谷仓做了“北斗应用推广与产业化总结及下一步规划总体考虑”专题报告，回顾了北斗产业化发展成效和经验做法，提出新时代北斗产业化发展趋势。主要观点如下：

（一）北斗产业化取得显著成效

一是应用基础产品自主可控。在国家北斗专项牵引下，我国构建射频、基带、天线、板卡等完整的卫星导航基础产品谱系，为大规模市场化提供技术支撑。目前14纳米工艺芯片已基本成熟，短报文通信实现信息互通。截至2020年年底，国产北斗兼容型芯片及模块销量已超过1.5亿片，具有北斗定位功能的终端产品保有量超10亿台套。二是北斗产业链逐步建成。北斗已大规模嵌入手机、车载导航、可穿戴设备等大众消费产品中，形成“芯片—模块—板卡—终端和运维”完整产业链条。2011年来，全国卫星导航与位置服务产业产值年均复合增长24%，2020年达4033亿元。三是北斗产业支撑体系日趋完善。成立全国北斗卫星导航标准化技术委员会，发布国家标准32项、专项标准56项。建立北斗基础产品认证中心，北斗基础产品质量认证体系逐步完善。

（二）北斗产业化主要举措

一是构建协调联动机制。成立中国卫星导航系统委员会，定期会商研究产业化重大问题。采取条块结合方式，联合批复、联合实施，通过示范项目与各类规划计划和政策标准紧密衔接，共同推动北斗产业化发展。二是探索“以用促建”推广方式。建立工程建设与应用推广良性互动机制。批复建设28个北斗行业和

区域性示范工程，以示范建设助推北斗产业化落地。三是建立“竞争择优”培育机制。在北斗应用示范和系统建设中，采用实物比测和方案评审相结合方式，构建动态竞争机制，激发各类主体活力，遴选优秀产品、培育优质企业。

（三）北斗应用发展进入新阶段

一是北斗迈入全球服务时代。2020 年 7 月 31 日，习近平主席向世界宣布北斗三号全球卫星导航系统正式开通。目前在轨服务北斗卫星共 45 颗，已在“一带一路”近 40 个国家应用。依托成熟基础产品和解决方案，北斗将获得更大的海外市场和海外应用。二是北斗技术创新迎来重大突破。以 PNT（导航定位和授时）系统建设和通信导航遥感一体化等为主线，时间空间、天基地基、室内室外等技术融合创新迎来重大突破，将极大丰富北斗高性能终端产品谱系和服务体系。三是高精度大众服务应用广阔。随着 PPP（精密单点定位）等技术的成熟，亚米级、厘米级定位技术不再局限于专业和军事领域，高精度定位将在精准农业、智能网联汽车、智慧物流、无人系统等大众化领域衍生出众多应用场景。四是“+北斗”产业发展空间巨大。北斗系统与物联网、无人驾驶、人工智能、5G 等新一代信息技术融合成为产业发展重要方向。据统计，我国卫星导航产业核心产值与“+北斗”关联产值比例为 1∶2.11，距离全球平均值 1∶3 尚有较大差距，“+北斗”产业具有较大提升空间。

二、新任务：推动北斗产业高质量发展

国家北斗应用产业发展研究中心和中咨公司研究人员分别做了“北斗产业应用发展政策解读”“北斗产业生态分析及发展建议”等专题报告，梳理北斗产业发展重大政策和重要规划，总结“十四五”北斗发展目标思路和重点任务。

（一）北斗产业化发展政策梳理

一是中央决策和国家政策层面。习近平总书记指出，“2035 年前将建设完善更加泛在、更加融合、更加智能的综合时空体系”。国家“十四五”规划纲要明确提出“深化北斗系统推广应用，推动北斗产业高质量发展”的总体要求，将北斗产业化应用作为制造业核心竞争力提升的重要手段。二是国家部委相关政策层面。国家发改委、工信部、交通运输部、水利部、国资委等国家部委也加快制定北斗产业化应用相关规划。提出突破北斗芯片关键技术，推进北斗短报文和北斗高精度应用，构建北斗

应用基础设施共用共享体系，加快重点领域国产替代和行业全覆盖等工作任务。

（二）“十四五”北斗产业化目标思路

一是主要目标。“十四五”时期应紧抓北斗全球服务的战略机遇，发挥新型举国体制优势，大力推动北斗应用产业化发展，力争到2025年我国卫星导航与服务产业产值比2020年翻一番，突破万亿元，实现北斗应用更高质量、更高效率和可持续发展。到2035年前建成更加泛在、更加融合、更加智能的国家综合定位导航授时体系。二是主要思路。相关专家将“十四五”时期北斗产业发展主要思路总结为“两抓一推”，即抓好政策法规、标准规范、知识产权、投融资环境等生态保障建设，抓好基础产品、基础技术、基础平台等共性技术研发，大力推动行业、区域、大众、海外的规模化、产业化和特色化应用。

（三）“十四五”北斗产业化重点任务

一是强化基础产品研发和关键技术攻关。围绕高精度、抗干扰、多元融合等新的市场需求，积极研发下一代北斗基础产品。持续强化北斗质量认证体系建设，加快北斗基础产品性能提升、型谱优化升级和更新换代。二是推进重要行业领域北斗替代应用。在涉及国家安全的关键行业和重点领域，研究制定北斗替代政策和路线图，确保国家信息安全。在大众应用领域，积极鼓励北斗作为智能终端标准配置，扩大北斗应用覆盖范围。三是加快北斗产业融合创新。加强北斗与战略性前沿技术融合，推动北斗与智能网联汽车、5G、物联网、大数据、智能制造等产业融合，培育壮大一批“+北斗”“北斗+”新兴产业。四是不断完善北斗基础共性服务平台。加强北斗高精度增强服务系统建设，升级形成北斗地基增强系统全国“一张网”。建设北斗短报文通信业务平台，推动短报文通信业务市场化运行。五是强化产业化保障机制。加强顶层设计和部门间统筹联动，开展北斗应用动态监测评估，构建高效协调的产业化发展组织机制。持续完善北斗相关标准建设，构筑并运营北斗专利池。六是加快全球战略布局。依托央企等海外工程建设实现“借船出海”，开展国际化、本地化改造，建设若干标杆性典型应用项目。加快北斗核心知识产权全球布局，加强北斗标准与国际标准兼容衔接，健全海外知识产权纠纷预警防范机制，为北斗走出去提供法律保障。

三、新平台：北斗产业园典型发展模式

据不完全统计，全国共有北斗产业园53家，分布在全国19个省市，其中已

建成并规模化运营的19家，北斗产业园已成为北斗产业化发展的重要载体。本次论坛设置北斗产业园发展分论坛，交流北斗产业园建设模式路径。

（一）上海西虹桥——搭建专业化应用场景

中国北斗西虹桥基地位于上海虹桥商务区，是国内首个正式运营服务的北斗产业园区。该园区通过搭建无人驾驶汽车、精准农业、高精度测绘、地灾监测等一系列北斗规模化应用场景，为相关创新成果提供仿真模拟、算法验证和产品测试等场景共生服务，为初创企业和创业团队解决实景测试难点痛点，以此吸引相关项目落地孵化。目前，西虹桥基地已集聚数百家北斗相关企业，仅2020年新开办企业就达136家，构建以华测等龙头企业引领的梯队式发展模式，形成从芯片到终端和服务的全产业链布局，实现年产值近40亿元。

（二）长沙北斗特色产业园——产教深度融合发展

2018年，长沙高新区获批“国家（长沙）北斗特色产业园区”，该园区针对北斗应用型人才不足和创新资源分散等痛点，联合长沙北斗产业安全技术研究院及中南大学、湖南大学等10所高校打造“北斗+众创空间集群”子空间，积极开展人才联合培养、项目合作创新、成果转移转化等领域合作，形成“培养+就业+创业”深度融合发展模式。2020年，长沙高新区航空航天（含北斗）全产业链产值有望突破100亿元。

（三）南京北斗产业园——打造细分领域特色园区

南京北斗产业园深耕“北斗+精准农业”，大力推进农机智能装备、农机精准作业系统、农机调度管理、农业物联网等领域创新成果落地转化。截至2019年年底，南京已集聚“北斗+”农业细分领域规模企业近百家，实现卫星应用产业产值约300亿元。

四、新愿景：我省北斗产业发展的几点思考

基于中国卫星导航年会部分核心观点，安徽省经济研究院针对我省北斗产业发展形成以下几点思考。一是我省发展北斗产业有基础。我省科教和创新资源丰富，中科大、安理工、安农大、中科院、38所等相关高校和科研院所已具备一定的北斗相关技术研究基础和人才培养能力，北斗卫星导航位置服务数据中心安徽分中心、安徽省北斗精准农业信息工程实验室等一批基础性平台已初步建立，

并在“北斗+精准农业”“北斗+智慧矿业”等领域开展应用探索。二是我省发展北斗产业有需求。北斗产业与我省重点发展的产业高度关联，是智能网联汽车、智能家电、高端装备制造的产业链上游基础支撑，也是集成电路、人工智能、大数据云计算等产业下游拓展延伸。发展北斗产业有助于我省战略性新兴产业强链补链延链。此外，卫星导航作为数字经济的重要发展方向，也将为我省数字经济发展带来新的增长。三是发展北斗产业时不待我。目前京津冀、沪苏浙、珠三角等地已形成较完善的北斗产业体系，具备明显先发优势。江西、山东等地也相继加大北斗产业支持力度，发展速度较快。我省北斗产业起步晚、规模小、实力弱。以此次年会为例，参展的227家北斗相关企业中，仅有1家安徽企业。在北斗全球组网和国产替代两大背景下，“十四五”期间将迎来北斗产业化快速发展的风口期。我省必须抢抓发展机遇，实现北斗产业弯道超车。

关于发展北斗产业的相关建议如下：一是加强顶层设计。尽快成立北斗产业发展领导小组和专家咨询委员会，出台支持北斗产业发展的政策和规划，集聚北斗产业化政策资源、创新资源和要素资源，统筹推进北斗产业发展的各项工作。二是应用示范促产业发展。积极争取并高质量实施国家北斗综合应用示范项目，聚焦绿水青山、乡村振兴和国防动员等领域做好北斗技术融合创新、终端研发和应用推广，以示范项目建设为契机培育省内北斗应用市场，孵化壮大相关企业。三是加强“双招双引”。围绕北斗产业链核心环节、北斗产业与我省新兴产业衔接关键环节，积极招引细分领域头部企业、支撑性服务平台和产业运营管理平台。瞄准国内外北斗导航相关高校和研究机构开展招才引智，重点引入拥有通导遥一体化、高精度导航、室内外导航融合、PNT体系建设等前沿领域创新成果的创业人才团队。四是搭建发展载体。加强与上海西虹桥、南京北斗产业园等相对成熟的北斗产业园区合作，积极引入场景共生等建设运营模式，打造一批北斗产业园区和产业集群。

审　稿：樊明怀

指　导：蒋旭东

执　笔：张贝尔　朱竹墨　陆贝贝

孙京禄　王淑文

借鉴衢州经验
以数字赋能推动我省欠发达地区高质量发展

衢州市位于浙江西部，是浙、闽、赣、皖四省交界处，丘陵、山地较多，基础比较薄弱，经济发展水平较低，在浙江属于欠发达地区。近年来，衢州抢抓机遇，超前布局，推进数字经济“一号工程”，数字经济跑出“加速度”，六项指标全省第一①，驱动衢州弯道超车，迈向高质量发展。我省欠发达地区②产业层次低，科技、人才等创新要素短缺，农业农村发展任务重，正处于数字赋能发展、培育新动能的关键时期。我省应结合自身资源禀赋和发展定位，借鉴衢州经验，找准数字经济发展路径，加快走上数字赋能的发展“快车道”。

一、衢州市数字经济发展的经验做法

相对于发达地区而言，衢州市数字经济发展没有先天优势，取得显著成效得益于早谋划早部署，积极探索和主动作为。2018 年，浙江全面实施数字经济“一号工程”后，衢州紧跟步伐，抢占先机，主动对接杭州“数字经济第一城”，提出打造“全国数字经济第一城副中心城市”和“四省边际数字经济发展高地”的战略定位，在配套政策、重大项目、人才引进等方面持续把数字经济“一号工程”推深做实。

（一）设立数字经济“主战场”，精准发力重点产业项目

衢州市政府整合提升原有开发园区，形成智造新城和智慧新城两大数字经济发展“主战场”③，依托主战场，主动布局数字产业。一是加快数字化新技术、

① 2020 年，衢州数字经济核心产业增加值增速、规上数字经济核心产业营业收入增速、利润增速、税金增速、从业人员增速、规上电子信息制造业工业总产值增速均为浙江省第一。

② 近年来，我省皖北、皖南、大别山革命老区，包括一些资源型城市的发展面临较多困难，对全省经济社会发展的贡献度和带动力逐步减小，经济总量小、人均水平低，是我省欠发达区域。

③ 智造新城在绿色产业集聚区基础上，整合衢江经济开发区等区域，是产业数字化的主阵地；智慧新城聚焦聚力核心圈层和高铁新城开发，是数字产业化的主阵地。

新工艺、新装备创新和推广，深入实施“机器人+”行动、智能化技术改造行动，大数据应用示范、上云标杆、工业互联网平台、数字化车间等省级数字化试点示范项目全面开花。二是融杭接沪招引数字经济高端项目。布点京津冀、长三角、珠三角三大数字经济高地，成立产业对接办，设立首期10亿元市数字经济智慧产业基金，常驻杭州、上海等地深入推进“双招双引”。三是创新组建市数字经济产业联盟，吸引涵盖基础研究、创新孵化、开发应用、金融支持等多领域近260家企业和单位加盟，有效打通数字经济研究成果转化和应用通道。

（二）强打“飞地牌”“柔性牌”，大力集聚创新要素

不断创新体制机制，筑巢引凤加快引入创新要素。一是在北京、上海、杭州等地建立六大市外“创新飞地”，打通市内外人才、技术、资本互通合作机制，构建研发在外地、制造在衢州的创新生态体系。其中，海创园深度对接杭州未来科技城，推行“衢州注册、杭州办公，杭州孵化、衢州产业化”的跨区域联动创新发展，既是“科创飞地”又是“人才飞地”。二是高标准创建东南数字经济发展研究院，以专家委员会和成员单位等方式柔性引进阿里巴巴、杭州电子科技大学、电子科技大学等科研力量和领军人才团队。三是与浙江大学合作共建浙大工程师学院衢州分院和浙大衢州研究院，围绕主导产业定向引进和培养人才。

（三）打通农村信息化桥梁，全面激活农村资源要素

以数字乡村建设为核心，搭建数字乡村大脑，有序推进生产管理、产品流通、行业监管、公共服务和乡村治理等四大领域数字化应用。一是与盒马鲜生等平台企业战略合作，共建数字农业示范区，打造华东地区数字化“菜篮子”和连接长三角、泛珠三角和海西经济区的数字农业重要节点。二是搭建都市消费群体与农村特色农产品桥梁，创建“龙游飞鸡”网络销售平台，创新“一键分享”淘客佣金系统、“领养飞鸡”等线上销售模式，破解农户与市场信息不对称、供需两端对接难问题。三是与阿里巴巴合作探索建立了“阿里村播站”，组织实施“农民当主播”村播培训计划活动，成功创建全国首个“阿里巴巴淘宝直播村播试点区”。

（四）加快政府数字化转型，打造营商环境新样板

通过“最多跑一次”改革，推动政府数字化转型，“无差别受理”“多审合一”“测验合一”等模式成为全国样板。一是开发建设全市统一信用信息共享平台，推动技术、业务、数据和服务“四融合”，打破信息孤岛，实现数据资源共享、部门业务协同。二是推行“招商在线”模式，在“政企通”平台实时发布投资指南、标准地云图、招商项目库信息，实现线上招商、“不见面考察”。三是全面建设“无证明办事之城”，推行电子证照、电子承诺、电子归档等，由政府部门出具的证明材料基本实现通过网络共享获取。

（五）推动多方战略合作，深度嫁接优质社会资源

牵手阿里巴巴、华为等行业巨头，深度对接数字资源，引领带动数字经济发展。2017 年以来，与阿里巴巴先后签订了三轮战略合作协议，围绕智慧政府、智慧治理、智慧产业布局多个项目，成为全国与阿里巴巴深度合作典型示范。与华为公司签订《“数字衢州”战略合作协议》，开展“5G+”产业合作，在5G 基础设施、“5G+”深度应用等方面积极探索。同时，深化长三角合作，与长三角智慧城区合作发展服务联盟共建衢州市智慧长三角应用示范基地和智慧长三角产业示范基地，以基地共建、论坛共办、指标共研等形式，推动人才、资金、技术等资源充分交换。

二、加快数字赋能推动我省欠发达地区高质量发展的建议

衢州市数字经济发展的经验做法为我省欠发达地区加快数字赋能和推动高质量发展开拓了思路，提供了借鉴，有以下几点建议。

（一）整合资源设立数字经济产业园区

衢州市成立智造新城、智慧新城两大开发区作为数字经济主阵地，既整合了发展空间，又加强了统筹管理。我省皖北多市数字经济发展基础较好，淮南大数据、宿州云计算为全省战略性新兴产业集聚发展基地，应借鉴衢州经验，支持有条件的地区整合经济技术开发区、高新技术产业开发区等园区，设立专门的数字经济产业园区，按照“牌子就高、政策叠加、范围适当”的原则，保留原有国家级、省际开发园区牌子，依法依规赋予数字经济产业园管理主体相对独立、完整的经济管理权限。进一步明确主导产业，按照“一盘棋”部署，加快腾笼换鸟。

（二）主动作为布局数字经济重点产业项目

我省欠发达地区长期以矿产资源开采和传统加工制造为主，新兴产业带动性

不强。应借鉴衢州的做法，依托重大载体主动布局重点产业。一是抢抓皖北承接产业转移集聚区等国家战略契机，推动重点开发园区、省际产业合作园区、战新基地等“触网登云”，大力申报数字化车间、智能工厂、“5G+工业互联网”项目。顺应“碳达峰”和“碳中和”要求，支持两淮地区建设长三角智慧能源基地。二是争取省市联合设立数字经济产业基金，成立长三角、珠三角产业对接办，以产业基金招商、产业链招商、云招商等模式加快招引一批具有牵引性的大项目。三是以皖南国际文化旅游示范区、大别山自然生态旅游区和皖北历史文化旅游区为重点，布局数字景区、数字文化馆、数字博物馆等智慧旅游项目。

（三）借势借力打造高能级数字平台载体

衢州以“飞地”、联盟合作等模式借助外力搭建平台，我省欠发达地区创新资源短缺，要进一步创新发展模式，柔性引入优质资源，共建共享有牵引性的大平台。一是依托宿州云计算大数据中心、淮南云谷大数据产业园等发展基础，成立皖北数字经济研究院，设立数字经济产业联盟，广泛吸收各类数字经济企业单位，打造跨区域的产业创新平台和人才集聚基地。二是深度借智借力长三角科创资源，积极打造“科创飞地”“人才飞地”双飞地，建设一批创新中心、孵化器、实验室。大力吸引长三角知名高校院所设立分院分所，建立紧密型校企合作平台，促进数字科研成果转移转化。三是抢抓合肥数字经济创新发展试验区建设机遇，深度对接阿里巴巴、百度、腾讯等领军平台企业，合作共建联合实验室和研究中心。

（四）先行先试探索数字乡村建设试点示范

欠发达地区中砀山县、歙县、金寨县为国家数字乡村试点地区，岳西县、潜山县为省数字乡村试点地区。要以试点地区为突破，加快建设数字乡村大脑，搭建数字“三农”协同应用平台，打造数字化的长三角绿色农产品生产加工供应示范基地。一是积极招引农业大数据、农业物联网等企业，建设一批数字农场、数字林场、数字茶厂、数字牧场，打造数字化农业示范基地。二是借力电商扶贫布局一批电商平台、直播平台，建立农村电商培训基地，支持农民直播带货，实施流量支持、费用减免等优惠政策，争创电子商务进农村综合示范、“互联网+”农产品出村进城工程试点。三是推动互联网与特色农业深度融合，围绕农事体验、共享农庄、线上云游等新业态，探索多样化试点示范。

（五）创新机制破解重点难点环节制约

一是以数字化转型补齐营商环境短板。衢州通过建设全市统一的大数据中心、数据共享交换和开放平台，推动政务数字化转型，数据开放跻身长三角第一梯队，营商环境走在全省前列。我省欠发达地区营商环境短板突出，要健全政务数据共享平台，有序推动政府数据向社会开放，探索政企数据资源双向互认机制，加快构建一流营商环境。二是针对新型基础设施体量大、资金需求高问题，设立政府引导资金，引导社会资本多渠道参与建设，分类确定新基建投资的市场主导地位。推动交通、能源、水利等传统基础设施改造升级，积极争取有牵引性的项目纳入国家和长三角一体化资金支持范围。

指　导：樊明怀

执　笔：张淑娟

塑造园区“多样性”　打造4.0安徽模式

——“十四五”期间我省开发区发展模式探析

开发区是我国对外开放主阵地和创新发展主引擎，多年来为经济持续快速发展做出巨大贡献。随着数字经济时代的到来，5G、大数据、物联网等新一代信息技术大规模应用，生产组织方式加快重构。而新冠肺炎疫情蔓延和“逆全球化”趋势抬头，对传统产业发展模式带来双重冲击。内外因素交织下，开发区发展模式和产业生态已经走到了十字路口，转型升级迫在眉睫。“十四五”期间，我省开发区必须加快质量变革、效率变革、动力变革，丰富企业多样性、提升产业多样性、打造运营和功能多样性，着力释放园区新发展动力，实现开发区高质量发展。

一、开发区正快速迈入4.0时代

从功能特点看，开发区可以分为4个发展阶段，即劳动密集型（1.0）、产业聚集型（2.0）、功能复合型（3.0）和数字赋能型（4.0）。“十四五”期间，我国开发区将陆续迈入4.0时代，向数字化、生态化、品牌化方向发展，产业集聚形态、运营管理模式、服务模式及基础设施将发生多层次变革。总的来看，4.0时代的开发区有以下特点：

1. 园区发展更加依托数字技术。4.0园区依托5G、人工智能、大数据、工业互联网和数字孪生等“数字基建”，构建虚实结合的实体园区和数字园区，形成事前控制、多级协同的“细胞级”精细化治理模式，园区规划建设和运行管理的智能化水平将得到大幅提升。如上海张江科技园依托一朵云、数字孪生等技术，实时掌握区域经济运行、产业发展、企业集聚、人口趋势、人才构成等指标，实现数字迭代和精准匹配，结合O2O模式应用，构建基于数字场景的园区综合服务。

2. 产业组织迈进产业生态时期。4.0园区将园区及入驻企业组建为生态系统，通过强化园区内产业配套，完善生产性服务支撑（融资服务平台、公共中试平台等），加强园区间产业协作，导入和嫁接园区外部产业资源，构建广泛联系的产业生态圈和生态体系。如奥地利 Styria 生态产业园，园区内企业通过业务关系相互渗透、依托共生，形成了错综复杂的产业生态系统。

3. 园区运营更加突出品牌效应。园区 4.0 将从大而全向小而精方向发展，专业化程度不断提升，打造园区运营品牌并对外输出已成为必然趋势。园区采取直营式、兼并式、合作式等模式加强优化组合，可扩大空间范围，突破土地资源制约。如中新合作开发的苏州工业园、上海临港经济发展集团旗下的上海临港产业区、漕河泾开发区，都采取品牌合作的方式，跨区域合作或管理其他园区，充分利用品牌效应协同推动园区建设运营和“双招双引”。

二、我省开发区现状及存在的问题

经过三十多年的发展，我省开发区从无到有、从少到多、从弱到强，已成长为全省经济增长的主引擎和驱动源。截至 2020 年年底，我省共有省级以上开发区 131 家（其中国家级开发区 23 个，省级开发区 108 个），贡献了全省 60% 以上的规上工业增加值，90% 以上的战略性新兴产业产值，90% 以上的高新技术产业产值和 70% 以上的实际利用外资，为全省经济高质量发展提供了强劲动能。其中经营销售收入 1000 亿元以上开发区达 8 个，500 亿元以上开发区达 17 个。从整体状况上看，我省开发区主要存在以下不足：

1. 企业结构有待优化。目前，我省开发区共有“四上”企业 20 485 家，高新技术企业 7220 家，高新企业占比为 35.2%，企业整体生态较好。但企业分布状态呈“头小腰细尾大”结构，仅有长鑫等个别“头部”企业，以及蔚来、江淮、美菱、荣事达等少数占据特殊生态位的“腰部企业”，80% 以上企业属于为“腰部”企业做配套的“尾部”企业。当前市场、资本和要素等加速向“头部”企业汇集，“腰部”企业被“头部”企业挤压，“尾部”中小企业经营存在困难，我省现有企业结构易受市场大环境影响。如我省虽然汽车零配件企业数量众多，但为龙头企业配套的企业高度分散，众多二级、三级供应商与“头部”企业联系较弱。

2. 产业结构有待提升。全省开发区主导产业主要集中于机械装备制造（73 家）、电器及电子信息（67 家）、农副产品加工（53 家）、轻工及化工（43 家）、汽车及零部件（29 家）等领域，主导产业同质化严重。部分园区产业定位层次不高，缺乏牵动性龙头企业，整体处于价值链中低端，难以形成具有知名度的优势园区品牌。如全省 18 家开发区均将医药产业作为主导产业，但仅太和经开区等少数开发区形成了兼具原料药制造、化学药品制剂、药材交易平台功能的复合型园区品牌。

3. 园区市场化运营不足。我省目前 70% 以上的开发区管理模式是政府（管委会）主导型，有 44% 的开发区没有交付市场化运行的职能。在已交付市场化运行的职能中，以园林绿化等公共服务（52%）、基础设施建设（54%）、金融服务（54%）为主，招商服务（21%）、项目管理（12%）相对较少。50% 以上开发区承担管辖区域内全部社会事务管理职能，仅有不到 25% 的开发区剥离了全部社会事务管理职能。开发区管理机构中直接服务“双招双引”和产业发展的部门和人员不足，尤其是管理人才、专业技术人才严重缺乏。开发区体制机制改革多停留在行政编制、工资待遇等方面，触及市场化运行管理机制的改革探索相对较少。

4. 招商引资政策未触及“痛点”。部分园区招商重数量增长轻质量效益，招商引资政策多为土地优惠、房租减免、税收优惠等，产业孵化和融资助力等配套政策相对不足，只能吸引少数成本敏感型产业，缺少吸引高成长性企业的亮点，不利于园区产业结构升级和质量效益提升。同时，园区间产业趋同与政策趋同叠加导致园区招商引资过度竞争，各地争相加大“价格”筹码，一些企业坐地起价，为优惠政策频繁地在不同开发区间搬迁，形成“候鸟企业”，导致开发区产业延续性和稳定性不足。

5. 产城融合相对滞后。部分市县在园区发展中未考虑当地实际发展阶段、城市规划、经济需求以及自然禀赋，园区产业发展与城市功能不匹配。产业发展缺乏城市功能支撑只能“空转”。同时，开发区与居民生活区空间分离，特别是一些偏离县城的县域开发区，缺乏生活设施、公共服务配套，产城融合度较低，形成人口的“潮汐流动”现象，导致开发区引才留才困难，缺乏发展后劲。

6. 空间利用不充分。部分开发区发展初期，对园区主导产业和整体空间布局缺少精细规划和前瞻性思考，各类产业“插花”布局、产业生态环境碎片化、土地利用效率不高，少数园区甚至圈地发展房地产。园区四至边界未优化到位，与基本农田控制线、生态保护红线、城镇开发边界控制线重合，核准面积中适宜开发的土地无法充分利用。此外，部分园区标准化厂房与园区主导产业不匹配、闲置率高，长期处于停产、半停产的“僵尸企业”退出机制尚不健全。据2020年年初步摸底[①]，全省开发区有“僵尸”企业693个，占地面积达44 244亩，闲置厂房占地达15 943亩。

三、以“多样性”模式促进开发区可持续发展

一个良好发展的生态群落与生物多样性密不可分，其中既有物种的多样性，也离不开食物链、生态结构的多样性。开发区的健康发展亦然，应鼓励开发区多样性发展，特别是注重企业、产业和系统等多个层次的多样性发展，丰富开发区产业生态的维度、宽度和跨度，加快探索向开发区4.0转型路径，促进开发区高质量发展。

（一）分类施策，丰富企业多样性

1. 丰富市场主体多样性。关联产业、金融机构、技术服务机构、中介服务机构、政府、科研机构、行业组织等是园区产业生态不可或缺的构成主体，是园区生态网络得以形成的基础。要加强开发区各类公共服务平台建设，积极打造产业研究、产学研、人力资源、培训服务、信息、投融资等公共服务平台，大力吸引各类主体入驻，丰富完善园区产业生态。对一些非营利机构或小微机构，要加大土地出让金、税收、房租等减免支持力度，提高存活率和存留量。

2. 丰富企业结构多样性。分类施策，培育发展“头部”企业，引领发展方向，鼓励“腰部”企业抢占生态位，在细分行业领域具备竞争力，引导“尾部”企业向“头部”企业集中，拉近空间距离，增加合作维度，加强产业联系。改变以生产型企业为绝对主导的发展趋势，大力培育研发型企业。推进关键核心技术攻坚，夯实企业创新主体地位。鼓励龙头企业依托共性技术平台，加强与中小企业的紧密联系，实现新技术、新材料、新工艺应用的快速扩散。瞄准方向集中精力，全面提升自主创新能力，加快推进支撑技术迭代升级和前沿引领技术战略布局，培育技术先导性企业、工艺先导性企业，向更具有科技含量、更重视技术导向的方向发展。

3. 丰富企业合作多样性。围绕开发区首位产业或主导产业，通过产业链的纵向闭合、横向耦合和系统整合，在企业之间利用副产品、信息等资源的交流建

① 根据各开发区上报数据汇总。

立共生关系。构建企业间产业共生网络和绿色供应链、产业链，加强资源、物料的循环利用和梯级利用。优化园区产业布局，通过企业间多级串联、副产品交换、蒸汽—热水多级利用等合作，挖掘园区企业间的清洁生产潜力，实现废物资源化、循环化。通过生态产业链（网）上下游企业间形成的交易行为，以副产品价格和供应的双边约束方式，实现合作的稳定性和持久性。

（二）聚焦全景，提升产业多样性

国际环境的不确定性、中美贸易摩擦、疫情等外部冲击正在重塑全球产业链：一方面在纵向分工上趋于缩短；另一方面在横向分工上趋于区域化集聚，各国更多开始强调自主可控，选择转向“内循环经济模式”，全球产业链面临重构的巨大风险。产业的多样性发展，有利于分散外部冲击，避免产业结构过于单一对产业间正外部性影响的削弱；有利于促进地区产业结构转型和区域协调发展，避免地区经济发展被“锁定”于部分或单一产业；有利于保持经济稳定性，避免关键产业受外部冲击而出现连锁反应。

1. 提升产业特色多样性。开发区应加快主导产业转型升级，聚焦产业链和供应链关键环节，以重大项目、重点企业为突破口，完善产业自主创新能力，打造全产业链集聚发展模式。利用新一代数字技术，建立大产业运营线上平台，形成多个企业的集聚，形成“线上产业生态集群”。立足自身优势，聚焦新一代信息技术、人工智能、新材料、节能环保、新能源汽车和智能网联汽车、高端装备制造、智能家电、生命健康、绿色食品、数字创意等新兴产业，选择1～2项重点领域和细分产业链，打造特色产业园。合理优化同一地区和相邻地区开发区的产业布局，优化配置资源，实现全省开发区的特色发展、差异发展、错位发展。

2. 提升产业结构多样性。打破原有行政区划限制，突破空间制约，以中尺度生态学理念跨区域规划，围绕产业链，成立产业联盟，建立跨区域的合作机制，协议分享税收、土地等收益，允许考核评价时，双方将相关指标实现共享。建立多样合作共生的园区结构，以国家级开发区、市属开发区为研发型产业主平台，以县域开发区为生产制造业主阵地，畅通开发区联动机制，打造跨区域产研一体综合性开发平台。同时，在聚焦主导产业发展的同时，也要谋划培育梯度替代接续型产业。

3. 提升业态多样性。调整产业发展业态，打通线上线下渠道，实现线上线下业态的协同，突破空间限制，打造“多维园区”。鼓励采取“科创飞地”等方式，综合利用国内外创新资源。建设创新型智慧园区，在通信、政务、产业服务、民生、节能环保等方面提供高度智慧化的管理服务，借助互联网和大数据等技术手段，帮助不同行业企业实现业务交叉、数据共享和运营协同，通过网络效应降低各类主体的交易费用，从而使整个园区生态的效率达到最优。同时，开发区招商引资理念要加快从传统的 R -选择模式（机会主义）切换成 K -选择模式（战略主义），更加注重项目成功率和对园区产业生态系统整体价值的提升。充分利用资本的催化和杠杆作用，借助资本手段促进产业落地进入园区，形成在市场冲击下更灵活、更高效运转、稳定可信赖的内部循环的区域价值环。

（三）模式创新，打造系统多样性

体制机制创新是开发区快速发展的最大优势、最大动力和有力保障。在发展过程中探索出的体制机制改革的新模式，能够有力发挥园区在区域经济发展中引领、示范的带动作用。

1. 建设多样性运营模式。借鉴“链长制”，探索开展“园长制”，鼓励发展水平高的开发区发挥辐射带动作用，通过股份合作、委托招商、“飞地”经济和“园中园”等多种方式，开展跨区域托管开发区，发挥“1+1>2”的效应。探索跨省市迁移的财税分成制度和跨市、县的统计财税共享机制，支持省际产业合作园区落实已经签订的利益分享协议，引导企业按照产业链环节与资源价值区段相匹配的原则跨区域迁移。积极推广浙江山海协作模式，探索土地集约利用程度较低、发展空间较大的园区向发达地区“飞出”开发建设用地指标、耕地占补平衡指标。

2. 构建多样性投融资机制。加大财政资金投入，积极争取地方专项债份额。支持金融机构在园区开展知识产权投融资服务，支持开展知识产权质押融资。促进各项银政、银企、银担战略合作，完善“产业基金+银行信贷”“风险补偿+银行信贷”等多种银园合作新模式，建立健全与金融机构沟通协调机制，大力发展“园区贷”等创新金融产品。整合现有资金，由省、市共同出资设立省级股权投资母基金，直接投资或参与设立各类子基金。鼓励园区运营商的融资渠道从原来的地产融资渠道中剥离，以自持资产的精细化运作为基础，通过 RIETs 等资产证券化，参与开发区建设。

3. 打造多样性功能区。立足理念重塑、功能融合，加快推动开发区从单一的“产业”功能向多维的“产业、自然、社会”功能方向转变，构建起以产业生态为基础、自然生态为保障、社会生态为支撑的“三位一体”园区生态系统。根据开发区的不同发展阶段和区域特色，因地制宜采取管委会模式、政区合一模式、“管委会+”模式、企业型模式。在此基础上，打造各具特色的产城融合一体的产业新城、“工业区+特色小镇”的卫星城、产业城市副中心。

风劲好扬帆，潮涌正破浪。“十四五”时期，既是“两个一百年”奋斗目标的历史交汇节点，也是我党迈入第二个百年新征程的开局节点，我省开发区要深刻认识肩负的历史使命，准确把握新时代发展趋势，围绕“多样性”主题，大力求变、求新、求异，奋力实现关键领域突破，在长三角一体化、中部高质量发展中走出开发区改革转型的安徽之路，打造开发区4.0安徽模式，为建设新阶段现代化美好安徽贡献开发区力量。

审　稿：樊明怀
指　导：陈加林
执　笔：田皓洁　张贝尔　王　珏

关于全省县域经济发展的调研报告

县域经济是全省经济的半壁江山，是全省区域协同发展的主战场、乡村振兴的主阵地。为全面了解县域经济发展情况，准确把握当前县域经济存在的短板问题，提出有针对性的对策建议，近日省发展改革委、省经济研究院先后赴庐江、颍上、濉溪、萧县等地开展专题调研，召开部门和企业负责人座谈会。从调研来看，“十三五”时期以来，全省县域经济发展势头良好、成效显著，但也还面临要素约束突出、专项政策支持较弱、隐性债务较重等突出问题。新形势下，有必要聚焦突出问题，加强对县域经济专项政策支持，加快推动县域经济高质量发展。

一、近年来县域经济发展情况

安徽省高度重视县域经济发展，大力实施县域经济振兴工程，积极承接产业转移，发展态势良好，发展成果丰硕。

（一）综合实力提升、支撑作用增强

“十三五”时期以来，县域经济总体保持较好的增长势头，总量持续扩大，增速与全省持平。一是综合实力明显增强。2020 年，全省 59 个县域地区生产总值为 18 063.9 亿元，是 2015 年的 1.69 倍。二是龙头县域明显增多。全国百强县从 2015 年的 1 个增加到 2020 年的 3 个；GDP 在 500 亿元以上的县域从 1 个增至 5 个。三是发展地位明显提升，2020 年，县域经济占全省比重为 46.7%，比 2015 年提高了 1.3 个百分点，年均提高了 0.26 个百分点，对全省经济发展支撑“基石”作用持续巩固。

（二）增长势头良好、特色产业集聚

当前，县域产业加快转型升级，带动产业实现较好增长，特色产业加快集聚发展。一是二产增速快于市区。“十三五”前四年，全省县域第二产业年均名义增长 8.2%，比全省市区高了 0.4 个百分点，占全省的比重为 46.6%，比 2015 年

提高0.4个百分点。二是三产支撑作用增强。根据四经普的全面统计，县域服务业规模体量增大，2019年县域服务业占全省比重达到了41.8%，比2015年高了6.7个百分点。三是特色产业加快集聚。启动两批48个省级县域特色产业集群（基地）建设，集聚发展明显加快；从调研来看，2020年颍上、濉溪、萧县特色产业集群产值（营收）分别增长了54.2%、20.4%、12%。

（三）居民需求释放、消费引领增长

县域居民收入保持快速增长，消费环境大幅改善，促进居民消费需求释放。县域广大农村居民收入大幅增长。2020年，农村常住居民人均可支配收入达到16 620元，居全国第11位，比2015年提升了7位。县域消费载体持续改善，大型商业综合体加快布局，以万达商业综合体为例，已在舒城、临泉、砀山、长丰等地布局发展。得益于此，县域消费大幅增长。2020年，乡村消费占全省消费的比重达到17.6%，比2015年提高了5.8个百分点；“十三五”期间年均增长10.9%，比城镇快了1.4个百分点，广大县域乡村消费成为全省消费增长的重要支撑点。

（四）城镇建设加快、县城面貌翻新

“十三五”期间，县城建设步伐加快，交通加快畅通。城建面貌大幅改善，县城新空间格局基本形成。一是区域大交通加快畅通，对外大通道加快升级，县县通高速、县城通高速加快实现，县县通高铁加快推进；对内主干道基本建成，国省干线畅通升级。二是县城新空间格局基本形成。各地同步推进县城大建设，县城大通道、功能区等实现规划落地实施，为县城未来发展奠定基础。三是城市面貌加快翻新。县城面貌改造提升加速，城市绿化、空间布局大幅优化提升。2020年，5个县（市）获批开展国家级县城新型城镇化建设示范。

综合来看，当前，全省县域仍然处于发挥资源比较优势、承接产业转移布局重要时期，扩大规模体量阶段特征明显。一方面，承接转移是县域经济高质量发展的“重要支点”。县域是区域经济最小单元，产业发展高端要素短缺，发挥优势是实现转型升级的前提。借助区位、资源等优势，大力承接产业转移布局，是绝大多数县域转型发展的必由之路。从调研来看，庐江县明确坚持“融入大合肥”发展思路，做好省会城市产业配套、产业转移、产业布局，较好支撑近年县域经济的转型升级；颍上县发挥劳动力资源优势，建设芯颖半导体产业园，引进竣颖光电，承接深圳总部高端掩膜板量产项目，培育形成配套产业链条。另一方面，当前时期是县域承接产业转移的“核心节点”。长三角一体化发展，叠加国内产业梯次转移布局加速，当前承接产业转移面临较好机遇期，是县域扩大规模的关键阶段，错过这一波转移后期难度加大。萧县抢抓长三角一体化发展机遇，扇形对接徐州，积极承接徐州主导产业转移布局，围绕汽车制造、功能性材料等重点领域，做大县域经济能级。

二、当前值得关注的突出问题

县域经济在转型升级高质量发展过程中，一些突出短板加快显现，对全省经济持续较好发展的支撑有待巩固。

（一）要素约束产业承接

新形势下，能耗、土地等指标控制趋紧，承接产业转移空间潜力受限。土地方面，受土地管理新法等政策影响，土地供给停滞，各县普遍反映一年多无工业用地供应，部分县新政落地实施仍需一年以上时间才能实现工业用地供给；同时，也出现因土地指标缺失导致已招企业流失现象。能耗方面，受“两高”项目政策影响，部分项目落地难，未来发展空间受限，如萧县海螺绿色建材产业园项目总投资 100 亿元，预计年税收 10 亿元左右，带动就业 1 万人左右，项目生产工艺和技术设备处于世界领先水平，但受“两高”政策对行业划分界定等影响，项目落地存在不确定性，相关行业的承接明显受到影响。

（二）专项支持政策较弱

2019 年，启动县域特色产业集群（基地）建设，但地方反映缺乏省级县域产业引导资金、基金配套，与中部其他县域大省相比明显滞后，如湖北省设立了 100 亿元县域产业发展引导基金，湖南省也设立了县域特色优势产业发展引导基金。同时，受政策门槛等影响，“三重一创”政策对县域支持较少。战略性新兴产业集群 26 个中，县域仅有 4 个；前五批 46 个重大新兴产业工程、64 个重大新兴产业专项名单中，县域仅有 15 个和 3 个。与县域经济占全省接近一半的水平相比，政策总体偏少，影响县域战新产业发展。2020 年，庐江县战新产业产值占规模以上工业比重仅为 31.3%，颍上县为 33.5%，同期全省比重达到 40.3%。

（三）考核激励力度不大

积极出台支持县域特色产业集群（基地）建设方案、县域经济高质量发展考核评价办法，加强对县域经济的专项考核激励，但地方普遍反映，考核激励“成色不足、力度偏小”，如对排名靠前的县域主要以通报表扬为主，实质性激励少。周边省份考核激励力度尤其突出，如湖北省明确提出，省财政根据县域经济发展的考核评价情况，对县域经济高质量发展和进位较快的县市区给予奖励，每年奖励金额不少于5亿元；同时，对新进入全国百强的县（市），党委书记符合提拔任职条件的，优先提拔担任（市）州领导班子成员并兼任县（市）党委书记。

（四）隐性债务负担较重

近年县域举债推进城市棚户区改造、交通、教育、医疗等公共基础设施建设，较好支撑了地方民生事业改善，但目前债务负担重，国企自我盈利受限，转型升级面临较大问题；同时，还面临教育、医疗、卫生等基本公共服务硬性支出压力，持续发展负担较重。如濉溪县建投集团，随着代建的政府投资项目建设进入尾期，资产负债率超过60%，截至2020年上半年负债达140多亿元，大部分子公司无营业收入，再融资能力偏弱，运营困难。

三、对策建议

县域经济是全省经济高质量发展的重要组成部分，要充分发挥县域经济转型升级的重要作用，聚焦问题短板，加大政策激励力度，支持承接产业转移，加快实现高质量发展。

（一）支持承接产业转移

当前是全省县域承接产业转移布局、做大做强县域经济的重要时期，要加大对县域承接产业转移布局的引导支持力度。一是重大项目省级统筹协调。聚焦十大新兴产业领域，研究将县域承接的重大项目（如10亿元以上）纳入省级层面统筹调度，定期协调解决项目落地问题；谋划召开全省县域经济重大项目集中开工专场。二是加大对县域承接产业转移的考核激励力度。研究开展对各地承接产业转移的考核激励，对发展较好的县域，将重点项目用能、用地等纳入省级统筹保障。三是加大“三重一创”政策对县域支持。在现有“三重一创”政策范围内，研究设立县域“三重一创”专项，扩大对县域支持。

（二）加大财政金融支持力度

充分用好市场的逻辑、资本的力量支持县域经济发展。一是研究设立省级县域产业引导基金。市县按照省级基金投入本地的同等规模予以配套，省市县基金捆绑使用，按照市场化方式引导金融和社会资本投向重大招商引资项目、传统产业改造升级和新兴产业培育。二是加大信贷投放支持力度。加大金融机构县域信贷投放力度，研究对新增存款一定比例用于当地贷款考核达标的县域法人金融机构，执行比同类金融机构正常标准低 1 个百分点的存款准备金率。三是加大政府债券支持力度。在政府债务风险可控的前提下，省里每年安排一定额度的县级新增政府债券，支持县域经济高质量考核得分靠前的县（市、区）公益性项目建设。四是研究设立高质量考核专项激励资金。对县域经济高质量考核排名靠前的县域，加大资金支持力度；同时，研究探索激励到人，全面调动地方干部的积极性、主动性。

（三）加强土地能耗保障

县域经济底子薄、基础弱，要素密集型企业多，产业化、量产化项目多，对土地、能耗等指标需求大，资源要素置换空间小，有必要加大对县域要素保障力度，支持县域经济规模体量扩大。一方面，加强用地保障力度。在符合节约集约用地、依法依规用地用矿、不重复奖励支持的前提下，对县域经济高质量考核排名靠前的县域，每年给予 200 亩新增建设用地指标奖励；研究省级统筹安排至少 5% 的新增建设用地计划指标用于保障县域重点产业和项目用地。另一方面，加大能耗保障力度。同等条件下，能耗指标适当向县域重点项目、企业倾斜；在省、市碳达峰行动方案制订中，充分考虑县域仍处在扩大规模体量阶段的现实需求，为县域经济发展预留更多空间。

（四）化解国有企业债务

支持县域政府建投、城投等国有企业市场化转型升级。一方面，鼓励开展多元化市场业务。对战略性核心业务以控股为主，通过开展股权投资、产业培育和资本运作，发挥投资引导和结构调整作用，推动产业集聚、培育核心竞争力和创新能力，提升国有资本控制力、影响力，为企业化解债务提供动能。另一方面，提高资源运营能力。筛选优质的土地、房屋、资源性资产、无形资产、经营性资产等，通过股权划转、特许经营权、特别授权等方式进行整合，提升国有资本运营质量和效率。

（五）加大人事激励力度

围绕县域经济高质量发展需要，加强对县域干部的考核激励，通过体制机制创新充分调动各方面工作的积极性、主动性。一是提高干部年度考核结果评定优秀的比例。参照广西等地，对县域经济高质量考核得分靠前的，其党政领导班子及作出重大贡献部门的公务员、事业单位工作人员年度考核优秀等次比例提高至25%，党政正职年度考核评优在综合考评的基础上优先评定为优秀等次。二是加强优秀干部的提拔任用。参照湖北等地，加强对县区党政领导班子和领导干部县域经济高质量发展考核，大力提拔在县域经济发展中实绩明显的干部；对新进入全国百强的县（市），党委书记符合提拔任职条件的，优先提拔担任地市领导班子成员并兼任县（市）党委书记。

指　导：樊明怀
执　笔：余茂军　窦　瑾　陈　香
张淑娟　吴文俊
调研人员：吴　腾　窦　瑾　陈　香
张淑娟　余茂军　吴文俊

充分利用资本力量，积极推进我省基础设施 REITs 试点工作

随着 2020 年 6 月 21 日我国首批 9 只基础设施 REITs 产品正式上市交易，我国基础设施 REITs 试点工作正式落地。7 月 2 日，国家发展改革委发文，进一步加大基础设施 REITs 工作力度，扩大了试点区域范围和行业领域，增加了保障性住房、清洁能源、自然文化遗产、5A 景区旅游基础设施等领域，并简化了项目申报程序。我省应把握机遇，积极推进基础设施 REITs 试点工作，力促基础设施投资稳定增长，为我省经济高质量发展增添动能。

一、我国首批基础设施 REITs 产品的特点

我国首批 9 只基础设施 REITs 产品上市交易 1 个月来，涨跌互现，目前小幅溢价，实现了平稳上市、平稳交易、平稳运行、平稳预期的“四稳”。其产品的主要特点：

一是项目领域广、类型多。9 只产品行业领域涉及产业园区、高速公路、港口仓储物流、市政设施、垃圾处理及生物质发电等多个领域。其中，产业园区类产品 3 只、高速公路类产品 2 只、港口仓储物流类产品 2 只、市政设施类产品和垃圾处理及生物质发电类产品各 1 只，资产项目类型多样，产业园区项目较多。

二是项目分布以北上广深发达地区为主。首批基础设施 REITs 产品资产项目分布全国各地，以经济实力强大的一线城市为主。例如，北上广深均有项目，其中深圳 3 个（含捆绑项目），北京和广州各 2 个（含捆绑项目），上海 1 个，其他还有发展势头强劲的二线城市，如苏州 2 个（含捆绑项目），杭州、合肥（捆绑项目）各 1 个。

三是项目发起人多为国企背景。9 只基金中，8 只底层资产原始权益人为国资背景，实际控制人包括北京市国资委、浙江省国资委、广州市国资委、深圳市国资委、招商局等地方国企或央企，实力强大。同时，试点将大企业跨区域同类项目资产捆绑发行。例如，国富首创水务、中金普洛斯仓储物流两单均为跨区域

同类项目。其中，首创水务 REITs 含深圳和合肥 2 个资产，普洛斯 REITs 含北京、广州、佛山、苏州、昆山 5 个城市 7 个资产。

四是项目募集金额较大、封闭期较长。首批 9 只基金共募集金额达 314 亿元，每只基金均在 10 亿元以上。其中，平安广州交投广河高速公路 REITs 募集金额最高，达到 91.14 亿元，中航首钢生物质 REITs 募集金额最低，也有 13.38 亿元。同时，9 只基金的封闭期均在 20 年以上，最高的平安广州交投广河高速公路 REITs 的封闭期最长，达 99 年。

五是基金发行价格普遍不高，管理公司多为头部证券公司。9 只基金的发行价在 2.3～13.38 元之间。其中，3 只产业园区 REITs 发行价均低于 3 元，2 只高速公路 REITs 发行价分别为 8.72、13.02 元，中航首钢生物质 REITs 发行价最高，为 13.38 元。另外，首批参与发行的基金管理公司例如中金、博时基金管理公司等多是管理规模较大、综合资管能力较强的证券头部公司。

二、近期我国和部分省市相关政策措施

（一）我国相关政策措施

今年以来，我国加大了基础设施 REITs 试点工作力度，1—7 月，国家发改委相继发布《关于建立全国基础设施领域不动产投资信托基金（REITs）试点项目库的通知》《关于进一步做好基础设施领域不动产投资信托基金（REITs）试点工作的通知》，与去年通知精神相比，其主要特点是：

一是放宽试点区域。在原优先支持京津冀协同发展、长江经济带发展、粤港澳大湾区建设、长三角一体化发展、海南全面深化改革开放等国家重大战略区域范围基础设施基础上，增加了“黄河流域生态保护和高质量发展”区域，并强调全国各地区符合条件的项目均可申报。

二是扩大试点行业领域。试点领域由原产业园区和科创载体、仓储物流、交通、市政、能源、生态环保等 7 大重点领域扩大到 9 大行业领域，增加了保障性租赁住房和具有供水、发电等功能的水利设施，以及自然文化遗产、国家 5A 级旅游景区等其他基础设施试点。同时，对于原有领域进行合并调整，能源基础设施中新增清洁能源项目。

三是提高资产规模门槛。首发资产规模要求从原应大于 5 亿元提高到不低于 10 亿元，并对发起人（原始权益人）扩募能力进行了量化要求，原则上不低于

拟首次发行基础设施 REITs 资产规模的 2 倍。

四是降低运营年限要求。对已能实现长期稳定收益项目，不再受不低于 3 年运营年限限制，并首次提出优先支持有一定知名度和影响力的行业龙头企业的项目。

五是加强项目储备管理。提出要设立覆盖试点各区域、各行业的全国基础设施 REITs 试点项目库，并将试点项目库分为 3 类，将符合条件的项目分类纳入全国基础设施 REITs 试点项目库，做到应入尽入。

六是简化申报路径。强调申报项目必须为纳入全国基础设施 REITs 试点项目库项目，对央企多地打包项目可直接报送国家发改委。

（二）部分城市经验做法

自 2020 年 4 月基础设施 REITs 试点工作启动以来，全国各地高度重视，积极推进试点工作。2020 年 9 月，北京市专门发文，出台 12 条专项政策；今年 2—7 月，成都、上海和苏州市也陆续发布专项工作意见，对基础设施 REITs 项目给予全流程、全生命周期的政策支持。从总体上看，这些专项意见具有三大亮点：

一是多部门联合制定。北京联合市发展改革委、证监局、财政局、国资委、金融监管局、税务局等 6 部门，成都联合市发展改革委、财政局、国资委、金融监管局、人社局等 5 部门，上海联合市发展改革委、证监局、财政局、国资委、金融监管局、税务局、人社局、规划和自然资源局等 8 部门共同研究制定、联合发布。同时，上海、苏州还逐条明确了相关责任单位，通过整合、明确、协调各部门的职责，构建政府部门合力推进基础设施 REITs 试点的工作机制。

二是充分利用地方原有金融政策。上海提出将上海金融发展资金，扩大用于支持在本市新设立或新迁入的持牌公募基金管理人的开办和经营；苏州则根据《关于推进苏州金融业高质量发展的若干措施》给予一次性奖励；北京在享受现有政策的基础上，再给予一次性奖励。北京、成都、上海、苏州四地均提出引进 REITs 领域人才享受相关政策补助，北京在此基础上，对符合条件的高级人才，各区可结合其贡献程度给予最高总额 100 万元的奖励。

三是用足用好国家支持政策。苏州明确对于企业将盘活资金用于基础设施补短板项目和新基建项目的，对其运营期分红所得按照国家政策规定享受企业所得税优惠；成都支持基础设施 REITs 管理机构对照西部地区鼓励类产业目录中“金融服务业”条目，享受西部大开发税收优惠政策，减按 15% 缴纳企业所得税。

三、加快我省基础设施 REITs 试点工作的建议

（一）尽快出台我省相关指导性文件和支持政策

2020 年以来，北京 REITs12 条、成都 REITs10 条、上海 REITs20 条、苏州 REITs10 条相继出台，从项目识别储备、资产权益整合、人才机构引育、财税政策激励等关键环节，提出具体政策措施，推动本地基础设施 REITs 健康规范发展。目前，我省尚未出台相关文件，也无单独项目首批上市。为抢抓基础设施 REITs 市场机遇，我省应尽快出台相关支持政策和实施意见，积极推进优质项目开展试点示范，及时总结经验并尽快推广，为基础设施建设拓宽融资渠道，补齐我省传统基础设施短板，助力新型基础设施建设，推进新增投资与盘活存量有机结合，持续有效扩大我省基础设施领域投资，为我省经济持续稳定增长增添新动能。

（二）研究设立省 REITs 发展专项资金

REITs 作为基础设施领域新型融资渠道和新兴金融工具，政策性强、专业要求高，需要专项资金支持。建议我省借鉴上海等市经验，设立 REITs 发展专项资金，强化政策激励。资金重点用于基础设施 REITs 相关企业培育和人员培训、REITs 项目库建设、省属或在皖企业申请专项公募 REITs 基金管理人资质、引进国内外优质公募 REITs 基金管理人入驻等。同时，鼓励将盘活存量资金用于新增投资，对新建项目给予奖励。

（三）加快建立全省基础设施 REITs 项目库

目前，我省已初步建立了基础设施 REITs 试点项目储备清单，但存在优质项目少、资产底数不清、项目管理机制不完善等问题，亟须加快建立常态化的 REITs 项目储备管理机制。按照国家最新试点精神，我省全面梳理汇总基础设施存量资产和 REITs 项目，按项目成熟度和开展阶段，进行分级管理，设置项目意向库、储备库和存续库（发行库），确保“适入尽入”，尽快建立覆盖省、市、县三级基础设施 REITs 项目库，争取更多项目纳入全国项目库，加快形成“发行一批、储备一批、后备一批”滚动实施机制。

（四）将 REITs 试点工作纳入国有企业考核激励机制

目前我省存量基础设施多为各级国有企业持有并运营。调研组发现，由于国资保值增值压力大、国资交易程序烦琐等因素，导致国企参与 REITs 试点积极性

不高。为鼓励和推进相关国有企业开展引领示范，应尽快完善基础设施类国有企业考核激励机制。研究在相关企业经营业绩考核评价中，统筹考虑发行REITs产品对企业经营指标等方面的影响，对发行REITs产品的国有企业给予奖励加分评价考核，同时冲减其资产保值增值考核要求，并进行适当税收减免。另外，进一步精简REITs项目国有资产股权转让交易流程，加大相关配套政策支持力度，引导鼓励和支持相关国有企业开展REITs试点。

（五）加强长三角及北广深等一线城市基础设施REITs合作

与北上广深等一线城市相比，我省央企少，符合要求的基础设施REITs项目不多，金融等中介服务基础薄弱，省属公募基金管理人资质尚不达标，亟须加强REITs跨区域合作，充分利用发达城市优质资源，加快推进我省基础设施REITs试点工作。为此，要加大REITs产业领域“双招双引”力度，积极引进国内高水平公募基金管理人、基础设施专业运营管理机构及相关专业中介服务机构和人才。支持省内项目与沪苏浙等其他地区符合条件的基础设施项目资产整体打包发行REITs产品。鼓励我省相关机构和企业参与长三角基础设施REITs产业联盟、长三角REITs论坛等，共同推动长三角基础设施REITs产业联动发展。利用长三角资本市场服务基地合肥分中心等平台，加强与上海证券交易所的交流合作，力争我省更多基础设施REITs项目发行上市。

（六）积极开展REITs相关知识宣传和业务培训

我省基础设施存量资产大，产业园区和科创载体多，自然文化遗产、5A级旅游景区等资源优势明显，开展基础设施REITs试点选择范围宽、空间余地大。但对于基础设施REITs这个资本市场新兴融资渠道，目前我省多数地方政府部门和企业还了解不多，知识储备不足。我省应借助万家企业资本市场业务培训专项行动，通过“线上+线下”“综合+专题”等各种形式，全方位、多层次积极开展REITs相关宣传和培训，针对重点企业进行“点对点”REITs专项辅导，帮助政府部门和企业了解并熟悉基础设施REITs操作规则，提高其参与试点的积极性和工作能力。

审　稿：樊明怀
执　笔：夏兴萍　王　斌　吕朝凤
赵皓矾

推动“一地六县”合作，探索长三角地区一体化路径

改革开放以后，尤其是党的十八大以来，我国提出一系列重大区域发展战略，积极构建纵横联动、优势互补的区域经济新格局。从长三角地区来看，省（市）之间、省内区域发展差距仍然较大，不平衡不充分问题较为突出。2020 年 6 月，湖州市人民政府、宣城市人民政府、常州市人民政府、无锡市人民政府和上海光明集团在长三角地区主要领导座谈会上共同签署《共建长三角产业合作区战略框架协议》。2021 年，一市三省相继发布“十四五”规划纲要，其中，上海市提出推进“一地六县”产业合作区等载体建设，江苏省提出促进省际毗邻地区深度融合，浙江省提出积极推进长三角产业合作区规划建设，安徽省提出深入谋划共建“一地六县”长三角生态优先绿色发展产业集中合作区①（以下简称“合作区”）。“合作区”建设有利于从多个方面入手，探索长三角地区一体化路径。

一、重要意义

长三角作为我国经济发展最活跃、开放程度最高、创新能力最强的区域之一，承担着率先形成新发展格局的重要使命。“合作区”建设对于提高长三角地区经济集聚度、区域连接性和政策协同效率，建立现代区域发展体系，加快形成高质量一体化发展格局具有重大意义。

一是有利于形成一体化体制机制。“一地六县”是一市三省唯一无缝对接的天然板块，规划建设“合作区”，通过率先复制“青吴嘉”制度经验，建立多领域、多层次的协调发展机制，破除制约要素自由流动的行政壁垒和体制机制障碍，有利于提高政策协同，集聚区域现代治理和一体化发展的制度成果，探索更

① 位于沪苏浙皖交界地区，面积约 1 万平方公里，2020 年地区生产总值为 4621 亿元，常住人口约 410 万人。范围包括上海光明集团绿色发展基地、江苏省溧阳市和宜兴市、浙江省长兴县和安吉县、安徽省郎溪县和广德市。

深层次和更高水平一体化发展改革举措，实现共商共建共治共享共赢。

二是有利于实施主体功能区战略。溧阳和宜兴属于国家层面的优化开发区域，安吉和长兴属于浙江生态功能区，是“绿水青山就是金山银山”理念的发祥地，郎溪和广德是皖江城市带承接产业转移示范区的重点区域。“合作区”建设有利于长三角地区跨行政区贯彻落实主体功能区战略，立足资源环境承载能力，探索发挥各地比较优势，加快形成城市化地区、农产品主产区、生态功能区三大空间格局，实现不同类型地区协调发展。

三是有利于推动都市圈联动发展。目前，我国已经进入城市群引领发展阶段，中心城市已经成为对外开放的重要平台和区域发展的重要载体。“合作区”地处苏锡常、杭州、南京、合肥等都市圈辐射范围，随着都市圈核心城市规模不断扩张，辐射能力越来越强，辐射半径越来越大。推动“合作区”一体化发展，既有利于人口、土地、资本、技术、数据等生产要素在中心城市高效集聚的同时，也能够促进生产要素在不同地区之间、不同城市之间以及农村和城市之间进行更加有效的配置和更加高效的流动。

四是有利于区域产业分工与合作。“合作区”内有 3 个国家级开发区、10 个省级开发区，1 个保税物流中心（B 型），以及郎溪（中国）经都产业园、皖苏合作产业园、广德 603 航空产业园、江苏省中关村高新技术产业开发区等多个合作共建园区，集聚了冶金、化工、汽车、轻纺等传统优势产业，以及新能源及新能源汽车、高端装备制造、电子信息、新材料、智能电网、休闲康养等新兴产业集群。“合作区”建设有利于“一地六县”围绕四个都市圈中心城市主导产业发展，打造产业配套基地，减少无序竞争，加快形成优势互补的产业分工合作格局，为长三角地区优化生产力布局探索路径。

二、重点任务

设立“合作区”，在区域协调、协同创新、产业转移、要素市场、利益补偿等方面，探索长三角地区发展体系建设路径，为推动长三角地区高质量一体化发展先行先试。

一是统筹协调区域发展。建立现代区域发展体系，需要国家重大区域发展战略协调联动、发达地区和欠发达地区的统筹发展。“合作区”建设涉及东部率先、中部崛起、长江经济带发展、长三角一体化发展等一系列重大区域发展战略，必须统筹协调实施。由于多种原因，“一地六县”发展差距较大。2020 年，宜兴在 2020 年中国县域经济百强县中排名第 7，户籍人口城镇化率高达 62.9%，常住人口为郎溪的 2.6 倍，地区生产总值、第三产业增加值分别为郎溪的 10 倍、12 倍。无序开发与竞争在一定程度上存在，发展不平衡不充分问题突出。要按照国家重大区域发展战略目标定位要求，从多个方面入手，建立集成实施国家重点战略的区域发展体系。

二是构建协同创新体系。G60 科创走廊①横贯“合作区”，建设目标是中国制造迈向中国创造的先进走廊、科技和制度创新双轮驱动的先试走廊、产城融合发展的先行走廊。无锡市把太湖湾科创带列为一号工程，明确要将科创带建设成为具有国际竞争力的科技创新中心，在集成电路、物联网等领域培育形成世界级产业集群，构建适合先进制造业和现代服务业领跑发展需求的创新治理体系。“一地六县”为县域经济地区，和周边都市圈中心城市相比，科技创新能力弱，高科技企业少，新兴产业发展不足。要发挥科创走廊区位优势，紧扣“一体化”和“高质量”两个关键词，以“科创+产业”为抓手，加强科技合作和跨行政区域协调联动，着力打造一流营商环境，形成资金共同投入、技术共同转化、利益共同分享的协同创新共同体。设立“G60 科创走廊”综合服务窗口，实现 9 个城市 30 类企业开办“一网通办”。

三是推动产业梯度转移。经过多年的发展，上海、苏锡常、杭州、南京、合肥等都市圈中心城市在集成电路、生物医药、人工智能领域已经形成了具有国际竞争力的三大产业集群，在智能网联汽车、民用航空、高端装备制造、新材料等新兴领域也具备了产业优势与规模；“一地六县”产业发展具备了扎实的基础，良好生态环境为发展大健康产业提供了优越的资源禀赋条件。“合作区”建设，要坚持“输血”与“造血”相结合、产业转移与产业升级相结合，通过统筹发达地区与欠发达地区发展，鼓励发达地区通过开发区、园区、“飞地”等平台跨区域运营，扶持和帮助欠发达地区建立承接产业转移和产业合作的园区载体，统筹支持发达地区与欠发达地区共建科技创新平台和产业发展平台，推动形成跨区域的产业分工协作，优化区域产业链布局，推动区域产业链、供应链和创新链协

① 长三角 G60 科创走廊包括 G60 国家高速公路和沪苏湖、商合杭高速铁路沿线的上海市松江区，江苏省苏州市，浙江省杭州市、湖州市、嘉兴市、金华市，安徽省合肥市、芜湖市、宣城市 9 个市（区），总面积为 7.62 万平方公里。

同发展，构建产业梯度推进的空间发展格局。组建“合作区”开发区联盟，共建共享产业互联网平台，切实推动“一地六县”产业对接互动。

四是建立统一要素市场。着眼构建国内国际双循环新发展格局，加快破除区域的行政性壁垒，建立健全区域经济一体化机制，促进“合作区”要素市场一体化，持续深化市场监管一体化和满意消费一体化示范区建设。完善“合作区”一体化发展规划体系，制定相关的发展政策，推动资本、技术、产权、人才、劳动力等要素资源的自由流动和优化配置，最大限度地降低“合作区”要素资源的交易成本和配置成本，提高全要素生产率，推动区域经济的高质量发展。积极发展各类社会中介组织，有序发展区域性行业协会商会，鼓励社会力量组建“合作区”跨行业产业、技术、创新、人才等合作平台，探索建立统一规划、统一管理、合作共建、利益共享的区域合作新机制，推动“一地六县”产业分工、基础设施、公共服务、环境治理、对外开放、改革创新等协调联动。充分发挥市场在建立区域协调发展新机制中的主导作用，通过全面深化改革，打破影响要素自由流动的行政壁垒，建设“合作区”统一、自由开放、竞争有序的商品和要素市场。废除妨碍市场统一和公平竞争的各种规定和做法，营造规则标准互认、要素自由流动的市场环境。加强信用、金融、信息、产品质量、公共服务、食品安全等领域的法律法规和标准规范的协同，实施统一的市场准入负面清单制度，消除歧视性、隐蔽性的区域市场准入限制，建立市场准入负面清单动态调整机制、信息公开机制和区域协调机制。建设“合作区”科技资源共享服务平台，共建科技研发和转化基地。探索建立企业需求联合发布机制和财政支持科技成果共享机制。清理因技术标准不统一形成的各种障碍。

五是建立利益补偿机制。加强“一地六县”的国土空间规划衔接，明确不同区域的主体功能定位，确保生态安全保障，强化农产品主产区农业多功能性。切实贯彻落实“绿水青山就是金山银山”的重要理念和“山水林田湖草是生命共同体”的系统思想，按照区际公平、权责对等、试点先行、分步推进的原则，建立健全“保护责任共担、流域环境共治、生态效益共享”的市场化、多元化横向生态补偿机制。支持溧阳天目湖和郎溪凌笪，根据资源保护和资源开发的收益差异，探索建立利益补偿机制。鼓励流域上下游之间通过资金补偿、项目补偿、对口支援、基本公共服务共有共享、碳排放交易等多种方式建立公平合理的横向补偿机制，以苏皖新材料产业园为突破口，推动产业、产能在省际合理有序转移，更好地促进城市化地区、农产品主产区、生态功能区共同发展。把推进公共教育、就业创业、社会保障、医疗卫生、社会服务、住房保障、卫生体育等基本公共服务均等化，作为“合作区”促进区域协调发展、建立现代区域发展体系的出发点和落脚点，探索缩小中部地区基本公共服务的质量和水平与东部沿海地区差距较大的路径和模式。深入推进财政事权和支出责任划分改革，积极争取中央财政支持，通过建立中央、省、市财政向欠发达县（市）转移支付制度，尤其要增加对重点生态功能区、农产品主产区、困难地区的转移支付，逐步建立权责清晰、财力协调、标准合理、保障有力的基本公共服务制度体系和保障机制，不断提升欠发达地区基本公共服务的财政保障能力，逐步缩小其与发达地区在公共服务水平方面的差距。一市三省的公共事业机构、设施和项目布局要向“一地六县”的欠发达地区倾斜，支持“合作区”利用信息化、数字化、智能化技术，建设方便快捷高效的公共服务平台。推动公共服务资源在“合作区”共有共享。加快建立医疗卫生、劳动就业等基本公共服务跨区域流转衔接制度，促进劳动力跨区域合理流动。

三、几点建议

“合作区”建设要以国家战略和纲要为指引，以三年行动计划为载体，以抓铁有痕的韧劲、踏石留印的担当、久久为功的信念，把一市三省“十四五”规划纲要涉及的“一地六县”的重点任务完成到位，凝心聚力抓好落实，一张蓝图干到底。

一是加强组织协调。建议由长三角区域合作办公室统一协调“合作区”建设，借鉴发达国家构建区域发展管理机构的成功经验，探索政府职责定位、管理机构设置，研究论证促进“合作区”发展的体制机制，明确协调发展的内涵、重点和方向，健全政策制定、实施、监督、评价机制，明确有关部门在区域协调发展中的职责，明确地方政府在推进区域协调发展中的责任和义务，充分发挥社会组织、研究机构、企业在促进区域协调发展中的积极作用。“一地六县”加强对规划实施的指导、跟踪、督促，协调解决规划实施中的突出问题，推动政策会商、项目对接、利益协调，适时开展规划实施情况评估，及时总结经验做法。

二是强化要素保障。建议一市三省协调和加大对“合作区”的财政金融支持力度，积极争取中央财政转移支付，探索设立共同投资基金。在债权融资、产业基金、上市辅导、股权融资、融资租赁、金融担保等方面，完善金融服务平台。建立“合作区”统一开放、功能完善、服务快捷的人力资源服务中心，积极推动劳务合作，优化劳动力资源供给，建立一批就业培训基地，不断提高劳务输入输出的组织化程度和技能水平。建议省自然资源厅支持将“合作区”规划范围纳入宣城、郎溪和广德城市空间规划，并在用地方面给予倾斜，支持开展土地征收成片开发。

三是推动合作交流。推动“一地六县”行政审批项目“跨省通办”，探索跨区域互认衔接工作。畅通跨城登记和监管信息，加快实现招聘“一点通”、养老保险待遇资格“就地认”、流动人才档案办理“零跑路”，加强人才资质互认共享。推动“合作区”“一地六县”选派干部相互挂职常态化。推动“合作区”定期开展招商引资重点项目对接交流，根据产业分工合作，并从投入、产出、税收等方面综合考虑，科学指导项目落地，避免恶性竞争。“一地六县”根据一市三省参与上海临港新片区和虹桥国际开放枢纽建设方案，按照“合作区”共同诉求，积极参与项目开发、建设和运营。

四是完善规划体系。建立健全“合作区”规划体系。探索设立中国（安徽）自贸试验区宣城联动创新区，推动临空产业园、综合保税区、巷口桥铁路物流基地、宣城港、定埠港及海关监管作业场所等项目建设。加强白茅岭农场相关规划与宣城市发展规划体系的充分衔接，推动沪皖共建白茅岭农场基础设施，实现水、电、气、路、基本公共服务等一体化。

审　稿：樊明怀
执　笔：闪　辉

打造促消费平台——政府亦可大有作为

——上海市举办“五五购物节”的启示

“五五购物节”是上海市政府从2020年起举办的全城促消费大型活动，目前已成功举办两届。购物节从政策设计到推动实施，从应对疫情冲击到加快消费升级，其工作思路、组织方式、操作步骤，充分体现了上海市善于化危为机、顺势而为、品牌化运营、体系化推进的特点，为我省积极发挥有为政府作用，促进消费升级提供了借鉴。

一、“五五购物节”的成功举办，打开了政府推动消费升级的新思维

“五五购物节”采取“政府搭台、线下商圈参与、线上企业同步”的方式，着力把“五五购物节”打造成为上海市重要的消费节庆活动，搭建起消费新理念、新模式、新业态、新品牌的试验田和竞技场，实现了线上引流带动实体消费，打通了政府促消费的新通道。

（一）首届“五五购物节”突出应对疫情冲击，加快消费回补

2020年，面对疫情对实体经济的严重冲击，上海市没有简单发放购物券，而是采取“政策+活动”双轮驱动的方式，全面激活被疫情抑制的消费。线上，上海本土的拼多多投入25亿元补贴，联合上海百家核心商场，搞“全场五五折”活动；阿里巴巴借力“春雷计划”让利20亿元，旗下的盒马、饿了么全面发力。线下，传统商业运用云购物、社群营销、全链路数字化等途径改变上海滩的原有商业风格，展示了线上线下的融合生态，有效地帮助上海市聚人气、聚商气，向海内外传递了经济复苏、信心提振的强烈信号。

（二）第二届“五五购物节”突出全民狂欢，全城打折

2021年，第二届购物节以“全球首发季”和“全城打折季”为主题，搭建起“2+10+16+X”活动框架，组织全民参与的各类活动近1900项。“10”代表活动的10个板块，涵盖首发、品牌、夜间3大经济，新型、大宗、进口商品、

餐饮、服务、信息6大消费以及长三角一体化联动。“16”代表上海市辖区，各个辖区结合本区特点开展“一区一主题”的促消费活动；“X”代表若干活动，各类市场主体开展的若干主题营销活动。第二届“五五购物节”活动数量见表1所列。

表1　第二届“五五购物节”活动数量

序号	活动名称	活动数量
1	首发经济板块	130余项活动
2	品牌经济板块	220余项活动
3	夜间经济板块	近120项活动
4	新型消费板块	近380项活动
5	大宗消费板块	70余项活动
6	进口商品消费板块	近100项特色活动
7	餐饮消费板块	70余项活动
8	服务消费板块	370余项活动
9	信息消费板块	近60项活动
10	长三角一体化板块	30余项活动

（三）两届购物节突出创新驱动，促进消费

上海市准确把握消费升级趋势，以制度创新、模式创新、技术创新激发潜在的消费需求。政策供给方面，先后出台了《关于促进本市汽车消费若干措施》《餐饮服务单位分餐制管理规范》以及分餐行动实施方案，发布全球首份“首发经济”评价标准，第一财经首推上海夜生活活力指数。模式创新方面，各大电商平台和实体商业企业强强联合，“线上发券+线下消费”“平台+商场”等营销新模式成为竞合双赢的有效途径。技术创新方面，充分利用现代信息技术，打通、融合实体与虚拟空间，体验有声化、互动化、实时化、立体化，激活上海丰富的市场优势、场景优势、资源优势，构建在线新经济深度支撑国际消费城市发展的样本。

二、“五五购物节”注入品牌化运营模式，获得事半功倍的新成效

“五五购物节”虽然没有“双十一”“6·18”等线上购物节的全国影响力，

但越来越得到上海市民的广泛关注和积极响应，其体现出的品牌意识、品牌思维、品牌运营，取得了较好的效果。

（一）善于化危为机、抢抓机遇，树立品牌

上海市针对新冠疫情对实体经济冲击这一痛点，精准把握时机，在出台系列刺激消费政策的基础上，迅速搭建起打通政府、线上线下市场主体、消费者的创新性平台，推动线上流量反哺实体经济，拉动线下消费，把疫情防控中催生的新业态、新模式以“五五购物节”的方式打造品牌。

（二）充分发挥政府引导、市场主体作用，运营品牌

上海市采取“政府搭平台+商家让利润”的方式，强化了市区两级联合、政企多方联手、全城上下联动，做到了本地线上平台、线下商家、终端产品的全覆盖，实现了全市消费人群的全覆盖，极大地激发了市场主体的积极性，最大限度放大政策和资金的杠杆作用、乘数效应，有力地促进了消费回补和潜力释放，形成了“五五购物节”的品牌吸引力。

（三）注重政策延续、深化拓展，强化品牌

2020年首届“五五购物节”的火爆场景给了上海市信心，并在2021年的第二届购物节中更加注重政策的丰富完善和延伸拓展，并根据后疫情的消费趋势，结合构建“双循环”的需要，不断强化品牌。“五五购物节”已成为上海市最新、最潮、最划算的购物盛宴、消费狂欢，是“上海购物”标志性品牌活动。

三、“五五购物节”因时因势调整优化方案，实施效果不断取得新突破

如果说，首届“五五购物节”出发点是应对疫情的“应急”之举，第二届购物节更加突出促消费的“升级”之路。购物节年年举办，但举办方式和重点又不相同，充分体现了上海市政策制定的针对性、精准性、有效性。

（一）注重体现党委、政府的中心工作

第一届购物节，通过大力度、广范围的打折活动，重启生产流通消费循环，汽车、餐饮、服装等重点领域快速复苏，促进了消费回补和潜力释放，从而拉动实体经济迅速恢复到疫情前状态。第二届购物节，立足寻找上海构建国际消费中心城市的突破口，形成了一边提升全球商品供给、创造前沿消费潮流，一边在价

格上让利、凸显出比较优势的格局，为上海建设国际消费中心城市带来更多机遇。

（二）注重政策实施的实绩、实效

两届“五五购物节”不是拉拉架子、摆摆样子，而是扎实务实之风一以贯之。从实施效果来看，第一届购物节的支付端大数据显示，上海线下实物消费总额为2846亿元，环比增长了11.6%，基本恢复到2019年同期水平；第二届购物节，全市线下发生消费196.5亿元，比2020年同期增长了30.4%，比2019年同期增长了9.6%。从组织模式来看，购物节提供了丰富的数字应用场景，为上海开辟了很好的消费数字化转型“试验场”，加速了上海市数字化转型，数字化商圈、商街、商场应运而生，手机直播逛超市、逛商圈购物成了上海新时尚。

（三）注重群众参与度、获得感

两届购物节都把“让利于民”作为活动的最终落脚点，用实实在在的优惠吸引了越来越多的群众参与。购物节期间，上海市充分运用各种宣传资源，系统性、全方位提高群众知晓度。上海市政府新闻办公厅举办4场市政府新闻发布会，回应群众关切，中央新闻、市级媒体、区级融媒体多层次、广覆盖开展宣传。上海地标建筑、商圈大屏、地铁站厅等近8万个公益宣传阵地对“五五购物节”全天候宣传。抖音、哔哩哔哩、喜马拉雅、小红书等流量平台，组织网红主播、头部UP主进行宣传，提高百姓对购物节的认可度。促销力度空前，仅第一届购物节，阿里巴巴、腾讯、苏宁易购和百联集团、光明集团等平台和商家累计发放各类消费券达286亿元；上汽集团推出近400辆55折新能源汽车引发市场热潮。欧莱雅集结旗下十余品牌的上百项“新发布”打造“上新季”，上海销售额增速超全国5倍，“五五购物节”成为上海市民实实在在的收获节。

四、“五五购物节”体现跨区域、跨部门特点，激发系统化、体系化的新力量

全局性的重大活动需要顶层设计和各部门的协调配合，很难依靠哪一个部门单打独斗。上海市“五五购物节”强化市区联合、政企联手、区域联动，充分体现了整体谋划、分头实施、形成合力的特点。

（一）顶层设计、机制保障的特征明显

第一届购物节期间，上海市委书记李强同志在2020年5月4日的上海国际

消费城市全球推介大会上与20位中外企业代表共同启动“五五购物节”，着眼于实现本地平台和商家全覆盖、终端产品全覆盖、消费人群全覆盖。同时，上海市建立了“五五购物节”工作协调机制，各区、各部门、各单位，以及各大平台、各大商业企业集团和各行业协会等主动对接、积极响应，确保了购物节的顺利举办。

（二）上下联动、系统推进的特征明显

购物节由上海市政府主办，商务委、发展改革委、宣传部、海关等各部门协同配合，制定出台“一大节庆”“五大消费”“四个经济”“一个环境”等在内的四个方面12条政策举措，同时策划形成16个专项活动方案，并设计注册LOGO、制作主题宣传片，构成了促消费的组合拳。各部门职能充分发挥，感受不到主角与配角的区别，体现的是主人翁姿态和担当精神。

（三）政企民互动、行业组织发力的特征明显

注重发挥政府撬动市场的作用，有效整合了社会资源，引导大平台、制造商、零售商和服务商跨界合作，实现千企万店日日有活动、周周有亮点。行业组织积极发挥服务纽带功能，汽车销售行业协会、单用途预付卡协会、交电家电商业行业协会、黄金饰品行业协会、南京路步行街企业联合会、特色商业街区发展联盟等机构和组织主动跨前，搭建平台、对接资源、强化服务，广泛动员行业、企业参与。

五、学习借鉴上海市“五五购物节”好经验，加快我省消费扩容升级步伐

从上海市“五五购物节”的成功举办中我们认识到：大型促消费活动，不仅仅是大型网络平台公司的强项和专利，政府亦可发挥职能部门作用，广泛整合线上和线下、平台和商家等各方资源，引导消费扩容升级，从而推动经济高质量发展。

（一）转变思想观念，因时因势推动消费扩容升级

传统思维认为，投资拉动经济增长见效快、作用好，促消费工作点多面广领域宽，见效慢、周期长。建议学习借鉴上海市举办“五五购物节”的创新性做法，把消费作为基础的、长远的支撑来谋划，主动发挥政府整合各方资源的优

势，精准发力、顺势而为，采取“政策+活动”等点面结合的方式，推动消费领域制度、模式、技术创新，打造多层次消费空间和平台载体，建设一批特色消费城市、区域消费中心，抢占长三角乃至全国消费市场高地。

（二）强化品牌意识，打响“快到皖里来”促消费品牌

百姓越来越多样化、多层次的消费需求，不仅需要市场主体自发行动，也需要政府政策端发力。建议学习借鉴上海举办“五五购物节”过程中体现出来的注重品牌、打造品牌、运营品牌的经验做法，围绕打响“快到皖里来”促消费品牌要求，开展“皖美消费—乐享江淮”等一系列有品牌影响力的消费活动，谋划一批促消费的支撑平台，举办各类消费类会展，久久为功，一步一步把“快到皖里来”品牌打响做实。

（三）加强整体性谋划，凝聚各方力量激发消费活力

消费涉及的行业多、领域宽，促消费的体制机制建设更是涉及多个政府部门。建议通过加强促消费顶层实施方案的设计，组织开展重大促消费活动，激发省直部门、16 个地市以及县区推动消费升级的积极性、主动性、创造性，激发市场主体参与活动的兴趣，形成促消费活动蓬勃开展的浓厚氛围。同时，加强与沪苏浙政府和市场主体的联动，共同举办一体化的大型促消费活动，在互惠共赢中构建长三角高品质消费市场。

（四）注重实绩实效，打造群众得实惠的促消费活动

促消费活动能不能得到群众的认可和积极响应，关键是能否在活动中有更好的消费体验，得到实实在在的优惠。建议通过政府拿出政策性补贴，阿里巴巴、京东等平台公司让利，万达、万象城等重大商圈参与，奇瑞汽车、三只松鼠等商家让利，多方发力、线上线下融合，让老百姓获得比“双十一”“6·18”等线上购物节更好的购物体验，真正把促消费活动办成惠民活动，不断得到老百姓的拥护和支持。

审　稿：樊明怀
执　笔：张　云　董　楠　胡　明
窦　瑾　朱一凡　江　鑫

关于“一地六县”合作区建设的调研报告

推进“一地六县”长三角生态优先绿色发展产业集中合作区建设，既是我省贯彻落实习近平总书记考察安徽重要讲话指示精神和在扎实推进长三角一体化发展座谈会上的重要讲话精神的重要举措，也是我省“十四五”规划提出的聚力打造五个“区块链接”之一，对于加快长三角省际毗邻欠发达地区高质量一体化发展具有重要现实意义。安徽省经济研究院课题组开展了“一地六县”合作区专题调研，现将调研情况报告如下。

一、“一地六县”合作区发展成效和特点

2018 年，我省首倡提出共建“一地六县”合作区战略构想。3 年来，“一地六县”合作区发展取得明显成效，高质量一体化进程显著加快，六县（市）经济增速均高于其所在省份平均增速，特别是我省的广德、郎溪增速高于其他 4 县（市）。总体来说，当前“一地六县”合作区建设呈现以下特点。

1. 既好又弱（区位条件好，经济基础弱）。“一地六县”交通区位条件优越，连南接北、承东启西，沪苏湖、宁杭、商合杭等多条高铁和高速纵横贯通，陆运便捷，东靠太湖和京杭大运河，北有芜申运河连通长江，水网密集，河运便利；G60 科创走廊横贯东西，南京、杭州、苏锡常和合肥四大都市圈环绕周边；区域绿色发展条件优越，拥有 2 个国家“绿水青山就是金山银山”实践创新基地和 3 个国家生态文明建设示范市县。但该区域经济基础相对薄弱，2020 年六县（市）地区生产总值、财政总收入、规模以上工业增加值、社会消费品零售总额和固定资产投资分别仅为苏浙皖三省的 2.2%、2%、1.8%、1.8% 和 1.9%。六县（市）中，我省广德、郎溪与其他 4 县（市）差距明显：2021 年上半年广德 GDP 仅为宜兴、溧阳、长兴、安吉的 18.6%、32.5%、50.6% 和 69.5%，郎溪 GDP 仅为宜兴、溧阳、长兴、安吉的 10.1%、17.7%、27.4% 和 37.7%。

2. 既多又少（产业竞争多，园区合作少）。近年来，“一地六县”合作区虽已经初步建立“一区多园”产业合作机制，划定了产业合作区或先导区，但合

作园区及先导区产业协同发展不充分，区域产业竞争大于合作。一方面，合作区内主导产业相似度较高，产业低端重合，同质化竞争明显，产业集群化、高端化程度整体不高。另一方面，合作区内各园区产业合作较少，没有形成产业梯度转移，区内企业合作少，配套少，产业链条短，龙头企业跨区合作不多。整体上看，各园区都尚未自觉打破自家“一亩三分地”的思维定式，普遍更多考虑各自县域经济发展，真正意义上的区域产业梯度转移和区域内外循环体制机制还没有建立。

3. 既近又远（地理距离近，经济距离远）。“一地六县”地理空间距离很近，六县（市）相互毗邻，但内部省际快速通道仍然较少，广德 S459 与安吉 S218、广德 S338 与长兴 S301 等道路尚未对接，溧宁高速溧阳段尚未贯通，城际轨道交通联系不足，跨区域客运尚未实现公交化运营，省际毗邻公交发展不充分，公交“一卡通”、交通出行“同城待遇”均未实现，交通一体化程度不高。同时，六县（市）与中心城市的时间距离“很近”，但距三大都市圈辐射范围又“很远”，虽然随着沪苏湖高铁和宁杭高速二通道的建成开通，六县（市）将直接进入上海、杭州等地的 1 小时高铁通勤圈，但实际上，广德与合肥相距约 270 公里、郎溪与上海相距约 260 公里，“一地六县”与上海、杭州、合肥已经到了都市圈辐射的最外沿，承载溢出较为困难。因此来看，“不可多得”的区位优势难以转化为“不可替代”的产业发展优势。

4. 既大又小（全局意义大，工作切口小）。从宏观层面来看，规划建设“一地六县”合作区有利于集中探索“两山”转化实现机制，为省际毗邻地区和落后地区的合作共赢提供新思路和经验借鉴，在长三角高质量一体化发展中意义重大。但从微观层面来看，推进落实的工作切口小。目前的合作多以浅层次、碎片化为主，比如，文旅合作仅仅停留在景区同城化、旅游联合推广和精品路线联合开发等较浅的层面上，对于文旅产业高端深度挖掘、大型文旅休闲中心打造等方面的合作尚未开展。再比如，区域市场监管部门已合作开发内网平台，采取制作共同 LOGO、联合发文、联合公章等合作形式，但受隶属关系等因素影响，经费、数据资源共享以及审批要求各异等难以解决，区域一体化牵引力不足，尚未实现全局性工作的大突破，区域共建实质性进展不快。

5. 既紧又松（政府层面紧，市场手段松）。“一地六县”合作区在交通运输、税收合作、应急联动、生态环保、文化旅游、政府服务、市场监管、数字长三角等十几个领域开展了合作，建立了一系列专项合作机制，签订了几十个合作协议，6县（市）在具体工作的“点”上联系已经较为密切，但在省级部门整体“面”上联动还比较分散。合作区总体上享受国家和省级层面支持政策不多，尚未建立省级层面常态化制度安排，土地、能耗、环境容量等也未建立起合作利益补偿机制等。另外，相比较，我省各级政府重视程度较高，对接意识较强，而沪苏浙省级部门层面回应较少，跨区域合作推动力不强，各类市场主体、专业机构关注度、参与度不高。

二、对策建议

调研发现，“一地六县”各方对合作区建设已形成高度共识，各县（市）共建积极性高，推进力度大，但要形成长三角省际毗邻欠发达地区高质量一体化发展示范，还需要更高层面、更大力度引导支持。下一步，要对标“青吴嘉”，争取国家支持，强化政策激励，率先先行先试，加快形成长三角高质量一体化发展新典范，力争将其打造成为我省五个“区块链接”的最靓名片。

（一）加强规划引领，优化政策支持

一是加快编制“一地六县”合作区发展规划。在充分评估总结苏皖合作示范区发展成效的基础上，联合沪苏浙共同编制“一地六县”合作区发展总体规划，分别牵头编制交通、文旅、产业等专项规划，共同争取列入国家相关规划或实施方案，实现联合报批、一体实施。二是出台专门支持政策。进一步细化实化“一地六县”合作区相关支持政策，我省省级财政要加大对郎溪、广德及宣城市的支持力度，实施新增地方政府债券额度倾斜。探索一市三省共同设立“一地六县”专项投资基金，重点投向跨区域基础设施建设、合作园区发展、重点产业布局、公共服务便利共享等。吸引长三角特别是上海更多创投机构来“一地六县”投资，集聚更多金融资源和金融机构。在省级层面建立“一地六县”重点项目库，将入库重点项目比照省重点项目，由省级层面统筹保障用地需求。

（二）高水平建设苏皖合作示范区，推进产业集群化、高端化发展

一是探索园区共建新模式。学习借鉴苏滁现代产业园区合作模式，探索合肥高新区、合肥经济开发区与郎溪、广德开发园区合作共建，通过“飞地”等平台，引导合肥高新区、合肥经开区领军企业到郎溪、广德布局建厂或产业转移，

协同打造先进装备制造、新能源、新材料、电子信息、汽车零部件等优势特色产业链，加强产业和产品配套，促进郎广产业转型升级，产业链供应链向高端化迈进。二是积极推进区域产业集聚发展。依托上海通用汽车、泛亚汽车技术中心研发试验中心和国家机动车产品质量监督检验中心两大平台，积极发展新能源汽车和智能网联汽车测试，大力开展汽车增值服务，加快推进汽车检测小镇建设，打造全国重要的汽车检测及零部件测试基地，构建新能源汽车和智能网联汽车产业链。

（三）积极推进产城融合，不断增强郎广城市功能

缺乏较强能级的中心城市带动和辐射是“一地六县”发展的最大短板，我省郎溪、广德两县（市）人口规模小、城市功能弱，产业和人口集聚能力不强，是制约其发展的最大弱项。因此，我省要把加快推进两县（市）产城融合步伐作为当前合作区建设的着力点。一是以园区产业转型升级为抓手推进产城融合。以郎广经济开发区争创国家级开发区为契机，调整升级园区功能，高起点规划、高标准建设，增强园区服务功能，积极引进服务产业，促进产城融合。创新苏皖合作区城市建设理念，依托生态型产城融合先行区的功能定位，进一步完善县城市政设施，提升城市功能，形成以产兴城、以产促城的良好局面。二是聚力提升广德城市能级。与郎溪相比，广德人口规模大，产业和人口集聚能力强，城市功能基础较好，但离中心城市具有的辐射带动能力还有较大差距。因此，我省应把提升广德市城市能级作为近期推进“一地六县”合作区建设的着力点，大力支持其承接产业转移，积极引导产业和人口集聚，加快新城区、老城区、开发区、卢湖休闲度假区“四区同城”建设，高标准建设高铁片区，不断完善市政设施，加强中心城区商务中心区和特色文化街区建设，拓展提升新杭、邱村、誓节、东亭等重点镇综合承载力，不断增强产业和人口集聚能力，做大城市规模。

（四）以健康养老、文化旅游、生态农业等绿色产业合作为着力点，共同打造全国“两山”理念实践创新样板区

发挥区域生态优势，加快打造在全国具有影响力的“两山”理念实践创新样板区。一是联手打造长三角健康养老示范基地。抓住上海等地大力推进异地养老的机遇，率先探索长期护理保险、养老服务补贴等异地结算试点，积极引进沪苏浙知名品牌养老机构和医疗机构，加强本地养老服务人才培训，加快建设一批医养结合的康养小镇、养老综合体、养老社区、疗养院等高端康养项目。二是共同打响“长三角之心”区域文旅品牌。依托“一地六县”文旅联盟等平台，统筹太极洞、天目湖等优质文旅资源，加快打通旅游通道，共同开发旅游线路，联合开展营销推广，探索创建全国首个跨行政区域的全域旅游示范区，共建长三角重要的文化旅游目的地。三是共同打造长三角中心城市重要的“菜篮子”和“果盘子”。推进与上海光明集团绿色发展基地的农业全产业链合作，借力上海光明集团壮大提升郎溪广德绿色有机农产品品牌，合力建设长三角绿色农产品生产加工供应基地。

（五）加快推进交通互联互通和公共服务便利共享，夯实“一地六县”一体化发展的基础支撑

加快推进交通互联互通和公共服务便利共享是促进“一地六县”资源要素自由流通的基础，也是区域内广大民众最关心、要求最迫切、最容易有获得感的合作领域。一是加快构建内通外达的区域交通体系。共同推进宁杭高铁二通道、宁宣城际、合杭高速、宁杭高速、定埠港二期等对外交通大通道建设，进一步提升区域对外交通物流通达性。加强省际交通部门的协调，支持省际快速通道、公路和旅游风景道的建设和衔接，加快打通一批跨区域的“断头路”“瓶颈路”。二是积极开展公共服务便利共享先行先试。积极复制推广“青吴嘉”示范区公共服务同城化经验做法，率先推进基本公共服务标准统一和居民服务“一卡通”，探索建立部分基本公共服务项目财政支出跨区域结算机制，共建长三角养老、医疗、文化、残疾人等基本公共服务便利共享先行试验区，为推进“三省一市”全域公共服务便利共享积累经验，提供示范。

审　稿：樊明怀
执　笔：夏兴萍　王　斌　吕朝凤
赵皓矾

谋划布局氢能产业，助力安徽“双碳”目标实现

氢能源是公认的最洁净的燃料，被称为21世纪的“绿色动力”。国家“十四五”规划把氢能产业列为“前瞻谋划未来产业”，将组织实施孵化与加速计划。我省应积极谋划布局，开拓氢能产业新蓝海，助力“碳达峰、碳中和”目标的实现。

一、发展氢能产业对实现“双碳”目标的意义

（一）提供绿色零碳能源

氢不仅具有燃烧热值高的特点，而且燃烧的产物是水，被誉为是世界上最干净的能源，是构建现代绿色能源体系的重要方向。截至2020年，我国氢能产量和消费量均突破2500万吨。据中国氢能联盟预测，到2030年，我国氢气的年需求量将达到3715万吨左右，约占终端能源消费的5%；到2050年，氢气需求量将接近6000万吨，占比超过10%；到2060年，我国氢气的年需求量将增至1.3亿吨左右，约占终端能源消费的20%。

（二）实现可再生能源大规模存储与调峰

氢可通过可再生能源电解制取，增强电力系统调峰备用容量，有效解决风能、太阳能等可再生能源发电不连续、不可控、不易长期存储等问题。国家发改委、国家能源局发布《关于加快推动新型储能发展的指导意见（征求意见稿）》中，明确到2025年累计新型储能（除抽水蓄能外的储能方式）装机将达到30GW，截至2020年年底，新型储能机组累计装机仅为3.8GW，这意味着未来五年年均增幅需高达51.2%，很大一部分储能需要通过氢来完成。

（三）推动能源消费终端深度脱碳

氢能作为可再生绿色能源，广泛应用于工业、交通运输、建筑、电力等领域，促进能源终端消费绿色化、零碳化。其中，氢能源汽车充完一次气可以跑

600 公里，成为氢能应用场景中最具前景的领域。

二、我省氢能产业发展的优劣势分析

与其他省市相比，我省在氢能产业发展上既存在显著的优势，也存在明显的不足。

（一）主要优势

1. 科技攻关有支撑

我省拥有合肥综合性国家科学中心等一批创新平台，综合创新能力较强，在 2020 年中国区域创新能力排行榜中位列第 8 位。在氢能源研究领域，目前我省除了合肥综合性国家科学中心下设的能源研究院外，龙头企业阳光电源已入局制氢领域的研究与开发。此外，我省还涌现了安徽元隽氢能源研究所有限公司、安徽元极氢能源研究所有限公司等新兴氢能源研发主体，以及一批双创空间和创客主体，将为我省氢能产业发展提供有力的科技支撑。

2. 产业发展有基础

我省制造业高质量发展指数居全国前列，不仅为氢能源产业提供坚实的产业基础，而且为氢能源产业提供广阔的应用场景。目前，我省在制氢环节，拥有阳光电源、东华科技等上市公司；在氢储运环节，拥有安徽灵通氢能源、芜湖国氢能源等企业；在氢燃料电池环节，除了本土企业明天氢能、安徽奥菲欧外，还有引进的东方电气、安徽伯华等企业；在氢能源汽车环节，拥有安徽合即得水氢能源汽车等企业。

3. 绿色制氢有能源

一方面，近年来我省光伏、风能等可再生能源快速增长，目前非化石能源占一次能源消费比重已超过 8.5%，到 2025 年全省光伏发电、风电装机规模将达到 1900 万千瓦和 500 万千瓦左右，到 2030 年全省新能源占比将达到 40% ~50%；另一方面，我省抽水蓄能等能源存储能力有限，化学储能短期难有重大突破，“弃光”“弃风”或能源浪费在所难免。而这正好为绿色制氢提供了充足的电力资源。

4. 市场开拓有空间

据预测，我省到 2030 年全社会用电量将达到 4471 亿千瓦时，折算为 5495 万吨标准煤。如果我省氢气需求量占终端能源消费的比例达到全国平均水平（即

5%），那么，我省2030年氢需求量将达到207万吨左右，相当于275万吨标准煤。同时，我省“十四五”将进一步发展壮大新能源汽车、智能网联汽车等战略性新兴产业，将为氢能源向下游应用领域拓展提供广阔的空间。

（二）存在的不足

1. 产业布局零散

当前，我国已初步建成京津冀、长三角、珠三角、华中等氢能产业集群，形成氢能“制、储、运、用”完整的产业链。随着产业集群的形成与政策的不断加码，氢能源相关项目的建设进入提速阶段。数据显示，2021年1—7月，全国氢能产业名义总投资金额超过2500亿元，同比增长超过90%。相比之下，我省氢能产业项目仅有六安氢燃料电池自主技术产业化基地、濉溪芜湖现代产业园区氢能源电动车产业化项目等，阜合现代产业园氢能源示范项目还处于前期阶段，均未形成完整的产业链或产业集群。

2. 企业协同薄弱

面对氢能源巨大空间，国内行业巨头纷纷入局氢能源市场，中石化、中石油、国家电网等超过1/3的央企已经布局氢能源全产业链。同时，企业强强联合，比如，隆基股份与上海朱雀合资，中国石化与隆基股份、天合光能与中国石化合作。2021年，福田汽车与中国石油合作建设的首座加氢站落地北京昌平，长城汽车将推出全球首款C级氢燃料电池SUV。相比之下，我省不仅氢能企业少且小，省内大的能源龙头企业尚未涉足氢能源产业，而且企业之间缺乏分工协作，市场开拓能力有限。

3. 应用场景不多

目前，我国初步形成以主要城市为核心，围绕当地产业基础及技术研发情况形成的商业应用场景，带动了越来越多的企业加速布局氢能产业。截至2020年，我国累计建设运营加氢站110座，加氢站数量目前位居全球第四位，上海、广东、四川等多个地方已开展氢燃料电池客车商业化运行示范。我省现有的氢能应用场景主要是加氢站等少数场景，如芜湖市加氢站，新能源汽车的重点是充电汽车，大范围的氢能应用场景有待拓展。

4. 开发成本高起

当前，我国氢能源产业发展还面临着不少尚未攻克的技术壁垒，如液氢储运、氢气压缩机、加氢机等技术薄弱，氢燃料电池的主要原材料依赖进口；电制氢需消耗大量电能，氢生产仍以化石燃料为主，制氢成本高昂。我省和全国一样，面对技术和成本瓶颈，氢能产业大规模发展还不具备经济性。比如，受电解氢成本制约，东华科技等氢气生产方式主要还是煤制氢，也就是“灰氢”，生产过程仍有污染排放。

三、我省谋划布局氢能产业的对策建议

氢能产业不仅关系到安徽“碳达峰　碳中和”目标的实现，而且关系到我省抢占未来能源和产业发展的制高点，对建设新阶段现代化美好安徽意义重大、任务紧迫。为此，安徽省经济研究院提出以下建议：

（一）将氢能源产业纳入我省战略性新兴产业行列

目前，从中央到地方，各个部门都高度重视氢能产业发展及相应的战略与规划。2019 年，氢燃料电池首次被纳入中央政府工作报告；2020 年，氢能首次被纳入《中华人民共和国能源法》，财政部等五部委发布《关于开展燃料电池汽车示范应用的通知》；2021 年，国家正在制定氢能源战略。目前，北京、山东、浙江等 23 个省（自治区、直辖市）发布了氢能规划和指导意见及相关专项政策。建议我省着眼于未来发展，将氢能产业列为战略性新兴产业，加强顶层设计，强化规划引导和政策支持，深入推进氢能“三重一创”建设。

（二）集中力量开展氢能产业关键技术攻关

鉴于氢能产业受技术瓶颈制约严重，建议我省统筹协调，充分发挥合肥综合性国家科学中心、能源研究院等创新平台作用，积极创建氢能产业创新中心，引导国有大型能源企业、科研院所、“高、精、专”中小科技企业协同创新，集中力量开展绿色制氢、储氢及运输、加氢站、先进燃料电池等关键核心技术攻坚，支撑氢能产业健康有序发展。近期，重点支持六安等地开展氢能及氢能源汽车研发攻关，推动实施氢能与燃料电池等重大专项，以创新链布局带动产业链布局。

（三）高标准搭建企业协同发展平台

氢能产业链长、风险系数高，绝非单个企业所能突破。建议我省尽快成立氢能产业发展协会，适时成立氢能产业发展联盟，支持阳光电源等氢能企业发展，鼓励省内大型能源企业进军氢能源领域，重点引导和支持省内企业与国家电网等央企合作，积极引进国内外龙头企业，培育和壮大我省氢能产业市场主体，带动

产业链分工协作。同时，以长三角能源专题合作组为平台，全面参与长三角氢能基础设施规划建设，推进长三角氢能产业协同发展。近期，重点支持明天氢能公司与六安高新区、伯华氢能源与濉芜现代产业园、东方电气与阜合现代产业园等合作。

（四）统筹布局全省氢能应用场景项目

结合"双碳"目标和生态文明建设项目，围绕绿色交通、船舶、无人机、医疗、农业等应用领域，科学谋划和分批实施氢能应用场景重点项目，以项目推动氢能源应用环境的优化，吸引企业集聚、产业集群发展。近期，重点规划建设一批综合能源服务站，充分利用现有的加油站增建加氢相关设施，带动氢能源利用占比提升；结合分布式新能源发电站、家用热电联供系统、移动基站等场景，布局氢储能、氢燃料备用电源等项目；开展氢燃料电池示范城市等专项工作，鼓励各地探索各具特色的商用场景。

（五）用足用好国家相关支持政策

目前，国家已出台《关于开展燃料电池汽车示范应用的通知》《关于建立健全清洁能源消纳长效机制的指导意见》等文件，通过"以奖代补""四年窗口期"等方式，支持氢能产业发展。各省市政府仅2020年就出台了近40份相关产业规划和目标政策。鉴于我省氢能源产业处于培育期，建议我省积极争取和利用国家氢能推广补贴、氢能消纳等相关政策，充分发挥国家政策的激励作用，同时配套制定相应的支持政策，适时设立安徽省氢能及燃料电池引导基金，降低氢能源使用成本，促进氢能产业加快发展。

指　导：樊明怀
执　笔：张　峰

推进智慧园区建设，赋能开发区高质量发展

——创新型智慧园区建设调研报告①

创新型智慧园区建设是开发区新基建的核心任务，也是开发区转型升级的重要方向。我省2019年启动创新型智慧园区试点建设工作，两年来已有10家试点转向全面建设，取得显著成效，但也存在建设理念不优、数据共享不畅、支撑保障力度不够等问题。建议我省加强统筹指导、尽快制定标准规范，从开发区智慧化管理和产业链升级需求出发，优选建设模式，为全省开发区创新升级和高质量发展提供有力支撑。

一、我省创新型智慧园区建设进展

2019年，我省开展首批10个创新型智慧园区试点；2020年，省发展改革委、科技厅、商务厅联合印发《安徽省创新型智慧园区建设方案》，创新型智慧园区建设全面启动。省发展改革委地区经济处联合安徽省经济研究院经系列调研发现，我省创新型智慧园区建设取得显著成效，呈现出“两个提升”和“两个升级”的特点。

（一）开发区重视度显著提升

地方政府和开发区充分认识到开展智慧园区建设的重要意义，从政策、资金等方面给予充分保障。一是智慧园区建设机制进一步完善。在全省创新型智慧园区建设方案的基础上，各开发区结合信息化基础和发展需求，均已形成实施方案，制定相关工作协调推进机制。合肥高新区、蜀山经开区等29家开发区将创新型智慧园区建设成效列入年度考核指标，80%以上开发区或所在市县将创新型智慧园区建设列入年度财政预算。二是初步构建市县一体协调机制。开发区所在

① 自2019年创新型智慧园区试点建设启动以来，省发展改革委地区经济处联合安徽省经济研究院针对智慧园区建设开展多轮专题调研，其中2019年赴10个试点园区开展专题调研，2020—2021年赴42家已进行智慧园区建设的开发区开展跟踪调研。本调研报告基于2019年—2021年间系列调研成果总结形成。

市县高度重视，积极构建一体化推进机制。安庆市建立由市发展改革委、市及相关县（市）区数据资源局、开发区管委会及城市大脑团队等多方组成的工作组，统一设计、统一管理，统一建设标准，统筹招投标环节管理，“一盘棋”推进全市创新型智慧园区建设。三是投资力度持续加大。2019 年，创新型智慧园区建设预算超千万的仅有 5 个，占试点园区 50%。2021 年，创新型智慧园区建设预算超千万的达 32 个，超五千万的达 15 个，且项目投资完成情况良好，半数园区已完成 70% 以上投资。四是探索建立创新型智慧园区建设规范。标准化建设是创新型智慧园区实施的重点，也是开发区普遍反映的建设难点和痛点。目前六安经开区、马鞍山综保区等 13 家开发区已开展先行探索，以项目标准形式率先建立创新型智慧园区建设规范。创新型智慧园区投资完成情况如图 1 所示。

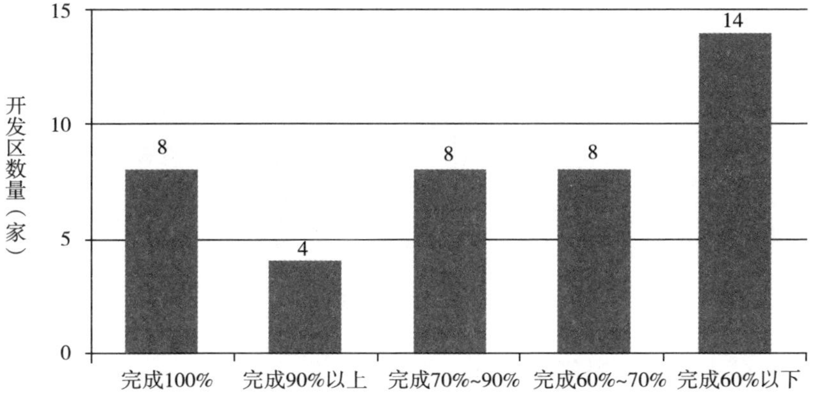

图 1　创新型智慧园区投资完成情况

（二）市场参与度显著提升

创新型智慧园区建设过程中，市场逻辑和资本力量逐渐显现，更多的社会力量积极参与建设、运营和管理。在设计阶段，大部分开发区均引入专业化设计咨询团队，参与创新型智慧园区实施方案和初步设计方案编制。在建设和运营阶段，蜀山经开区、合肥高新区、桐城经开区等 20 多家开发区引入社会资本，通过合资共建运营平台、PPP 项目等方式，共同推动创新型智慧园区建设。如合肥高新区与安徽出版集团合资成立合肥时代智慧高新投资管理有限公司，负责高新区创新型智慧园区的规划、投资、建设和运营维护。

（三）“信息化项目”升级为“新基建系统工程”

与2019年相比，各开发区的创新型智慧园区建设已逐渐由单纯的信息化平台建设项目，向“新基建”系统工程转变。各开发区以创新型智慧园区建设为契机，加快实现网络基础设施、算力基础设施、安环基础设施等“新基建”全面升级。截至2021年1月底，90%的开发区已实现百兆以上光纤全覆盖，调研的42家开发区中已累计建成5G基站5234个，67%的开发区基本实现5G全覆盖①。各开发区基于创新型智慧园区数据需求整合形成“数据底座”，合肥高新区、蜀山经开区、马鞍山综保区、宁国经开区、博望高新区等开发区已建成相对完备的“园区大脑”。创新型智慧园区5G覆盖情况如图2所示。

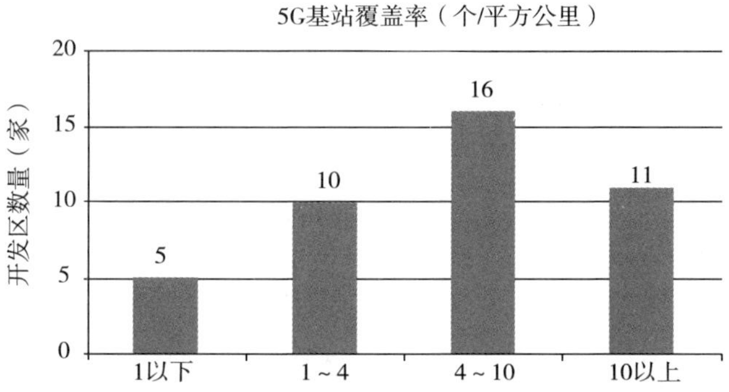

图2　创新型智慧园区5G覆盖情况

（四）“试点探索”升级为“建成见效”

在2021年调研的42家开发区中，已有蜀山经开区、马鞍山综保区、博望高新区、新芜经开区等13家开发区建成创新型智慧园区并投入使用，另有7家处于调试和试运行阶段，10家基本建成。全省创新型智慧园区建设已从试点探索阶段转为全面推广阶段，并在开发区管理和运营中发挥重要作用。一是智慧平台更加完善。相关开发区结合工作需要，积极搭建“智慧招商”“智慧环保”“智慧产业”等各具特色的智慧化管理平台，提升管理效率和智慧化水平。如蜀山经开区等建立产业链地图，利用模型分析方法开展预测预警和评估研判，为精准招商提供有力支撑。合肥高新区以“合创汇”平台为引领，在政策匹配推送、创

① 理论上每平方公里建设4个5G基站可基本实现信号全覆盖。

新券发放管理、孵化载体管理等方面成效显著。二是创新技术加快应用。各开发区应用大数据、云计算、人工智能等新技术，不断拓展智慧化应用场景。如宿州高新区实施开放路面商用的5G自动驾驶试点，打造“无人智慧园区物流”应用场景；马鞍山综保区和池州高新区利用无人机构建空中监测节点，实现管理立体化升级。

二、我省创新型智慧园区建设存在的问题

调研发现，我省创新型智慧园区建设在取得显著成效的同时，在建设理念、数据共享机制、产业服务功能、长效保障机制等方面仍存在一些短板，有待升级完善。

（一）建设理念有待升级

目前我省创新型智慧园区建设多从管理角度出发，管理功能和展示功能设计相对完善。开发区企业参与深度不足，针对企业和主导产业的服务功能设计薄弱。智慧化场景应用想象力不足，平台功能集中于信息检索发布、数据统计、领导看板等基础领域，缺少产业链分析、智能匹配、用户画像、大数据挖掘、在线交易等深层次应用。创新型智慧园区基本实现了“可用能用”，但距离“实用好用管用”尚有一定差距。

（二）信息孤岛依然存在

开发区各类信息数据分散在不同业务部门和业务系统，现有业务系统基于不同底层平台开发，标准规范和数据接口各异，运行网络和数据密级不同。虽然各开发区或所在市县已建立数据资源协调共享机制，但受技术手段和共享政策等制约，跨层级、跨部门的数据协调困难，创新型智慧园区综合管理平台对接现有平台能力依然较弱。部分开发区为实现综合管理平台相关功能，重复录入或采集相关数据，浪费大量资源和人力。此外，创新型智慧园区新建平台与既有平台间对接不畅，面临产生新的“数据孤岛”“数据烟囱”风险。

（三）建设保障有待完善

运维保障不足，部分开发区在建设阶段推动力度较大，但后期运维保障能力较弱，缺乏稳定的运维资金和畅通的数据更新渠道，支持创新型智慧园区设备升级、数据更新和数据安全的长效机制尚未建立。专业人才缺乏，各开发区普遍反

映专业人才保障不足，部分开发区仅有1个信息化专员承担创新型智慧园区从设计建设到后期运行维护的全部工作。标准规范缺失，目前全省尚未建立创新型智慧园区建设规范，各开发区建设内容和接口规范不一致，“省—市—开发区”三级平台联动困难，验收和考核标准缺失。

三、省外智慧园区建设经验

随着我国智慧园区的建设步入快车道，各地政府的重视程度及投入不断升级，省外部分地区智慧园区建设取得显著成效，积累了丰富经验。我省应对标先进，充分借鉴典型经验和成熟做法，加快补齐发展短板，推动创新型智慧园区建设提档升级。

（一）省级统筹推进

上海市作为智慧园区建设的先行地区，率先制定出台《关于加快推进本市智慧园区建设的指导意见》，并成立上海市智慧园区发展促进会，积极助力智慧园区市场化机制的形成。江苏省出台《江苏省智慧园区认定和管理暂行规定》，将省级智慧园区建设情况列入全省开发区科学发展综合考核评价，并实行动态管理，每两年考核一次，三年共认定22家智慧园区。浙江省出台《浙江省推进数字化园区建设实施方案》，建立由省数字经济发展领导小组统筹协调、各职能部门分工合作、全面推进的工作机制，其中省发改委、经信厅、科技厅、商务厅等分别负责特色小镇、小微企业园、高新区和科技企业孵化器（含众创空间）、经济（技术）开发区的数字化转型工作。

（二）标准规范引领

上海市在2013年起草制定了国内首个智慧园区地方标准——《智慧园区建设与管理通用规范》（DB31/T 747—2013），率先提出包括设施、管理、服务、产业等在内的完整的智慧园区总体框架，并创新性地对工业区、商务园、科技园、创意园等不同的园区类型提出了差异化建设内容。随后，江苏、广东、山东、成都等地区也先后发布有关智慧园区设计、建设、管理、验收的地方标准，有力地推动了当地智慧园区的科学规范发展。

（三）多元主体参与

山东省形成主管部门引导，系统集成商、电信运营商、科研院所、投资机构、园区经营主体“五位一体”的智慧园区推进机制。武汉市由湖北联投集团、东湖高新集团和科大讯飞三方成立合资公司，打造东湖高新集团智慧运营平台，在武汉软件新城和武汉光谷国际生物医药企业加速器先行试点智慧园区项目，构建“科技资源导入+产业园区+金融服务+上市平台+产业集群”“五位一体”的智慧园区发展格局。浙江省开发区采取多元合作的方式开展智慧园区建设，如杭州新天地集团与杭州联通、华为公司在信息化和通信等方面开展战略合作，将杭州新天地园区打造成为浙江首个5G商用智慧园区。

（四）技术应用赋能

广东省积极开展“5G+工业互联网”应用示范园区创建，结合特色产业集群数字化转型试点、村镇工业集聚区改造升级、工业园区高质量发展等重点工作，推动工业企业内外网升级改造和5G应用不断深入，有力促进了开发区基础信息能力和信息化管理水平提升。北京市中关村壹号作为北京自贸区科技创新片区的地标园区，充分发挥人工智能硬科技企业集聚的优势，率先搭建智慧园区运营平台，开展5G创新应用大赛、5G+智慧城市等专题比赛，推动获奖项目的应用场景优先在园区落地实施。苏州工业园区以人工智能为引领的新一代信息技术产业与园区制造业融合发展为主线，大力推动“5G+工业互联网”融合应用，并以“互联网+”赋能智慧园区建设，初步建成由1个数字底座、4大智慧应用和1个领导驾驶舱组成的智慧城市运行管理中心。

四、相关建议

（一）加强统筹协调

一是进一步优化工作推进机制。参考安庆市做法，建立市、县、开发区各职能部门共同参与的一体化推进机制，统筹软硬件资源，降低建设成本。建议由各市发展改革委会同市数据资源局牵头成立专班，统筹协调推进，自上而下畅通信息共享渠道，打破“信息孤岛”。二是构建“省-市-开发区”三级联动的创新型智慧园区平台体系。加快省级平台建设，为市级和开发区级平台提供建设内容和核心功能等指导。探索“云平台”建设模式，为部分信息化基础较差的县管省级开发区提供模块化定制服务。三是完善标准规范。建议尽快制定我省创新型智慧园区建设地方标准和规范导则，针对不同类别开发区特点，完善验收标准和考核指标，构建创新型智慧园区建设标准化体系。四是强化考核结果应用。构建创新型智慧园区建设验收和年度考核机制。依托验收考核结果，出台鼓励创新型智慧园区发展奖补办法。进一步强化考核结果在开发区年度综合考核中的应用。五是加强交流合作。组织召开创新型智慧园区建设经验交流会（培训会），邀请省内外相关领域专家和开发区代表，交流分享创新型智慧园区建设经验。鼓励以创新型智慧园区建设为契机，与长三角相关开发区共建智慧园区联盟。

（二）强化数据共享

一是提升数据获取能力。加快布局覆盖开发区的智能化感知设施体系，综合应用物联网、工业互联网等技术手段，升级数据获取技术、拓宽数据获取渠道，汇聚第一手监测评价数据。二是强化部门间数据共享。积极落实数据资源共享相关制度，打通部门间、层级间以及部门内部的各类数据“梗阻”。以数据归集共享带动数据应用上线，推动各职能部门密切协作、主动作为。探索建立以数据“共用共认”为重点的共享机制，实现税务工商、环保监测、安全生产等内部数据“不为我有，但为我用”。三是强化与既有平台对接。加强与开发区现有各类业务平台、智慧城市、智慧社区等对接，共建创新型智慧园区数据底座。探索对接企业 ERP[①] 等平台技术手段，创新企业数据汇聚策略，打通与企业间的数据鸿沟，获取更精细的企业级数据。

（三）提升智慧水平

一是优化功能设计。开发区管委会应全流程参与创新型智慧园区顶层设计，园区企业应深度参与创新型智慧园区需求分析，从产业赋能、智慧治理、惠企服务等核心需求出发，优化功能设计。二是丰富应用场景。在开发区日常管理、统计展示、办公 OA 等常规应用以外，围绕开发区主责主业，不断丰富产业发展、企业服务、产业链打造、双招双引等核心应用场景，积极打造相关专业化系统，确保创新型智慧园区“好用管用”。三是积极应用先进技术。推动 5G、云计算、大数据、人工智能等新一代信息技术赋能创新型智慧园区建设，鼓励开展数字孪生、无人工厂、全息会议、设备上云、智慧展厅等特色应用和示范，实现开发区由信息化向智慧化升级。

① EPR，即企业资源规划（Enterprise Resource Planning），是将企业物流、资金流、信息流进行全面一体化管理的管理信息系统。

（四）优选建设模式

从调研结果来看，我省创新型智慧园区建设可分为“自下而上集成式”“自上而下规划建设式”“一体化推进式”三个类型，建议各开发区根据自身信息化基础、主导产业和实际管理服务需求，优选建设模式。一是自下而上集成式。该模式整合现有的大量业务化系统，自下而上进行数据整合和平台集成。该模式对现有智慧化平台影响较小，对业务流数据流改造较少，可实现平台高效复用，但数据底座和平台接口设计建设难度较大。目前合肥高新区应用该模式取得较好的建设成效，建议信息化基础较好的园区可选用此模式。二是自上而下规划建设式。该模式首先进行详细的顶层设计，科学规划信息流、业务流，自上而下进行综合平台、业务子系统开发。该模式建设逻辑清晰、系统间衔接性较好，但对顶层设计和需求分析准确性、科学性要求较高。目前马鞍山综保区、蜀山经开区等应用该模式取得较好的建设成效，建议信息化基础较弱但资金保障充足，或专业化程度高的开发区可采用此模式。三是一体化推进式。该模式将智慧园区建设纳入所在市县智慧城市建设一体化推进建设。该模式推动力度大，资金投入大，在打通数据壁垒等方面具有独特优势。目前桐城经开区、博望高新区等应用该模式取得较好的建设成效。建议开发区所在市县正在开展智慧城市建设，或智慧城市建设水平较高的，可选择嵌入智慧城市框架实施创新型智慧园区建设。

调研组：省发改委地区经济处　省经济研究院
指　导：陈加林　蒋旭东
执　笔：王淑文　张贝尔　孙京禄
　　　　陆贝贝　朱竹墨
审　稿：樊明怀

开展 GEP 核算，助力生态优势高效转化

2021 年 4 月，中共中央办公厅、国务院办公厅印发《关于建立健全生态产品价值实现机制的意见》，提出到 2025 年，比较科学的生态产品价值核算体系初步建立，生态产品“难度量、难抵押、难交易、难变现”等问题得到有效解决。我国 GEP 核算正处于由理论探讨向实践应用转化的快速发展期，部分省份已经开展了 GEP 核算和应用工作。为深入贯彻落实“绿水青山就是金山银山”理念，促进生态优势转化为发展优势，我省需要加快推进 GEP 核算。

一、开展 GEP 核算的必要性

（一）GEP 内涵

GEP（Gross Ecosystem Product，生态系统生产总值）是借鉴 GDP 概念提出的衡量区域生态产品和服务价值的指标，是生态系统为人类福祉和经济社会可持续发展提供的各种最终物质产品与服务（简称“生态产品”）价值的总和，主要包括生态系统产品价值、生态调节服务价值和生态文化服务价值三方面。简言之，GEP 是一定区域范围内各类生态产品价值的总和。

GEP 核算体系有效弥补了 GDP 核算未能体现生态环境价值的缺陷，以科学的估算方式给绿水青山贴上“价格标签”，将无价的生态系统各类功能“有价化”来核算“生态账”，可以直观地认识生态系统的价值，是生态产品价值实现的基础工作。

（二）开展 GEP 核算是我省发挥生态优势的现实需要

一是有必要。我省作为长三角生态屏障，生态资源较为丰富，生态地位重要，面临着既要保护生态，又要加快发展的重任。打通“绿水青山”和“金山银山”双向转化通道，为实现高质量发展提供新动能，是打造经济社会发展全面绿色转型区的主要路径。当前长三角地区的浙江省和江苏省已经开展了 GEP 核算试点，有效地促进了生态经济化、经济生态化。我省需要加快推进 GEP 核算

工作，科学地评估出“绿水青山”所蕴含的经济价值，为发挥生态优势、挖掘生态潜力、推动生态价值的实现和转化奠定基础，有利于引导各地更加注重生态环境保护，提供更多优质的生态产品。

二是有基础。2004 年，原国家环保总局和国家统计局在安徽等 10 个省市启动了以环境核算和污染经济损失调查为内容的“绿色 GDP”试点工作。2015 年，环保部重启绿色 GDP2.0 核算，在安徽六安市等七地开展试点工作。安徽省两次进入试点，积累了核算工作经验。目前已经开展的自然资源基础统计、自然资源资产负债表、自然资源统一确权登记等为开展 GEP 核算提供初步工作基础。

二、我省开展 GEP 核算面临的难点

我省在 GEP 核算起步探索阶段，面临以下难点：

一是技术支撑不足。GEP 核算是一个新的概念与方法，核算方法和指标体系多样，各地 GEP 核算都有各自的标准和体系，研究成果地域性明显，是一项技术性较强的系统工程。即使是同一种生态产品也可有几种不同的核算方法，核算结果在很大程度上取决于模型和参数的选择。我省开展 GEP 核算不能照搬照抄其他地区的经验和技术方法，指标设置、测算方法、参数选用、核算标准等方面尚未深入研究，分散在各部门的技术、人才资源有待有效整合。

二是数据支撑乏力。GEP 核算需要大量生态环境的统计调查监测数据作为基础。目前我省生态监测体系建设尚处于初始阶段，有据可查、科学规范、可获得的基础数据积累较少，是核算工作面临的较大困难。虽然遥感技术能够为国家、省、市等大尺度区域 GEP 核算提供较为科学的数据支撑，但对于区县及以下小尺度区域，部分指标相关重要数据或技术参数尚未形成积累，难以支撑生态系统服务评估的需要。

三是全省生态特征差异大。安徽自北向南划分为淮北平原、江淮丘陵、皖西大别山区、沿江平原和皖南山区等 5 大自然区域，生态环境差异显著，不同区域生态系统的服务功能、经济社会发展水平等方面存在差异，导致生态功能测算办法、价格评估标准等因地而异，核算工作任务繁重。

三、部分省市开展 GEP 核算的经验举措

生态系统生产总值核算理论和方法自 2013 年提出以来，得到国内外广泛关

注。2014年以来，首批国家生态文明试验区（福建、江西、贵州）、首批生态产品价值实现机制试点省（浙江、江西、青海、贵州）等先行试点省市相继开展了GEP核算试点，广东、江苏等省份自主开展核算探索，随后被列入相关试点改革任务。具体实践成果概括如下：

（一）建立多方合作的工作机制

自2016年起，福建省把GEP核算作为重要改革任务，成立了由省政府统一部署、省市协调联动、国家级团队技术支撑的组织推进架构，邀请国内知名院士、专家组建顾问团，探索开展生态系统价值核算；高规格启动试点工作，成立了由省委组织部和省环保厅、统计局、发改委、国土厅、农业厅、林业厅、水利厅、海洋渔业厅组成的试点工作指导小组。2017年下半年，浙江省由省发展改革委牵头建立省级相关部门指导、科研机构技术支撑、县市先行试点的工作推进机制，启动GEP核算标准研究编制工作。从2018年起，深圳市由生态环境局牵头，统计局、发展改革委等部门协助开展有关工作，组织中国科学院生态环境研究中心、深圳市环境科学院等机构开展深圳城市GEP核算研究。

（二）抓好试点示范

早在2014年，深圳市以盐田区为试点，在国内率先开展城市GEP核算工作，随后在其他区开展核算探索；从2017年起，开展城市陆域生态调查评估，系统摸清了全市生态家底，随后连续完成了2010年和2016—2018年的4年GEP试算分析，2021年形成了完整的生态系统生产总值核算制度体系。2018年，丽水市完成市域GEP核算，并在随后被列为全国首个生态产品价值实现机制试点市后，开启市、县、乡、村四级GEP核算。在丽水市探索的基础上，浙江省在遂昌、开化、天台、仙居等全省第一批大花园示范县创建单位和淳安特别生态功能区等11个县（市、区）开展新一轮核算试点，完善GEP核算指标和方法。经过两年多的试点探索，2020年浙江GEP核算从试点走向了省域标准化。2021年，南京市在高淳区两年多试点经验的基础上，制订配套实施方案，完善核算方案，逐步在全市推行GEP核算工作。

（三）构建地域特色的核算指标体系

浙江省根据省情，将负氧离子、景观价值等科目纳入核算选项，构建了一套充分反映浙江自然生态特点的指标体系。深圳市指标体系除了生产、调节、文化方面等联合国一级标准，还包含了农、林、牧、渔、水源涵养、空气净化、气候调节、生理健康、生态旅游等深圳市人居需求。贵州省根据自然地理分布，GEP指标体系选取土地利用现状、水文气象、农林牧副渔、森林资源、文化旅游等多方面192个指标。福建省通过武夷山、厦门GEP试点，构建了以森林、湿地、农田等典型山区生态系统为核心的“山区样本”以及以水、海洋、土地、生物、林木等典型沿海生态资源体系为核心的“沿海城市样本”。南京市高淳区融入特色的水资源、农林牧渔衍生品等特色二级指标。

（四）建立健全核算制度

2021年年初，深圳市对外发布完整的生态系统生产总值核算制度体系，包括“一个统领——GEP核算实施方案，一项标准——GEP核算地方标准、一套报表——GEP核算统计报表制度、一个平台——GEP自动核算平台”，优化GEP核算流程，实现GEP核算的“透明化、清晰化、规范化”。浙江省发布了省级地方标准《生态系统生产总值（GEP）核算技术规范　陆域生态系统》，出台了《浙江省生态系统生产总值（GEP）核算应用试点工作指南（试行）》，从成果内容、成果发布、成果应用以及核算信息化建设等方面提出规范要求。南京市高淳区在GEP方面的研究已构建形成一套核算指标、一项核算标准、一套核算表格、一个考核办法、一批应用场景的“五个一”体系。

（五）推动核算成果落地实施

深圳市将GEP全面应用于政府绩效考核中，提出GDP与GEP“双核算、双考核、双提升”，促进深圳生态文明建设。浙江丽水市建立GEP核算实施机制，通过将GEP核算“进规划、进考核、进项目、进交易、进监测”，探索基于GEP核算的生态产品价值实现机制。云南省普洱市探索基于GEP核算完善生态补偿制度。浙江省德清县基于GEP核算建立了数字“两山”决策支持平台，服务于生态保护修复空间识别、生态保护红线监管、生态保护绩效考核以及未来的决策推演。

四、推进我省开展GEP核算工作的建议

（一）建立统筹推进机制

GEP核算工作涉及发改、自然资源、生态环境、农业农村、统计、水利、林

业、气象、文旅等多个部门，协调任务重。根据各省开展核算工作的经验，建议省级层面设立 GEP 核算领导小组，审定实施方案，研究和协调工作开展中的困难和问题。同时建立省级相关部门牵头、以上涉及部门共同参加、科研机构技术支撑、县市先行试点的工作推进小组，明确责任分工和工作要求，协同制定核算实施方案和配套措施，规范数据收集和共享等。

（二）广泛深入开展调查

一是开展省外调研。当前 GEP 核算正处于由理论探讨向实践应用转化的快速发展时期。部分省市的核算探索均是依托自身特色，形成特色化的 GEP 工作体系。因此，要探索构建适合我省情况的核算实施方案，建议赴浙江、广东等先行地区开展调研，充分交流吸纳可借鉴的经验模式，把握实施过程中重点难点问题，以建立可操作性强、效率高的我省 GEP 核算工作体系。二是开展省内调研。GEP 核算对数据需求很高，依赖于政府部门间的协调和数据共享。需要通过座谈会等方式，摸清已开展的相关工作成果和已有的基础数据，加快多部门多源数据融合，促进各部门协同配合。同时选择典型县市开展调研，宣传 GEP 核算的重要意义，了解开展核算试点的意愿，提高各地工作积极性，为下一步开展试点打下基础。

（三）加强基础研究

一是组织研究攻关。建议联合国内外高校、科研院所共建跨领域跨学科的高端智库，在借鉴浙江、深圳等已有理论和实践成果的基础上，加强 GEP 核算理论、现有的各种核算方法比较、关键参数的本地化、体现经济发展水平的定价体系等方面研究，以期更精准反映我省的地域特色。二是规范核算数据来源。在数据支撑方面，根据我省基础数据现状，参照深圳 GEP 核算统计报表制度，对核算数据进行梳理，将涉及的多个部门的大量数据，制作成数据收集表单，规范数据填报要求，形成常态化统计上报机制。

（四）选择典型区域开展试点

建议试点工作分两步走。第一阶段选择意愿强、具有相关工作基础，如生态文明示范区市县、生态产品价值实现机制试点地区开展第一轮试点，研究制定精准的本地化数据清单，并对前期基础研究形成的成果进行论证。第二阶段在第一轮试点方法基本成熟后，再按区域特点，选择具有典型生态特征的市县，开展第二轮试点，优化完善核算体系，改进核算方法，形成山区、平原、丘陵等特色核算体系，提高核算结果的准确度。最后在两轮试点的基础上，总结和提炼形成的成熟技术、经验和方法，制定规范化和标准化的 GEP 核算体系，逐步在全省推行，并将核算结果应用于生态产品产业化利用、价值化补偿、市场化交易等方面，探索我省特色的生态产品价值实现模式。

指　导：樊明怀
执　笔：周燕林　徐振宇　潘　淼

借鉴沪苏浙相关经验，提升我省产业新城发展质量

产业新城是新型城镇化背景下，以人为核心、以产业发展为基石、以“产城融合”为标志的城市发展和产业转型升级的新模式。当前，我省产业新城发展迅速，但在空间布局、产业组织模式、人口承载力、体制机制等方面还存在一些不足，可借鉴沪苏浙地区的相关经验，加强空间统筹、推进优质资源集聚、逐步完善配套功能、强化体制机制创新，进一步提升产业新城发展质量。

一、我省产业新城发展现状与存在问题

目前，我省合肥、滁州、马鞍山、六安、淮北等地产业新城发展较快，各产业新城的产业规模与城市形象不断提升，但也存在一些需要关注的问题。

（一）发展方向清晰，但是存在空间统筹不足、用地比例不平衡等问题

我省大多数产业新城的发展方向清晰明确。如郑蒲港新区、博望产业新城、舒城产业新城等根据毗邻南京、合肥等城市的区位优势，积极对接中心城市，集中力量推进少数关联产业发展。但是，部分产业新城存在产城融合理念体现不足等问题。一是产城空间统筹不足。如舒城产业新城产业、居住、商业空间被京台高速分隔在东西两区域，产城形成隔离。二是用地比例不平衡。如长丰产业新城规划的服务用地占比仅为6%左右，与占比近30%的居住用地和占比超过30%的产业用地不匹配。

（二）产业发展速度较快，但是存在产业层次较低、产业集群集聚水平不高等问题

我省很多产业新城的产业发展速度较快。如舒城产业新城签约产业项目总投资近300亿元，有20个项目投产；和县产业新城签约项目近50个，半数已开工或投产。但是，部分产业新城在产业选择和产业组织模式方面还存在一些问题。一是产业层次较低。如来安产业新城签约企业大多是沪苏浙地区传统产能转移，以低附加值加工制造为主，产业层次偏低，企业规模偏小，自主研发创新能力偏

弱，产品技术含量整体不高。二是产业集群的集聚水平不高。如郑蒲港新区数十家半导体企业集中于 SMT 贴片生产和半导体器件封测，缺少示范带动性强的企业，存在企业无关联“扎堆”现象，产业集群组织结构松散；舒城产业新城触控模组龙头项目与当地企业关联较少，相关配套集聚不足，新型显示产业集群缺乏支撑。

（三）城市框架逐步形成，但是存在产业承载力不强、人口吸引力较弱等问题

经过多年建设，我省各产业新城的发展框架日渐清晰。如郑蒲港新区、中新苏滁开发区产业规模持续壮大，教科文卫等配套不断增强，产城融合发展格局逐渐成形。但是，也有部分产业新城基础设施与公共服务配套存在短板，城市承载力有待提升。一是基础设施欠账。如长丰产业新城产业区道路建设较企业厂房滞后，既影响了已投产企业的发展，也对后期招商引资不利。二是城市服务功能弱。如舒城产业新城基础设施集中于市政道路与景观项目，必要的教育、医疗等生活服务设施不全不优，整体城市氛围不佳，已交付小区入住率较低，新城对人口的吸引力尚处于较低水平。

（四）政企合作日趋紧密，但是存在体制机制不完善、未形成有效引导等问题

我省产业新城的开发建设，政企合作较多。一方面，采用政企合作模式引入专业开发团队和资源效果明显。如华夏幸福依托招商资源与团队优势协助舒城、长丰等地推动欧菲光、双杰、之奇美等大项目签约落地；中新集团在苏滁开发区引入苏州工业园的管理体制机制，负责开发区管理运营工作，极大地提升了政务服务效率。另一方面，政企合作的体制机制和政策体系尚不完善。我省部分产业新城以 PPP 模式开发，在规划设计、工程建设、产业招商、资金筹措等方面的政企合作机制尚不完善，政策保障相对缺乏，政府参与不足，致使产业新城发展缺乏足够引导。

二、沪苏浙地区相关经验

沪苏浙地区的部分开发区或新区的发展过程与产业新城具有相似性，如张江科学城、苏州工业园区、宁波杭州湾新区等都是在中心城区周边一定距离选址建设，形成相对独立的产城融合发展的新城区，发展势头强劲，建设成果显著，可为我省产业新城高质量发展提供相关经验参考。

（一）统筹规划产城空间，一张蓝图绘到底

苏州工业园区按产城融合理念编制总体规划，是国内产业新城规划的范本。规划中统筹考虑产城空间，商业、住宅、工业由内而外依次布局，各功能板块定位明确且以高密度路网相连，各类用地比例平衡，形成产城融合的城市发展架构。对于近期用途不明确的地块，规划中引入“白地”“灰地”“弹性绿地”等概念实施弹性控制，保证规划的相对灵活性。苏州工业园区的规划制定、变更等有严格的管理制度，坚持“一张蓝图绘到底”，在总体规划不变的基础上，“一年一检讨、五年一修编”，按实际情况调整细节，不因迁就项目而任意变更规划。

（二）产业集群聚优成势，协同创新增添动力

充分发挥龙头企业对产业集群的带动作用与协同创新对产业发展的赋能提升。昆山开发区以国显、友达和龙腾等龙头项目为基础，逐项研究归置产业链上下游配套资源，形成“原材料—面板—模组—整机”完整产业链的光电产业集群；宁波杭州湾新区依托上汽大众、吉利汽车两大整车企业，集聚汽车零部件制造企业百余家，形成年产值近千亿元的汽车整车及关键零部件制造产业集群。绍兴滨海新区联合杭州、上海等地知名高校与科研院所共建创新平台，融合区内企业、科研机构、成果转化平台等组建产业联盟，推动创新主体相互合作，为生物医药与集成电路产业集群建设提供技术与人才支持。

（三）合理安排产城配套节奏，打造宜居宜业城市

加强基础设施保障，根据实际需求提升配套服务体系，营造良好城市环境。宁波杭州湾新区成立初期适度超前建设关键基础设施，杭州湾大桥通车与数十平方公里范围骨干路网及水电气讯配套设施快速建设，为新区产业集聚提供坚实要素保障。苏州工业园区随着发展定位、区域环境、企业与居民需求的调整，与时俱进升级配套服务体系，向教育、医疗、文体、生态等“软硬结合”的城市综合配套服务体系转型，持续提升园区宜居宜业水平。

（四）优化改进政策服务，营造良好营商环境

深入推进“放管服”改革，坚持以企业需求为导向制定政策，不断增强营商环境软实力。张江科学城深化行政审批制度改革，集成多部门资源搭建“线上

+线下”综合服务平台，通过单窗通办、全程帮办、现场办公等措施不断创新体制机制，提升政务服务效能，推动企业加速发展。杭州钱塘新区根据不同类型和不同成长阶段的企业需求推出“1+4+X”政策体系，涵盖制造业、现代服务业、高端人才、创新创业等各领域，覆盖面广、系统性强、精准度高，给予新区企业全方位、多渠道扶持，为企业发展提供长效保障。

三、对策建议

针对我省产业新城发展的问题，借鉴沪苏浙地区相关经验，从空间规划、产业发展、城市建设和体制机制等方面提出如下对策建议。

（一）统筹空间布局，破除产城空间隔离

综合考虑空间高效利用和功能高效组合，确保规划的科学性和前瞻性。一要坚持产城融合导向，统筹考虑空间布局。产业新城的空间规划应根据城市定位、产业特征与用地现状，合理确定新城各分区的功能特色、位置与规模，注重加强各分区交通联系，形成产业与城市在空间上的有机契合；同时，以产城功能匹配为标准科学设定各类用地比例，将功能分区与配套分散布局相结合进行适度功能混合，确保产业新城生产、生活与生态功能的相互协调。二要提高规划前瞻性，为将来发展留足空间。规划编制期间通过拟订分期开发计划、合理用地预留、适当增加混合用地比例等途径，增加产业新城用地兼容性与空间灵活性，为后期建设留足调整空间。

（二）推进产业高质量集聚，增强产业竞争力

着眼于产业规模与核心竞争力的双提升，不断增强我省产业新城发展动力。一要提高集聚水平，打造高质量产业集群。在产业新城建设初期，应根据区域产业基础与区位资源优势确定主导产业，并围绕主导产业编制产业链供应链图谱，通过资本引导、政策扶持等途径制定“一企一策”，吸引行业龙头、链主型企业入驻，结合市场力量带动上下游关联企业集聚，不断提高产业规模和集群质量。二要引进优质资源，提升产业层次。当产业新城形成一定规模时，根据区域产业升级需求，通过出台税收和补贴奖励等相关优惠政策、开展校地校企合作、建设创新载体与招才引智平台等方式，积极寻找与长三角等先进地区的创新链、资本链、技术链、人才链合作机会，引入创新主体与资源，不断提升产业层次。

（三）围绕产业与居民需求，构建产城融合基底

以产业发展与居民生活实际需求为重点，逐步完善市政设施与服务配套。一要夯实基础设施，加强产业发展要素保障。根据当地产业的中短期需求，对道路管网等基础设施进行适度超前建设，以加强交通及水电气讯等生产要素保障，适时推动创新孵化、金融机构、培训交流、人力资源等生产性服务平台建设，有针对性地提升产业承载力。二要以人为本，提升城市服务功能。根据城市不同发展阶段居民需求做好配套设施规划，通过优质资源引进、本地配套升级等方式，从教育、医疗、商业、公共交通、生态景观等方面着手，逐步拓展配套服务体系，并针对不同人群提供差异化服务配套，打造宜居高品质城市。

（四）强化政府主导地位，创新体制机制，加强产业新城建设引导

坚持“政府主导，企业运作”的原则，强化政府在产业新城发展中的主导地位，推进产业新城的高效高质量建设。一是政府职能部门要全程参与产业新城建设。充分发挥资规、商务、城建等当地政府职能部门作用，成立专项工作领导小组或设立产业新城管委会，与合作企业共同谋划、调度产业新城建设，围绕项目的合理性、合规性等方面出谋划策，建立对产业新城招商、土地、资金等问题的统一受理机制，定期召开职能部门联席会议协商解决，深度参与产业新城开发全周期。二是建立健全产业新城建设的政策保障。适时研究制定针对产业新城开发合作企业在税收、融资等方面的优惠政策，为产业新城高效高质量建设提供及时有效的保障与良好的投资环境。

审　稿：樊明怀

执　笔：班　涛　徐振宇　王　珏　周燕林

加快推动产业承接升级，积极做好产业创新布局

2010 年，安徽获批建设首个国家承接产业转移示范区，10 年来累计承接产业转移达 9.3 万亿元，年均增长 18.1%。其中，2020 年达到 1.4 万亿元，是 2010 年 3.4 倍。新形势下，以生产基地为主的产能承接面临资源要素约束、产业互动较少、成本优势缩小等多重压力，转型发展势在必行。下一步，必须适应高质量发展新导向，加快开展高标准承接转移、做好产业创新布局、加强跨区域产业合作、开展新型承接转移试点，推动产业承接和布局取得新突破、再上新台阶。

一、值得关注的问题

经过多年发展，单一产能的承接、上下游在外的承接已经不能满足新发展阶段要求，在成本优势逐步缩小、高质量发展新要求背景下，承接产业转移转型升级迫在眉睫。

（一）生产基地型转移，难以适应新发展阶段导向

2010 年以来，全省承接的转移产业多为生产基地布局型，对能源、土地等要素消耗要求高，难以适应当前高质量发展。一是资源要素消耗大。转移企业以制造业为主，承接制造业占比从 2011 年的 13.8% 升至 2020 年的 22.4%，承接地多被定位为区域性生产基地，资源依赖性强，在能源双控、碳达峰碳中和、亩均论英雄等背景下，传统承接企业单一生产基地的路子已经走不通，这种企业承接越多，未来增长潜力越小，发展空间也会受到更多限制。二是环境治理成本高。随着环保要求逐步升级，转移企业环保要求逐步增加，污染处理成本高企，承接产能的模式难以适应绿色发展理念导向。

（二）上下游两头在外，地方产业间合作互动偏少

省内承接产业转移具有典型的地域和人文特征，承接转移企业主要集中在长三角地区，企业家以徽商回归为主，这有利于实现大规模产业转移，但同时也容

易带来不少问题。一是与地方产业缺乏互动。生产基地型转移企业上游原材料、下游市场以及中游研发多数不在承接地，与地方产业难以形成互动，“一加一大于二”的规模效益难以发挥；多数县域承接企业间缺乏联系，甚至在省内都没有形成上下游配套的产业链供应链；转移产业布局较为松散，对地方产业集聚集群高质量发展的支持作用有限。二是发展的持续性不强。从调研来看，省内特别是县域承接的产业转移以徽商回归为主，企业家为支援家乡建设而进行的反哺投资，部分企业家反映只要不亏即可，综合成本高，有违市场规律，难以长期持续。

（三）成本优势在缩小，产业转移选择的意愿下降

成本持续上升，转移目的地的竞争优势持续下降。一是制造业人员工资差距明显缩小。2020 年，全省制造业城镇私营单位就业人员平均工资为 54 360 元，达到全国平均水平的 94%，分别为江苏、浙江的 84%、92%，与 2010 年相比，分别提高 4.6、5.9、11.1 个百分点，居中部第二位。二是物流成本明显高于东部地区。省内铁路、水路货运占比较低，跨运输方式、跨作业环节衔接转换效率不高，全社会物流总费用与 GDP 的比例达到 14.7%，明显高于江苏、浙江的 13.8%、14.3%；冷链物流发展滞后，人均冷库库容 0.02 吨，仅为全国平均水平的 69.8%，明显低于长三角地区平均水平。三是综合配套服务发展仍然滞后。承接产业转移配套的高端人才、创新资源等供给不足，创业资本、创业技术、创业管理、创业政策等难以满足转移布局产业发展的及时需求；专业人才缺乏，据合肥反映，到 2025 年集成电路专业人才缺口将达到 1.2 万人；公共服务平台建设滞后，专业设计、检测等创新公共服务平台不足，产品创新需到江苏、浙江对接。

二、几点建议

承接产业转移仍然是当前我省做大经济体量的重要途径，但必须推动承接产业转移转型升级。一方面，大力推进高标准新形式的承接产业转移；另一方面，支持有条件的地区在做好承接产业转移的同时，加快开展产业创新布局。

（一）加快开展高标准新形式承接转移

目前，必须加快推进开展高质量的承接产业转移，在皖北承接产业转移集聚区、省际毗邻地区等地建设过程中，探索承接产业转移新方式。一是开展“研发+生产”型承接。支持企业带研发转移，在转移布局产品生产线的同时，鼓励企业带研发中心、实验室等创新要素，减少单一的生产基地布局，不仅在体量上支持地方发展，在产业创新上也要支持地方发展。二是开展“关联+配套”型承接。在承接产业过程中，避免引进与省内产业关联配套度低的企业，如产业链上下游均不在省内，对省内供应链配套没有支撑，对地方产业发展带动作用不强，同时消耗地方有限资源要素的企业。三是开展“企业+产业”型承接。支持承接产业转移企业带动产业上下游企业一起转移，鼓励通过交叉持股等形式同步转移，以企业、产业集聚方式转移，实现更大程度共赢。

（二）在承接产业转移中做好产业布局

新发展阶段，必须坚持在做好承接产业转移的同时，大力推进皖江示范区、省际毗邻地区等有条件的区域做好产业创新布局。一是布局一批行业龙头，更高层次参与全球竞争。聚焦新能源汽车和智能网联汽车、人工智能、生命健康等领域，依托省内产业基础，借助资本市场力量，高规格布局一批能够代表国家层面、参与全球竞争的龙头企业。二是布局突破一批新兴技术，更高水平引领行业发展。聚焦未来能源、生物医药等前沿技术，更大力度引导社会力量，支持技术创新突破，形成一批支撑产业发展的动力源。三是布局一批新兴产业集群，更大范围辐射区域发展。聚焦“十大新兴产业”，加快打造新兴产业集聚高地，支持集群地企业间分工合作，在更大范围形成更高水平的产业链，带动区域共同发展。

（三）加强跨区域产业链合作布局发展

加强省内产业链优化布局，推动更大范围跨区域产业分工合作。一是引导形成“合肥+”产业互动。在合肥重大新兴产业创新布局的同时，引导更多重点企业产业的产业链、供应链在合肥都市圈范围内转移布局，如引导合肥传统汽车零部件供应商向阜阳、安庆、六安等地转移发展，形成合肥以新能源龙头企业为主，周边以传统汽车零部件供应商布局发展的“合肥+”跨区域互动。二是引导形成“龙头+”产业互动。围绕省内龙头企业，在全省范围内引导形成一批上下游企业布局，特别是支持龙头企业在县域开发区、在产业新城布局，推进县域承接龙头关联配套企业。三是引导形成“一体化+”产业互动。支持合肥、芜湖等有条件地区的龙头企业，联合区域上下游企业，深度参与长三角产业链一体化发展，在更深程度嵌入长三角地区产业链条体系。

（四）积极开展新型承接转移试点示范

在皖江城市带、皖北承接产业转移集聚区等重点地区，依托园区平台，推动开展一批国家层面新型试点示范，适应产业转移新形势。一是争取国家支持省际合作园区示范建设。支持建设一批省际产业合作园，探索产业合作利益共享机制，在国家 GDP 核算、税收征收等方面积极争取先行先试，探索承接产业转移前沿模式，争取国家给予能耗指标等支持。二是争取国家支持引导开展自带指标转移试点。争取国家支持沿海发达省份产业转移项目自带要素指标转移，要素指标消耗量不再计入承接地，并率先在长三角地区开展试点，支持安徽承接沪苏浙产业转移项目，能耗、产能指标不计入安徽总量或不全部计入。三是争取国家制定实施重点产业转移目录。根据国家产业链安全发展需要，建议国家制定中西部地区承接重点产业转移目录，对支持转移项目，研究实行新增产能指标、新增能耗指标、新增环境容量指标等单列。

指　导：樊明怀
执　笔：余茂军
参与讨论：窦　瑾　陈　香　张淑娟

我省市域开发区发展现状、存在问题及对策建议

市域开发区是指规划范围位于地级市中心城区，由市级政府或市辖区政府管理的开发区，我省共有市域开发区 66 个，其中国家级开发区有 17 个，省级开发区有 49 个。市域开发区是我省起步较早的一批开发区，发展基础较好，区位交通条件相对优越，产业发展较成熟，是中心城市产业的重要组成部分，是引领我省开发区发展的重要引擎。近年来，随着我省发展速度整体加快，中心城市规模快速扩张，发展环境持续改善，一些市域开发区暴露出产业结构老旧、空间利用低效、产城融合不足、区位优势下降、环境污染严重等结构性问题，面临老工业区“衰退病”挑战，需要予以重视。

一、市域开发区发展现状及困境

一是经济发展带动能力较强，但产业结构相对滞后。2020 年，66 个市域开发区实现经营销售收入 30150.5 亿元，同比增长 12.9%；实现税收收入 1275.2 亿元，同比增长 4.4%；贡献了全省开发区 67% 的经营销售收入、65% 的税收，大部分市域开发区主要经济指标增速在所在市排名相对靠前，是所在市经济发展的主引擎。但是，一些市域开发区仍以要素驱动和投资驱动作为发展动力，产业定位不够明晰，同质化严重，缺乏鲜明特色。一半以上市域开发区主导产业集聚度不强、首位度不高，主力企业仍属于电子零配件组装、服装纺织加工等劳动密集型企业，仍处于产业链末端。企业产品附加值较低，位于“微笑曲线”的中端，缺乏产品设计研发、深加工、品牌销售等产业链高端功能，园区整体的抗风险能力与集群竞争力较弱。市级层面未统筹各开发区定位，市域内开发区主导产业高度雷同，如池州市域分布的池州经开区、池州高新区和皖江江南产业集中区，均将电子信息、装备制造设为主导产业，同质化竞争明显。

二是园区建设完成度较高，但发展空间受限。截至 2020 年年底，市域开发区建成区面积达 512 平方公里，占规划建设面积的比重达 61.1%，平均综合容积率达 0.88，均超过了全省开发区的平均水平。其中，国家级开发区建成区面积占

规划建设面积比重达102.4%，平均容积率达1.01，均高于全国平均水平。但由于市域建设用地资源总量有限、用地指标趋紧等制约，近年来许多市域开发区面临新增用地不足、空间拓展受限等问题，有的市域开发区周边地区已经被城市建成区包围，面临无地可用的困境。如合肥包河经开区已连续多年达到了扩区条件，却因包河区无空闲工业用地地块，无法扩区，新招引的好项目也无法落地。同时，一些开发区在发展初期，缺少对园区主导产业和整体空间布局精细规划和前瞻性思考，各类产业“插花”布局、随意布局，土地碎片化程度较高，再开发再利用难度较大。特别是按照《中华人民共和国危险化学品安全法》要求，化工园区中交叉布局的大量非化工企业将面临搬迁的困境。同时，在“双碳”目标下，由于城市“热岛效应”，市域开发区分配到的碳排放指标将小于县域开发区，更加限制了产业发展空间。

三是产城融合深度发展，但“邻避效应”日趋显著。市域开发区的发展，伴随着城市扩张的进程，一些早期位置偏僻的开发区也融为城市的一部分，积极承担了城镇化的重要任务。目前，市域开发区提供城镇就业岗位186.4万个，完成房地产开发面积34 133万平方米，吸纳就业家庭约155万户，吸引城镇常住人口975万人以上。同时，市域开发区依托城市中心、城市副中心的区位优势和综合性社区的发展定位，注重商业、商务和住宅配套，提升了园区生活服务能力，增强了对人才和劳动力的吸引力，生活性服务业等第三产业加快发展，2020年实现销售收入13 152亿元。但是，由于早期对城镇化与工业化协调性认识不足，一些园区内产业用地与生活用地间规划布局不够合理，如商业、住宅等与工业项目之间未留足安全卫生距离等。随着经济社会转型发展和人民群众对美好生活环境的需求不断提高，开发区产业项目对水、大气、噪声等环境影响带来的“邻避效应”日益突出，引发一系列群体性事件。如合肥经开区的佳通轮胎项目因紧邻某小区，近年来群众举报、上访不断，最终该项目搬离合肥经开区。

四是营商环境改革创新卓有成效，但管理体制滞后于发展需求。市域开发区在各市较早探索体制机制改革创新，总结了一批卓有成效的经验做法，有力推动我省营商环境的改善，如最早开展区域评估、“标准地”改革、法定机构改革、跨区托管等。但是，从目前来看，不少市域开发区的管理体制机制不能满足新发展需求。我省大部分市域开发区采取管委会模式，该模式在行政审批方面更加精简高效，在园区发展初期，有利于土地征收征迁、基础设施建设等快速进行。而随着园区发展水平的提升，其对创新创业风险投资、产业链供应链整合等专业化、市场化运营的要求更高，传统的管委会模式已经不能满足园区发展需求。而市场化运营方式有利于充分利用资本的力量、市场的逻辑，提升开发区转型能力。如上海漕河泾开发区以临港集团为开发管理主体，采取企业化运作方式，与所在行政区联手，推动成熟园区品牌更新、产业转型，成效明显。园区管理模式比较见表 1 所列。

表 1　园区管理模式比较

	管委会模式	企业化模式
管理主体	政府派出机构	国有平台企业
获利方式	拍卖转让土地+企业税收	市场化、多元化
优点	权威性、时效性，能充分利用行政手段解决发展规划中面临的棘手问题	灵活性，运用市场化机制，能够更加高效管理园区土地、资金等资源，发挥最大效益
不足	1. 比较被动，引进企业需要什么地就供应什么地，需要频繁调整规划 2. 土地利用效率不高，土地碎片化、低效化	1. 管理弱，啃不动硬骨头，需要所在行政区参与 2. 对管理人员要求高，要求管理人员有市场化意识、懂市场化手段、敢承担市场风险
适用园区	以二产为主的园区	以三产为主的园区
代表性开发区	安庆高新区等	中新苏滁高新区

二、对策建议

加快市域开发区转型升级，积极引导市域开发区因地制宜开展新旧动能转换，提升发展质量，引领各市创建高能级发展平台。

一是积极调整园区产业结构。市级层面统一编制开发区发展规划，统筹确定各开发区产业定位，提升开发区产业结构多样性。积极推动市域开发区基于发展基础与优势，对主导产业再定位，大力发展战略性新兴产业和创意产业、总部经济、都市经济等现代服务业，积极发展楼宇经济、商务服务等高容积率产业。加快特色园区建设，积极培育“专精特新”企业，引进主导产业上下游配套企业，完善产业链供应链，提升价值链层次，推进产业集聚发展，打造有竞争力的特色产业集群，推动市域开发区功能趋向综合化、产业趋向特色化、经营趋向专业化。对区内高耗能、高耗水、高污染和低科技含量、低附加值、低容积率等“三高三低”企业，开展提质增效改造行动，加快企业技术改造，提升企业创新能力，提高产品附加值和技术含量，进一步降低单位增加值用能、用水、用地和污染治理成本。对不能满足园区发展定位的传统产业末位企业，积极推动转移至土地资源更加丰富、人力资源成本较低的地区。

二是合理优化园区空间布局。考虑到现阶段市域开发区的空间格局、功能结构、基础设施与服务设施已基本成型，应充分发挥“亩均论英雄”改革的牵引作用，加快开展闲置建设用地、工业低效土地“全域治理”，改造盘活存量建设用地，提升园区综合容积率，实现园区更新。深化园区“标准地”改革，探索增加混合产业用地供给，试点工业用地“带产业项目”出让。启动“工业上楼”计划，支持占地面积较大、土地利用效率不高的企业，开展厂区集约化利用改造，腾挪出的空间可建设标准化厂房、双创孵化园区等，引导产业链上下游企业和中小微企业入驻，形成集聚发展态势。开展园区碎片空间整治，推动碎片地块企业有偿搬迁或腾退，实现碎片空间合并。支持生产成本过高的企业整体外迁生产基地并改造为企业总部、研发中心、教培基地等，对符合条件的用地变更，允许将工业用地调整为商业、教育、科研用地或参照相关用地标准缴纳税费。支持符合条件的工业用地开展混合用途改造，为周边社区居民提供便民服务和消费场景。充分利用未利用碎片地块，因地制宜布局生产生活服务设施，提高生产型和生活型服务设施用地比例。加快透风见绿改造，结合园区主导风向，建设嵌入工业生产组团内部的楔形绿地，畅通园区风道，改善微气候，缓解热岛效应，腾挪碳排放指标，打造“碳中和”园区。

三是加快建设数字赋能平台。加快市域开发区智慧化改造，积极融入智慧城市建设，借助信息技术手段，拓展园区空间，变革园区发展方式，促使线上与线下的发展能级融合，催生新产业、新业态，推动技术创新和商业模式创新相融合。支持市域开发区加快5G网络、骨干光纤网、物联网、数字化标准厂房、超算中心、大数据中心、智慧物流中心等新型基础设施建设，充分运用大数据、物联网、云计算、人工智能、区块链等先进信息技术手段，与开发区产业发展、管理服务深度融合，提升园区精细化运营水平，促进企业核心业务环节数字化转型，实现数字赋能。支持条件成熟的市域开发区创建软件技术园，积极承接长三角和东部地区软件企业和人才转移，重点发展工业模拟、智能制造、电子商务、移动办公、金融安全等重点领域软件，加快区块链、元宇宙、超级计算、人工智能、大数据挖掘、量子计算、量子通信等新一代软件技术开发应用，为全省和所在市数字化建设提供人才和知识产权支撑。

四是探索推动新型管理体制。积极推动市域开发区管理体制机制改革创新，推动开发区建设思路从土地开发建设向资产运营管理转型，建设对象从开发区空间向开发区品牌转型，管理模式从管委会模式向管理公司模式转型，建立高效灵活的市场化管理模式。实施园区合伙人计划（Park Partner Program，PPP），积极推动社会资本平台参与开发区管理平台建设，以共同投入、共担风险、共享收益的利益交换机制，驱动各方参与者充分交换土地、管理、人才、资金等方面重要资源，实现资源的最优合理配置。探索建立“一区多园”建设管理体系，以市域开发区为主体，整合或代管其他开发区，采取产业投资和“飞地”模式，充分整合其他园区的优势产业，形成具有上下游关系的产业链条和互补合作的发展态势，有效突破园区空间和行政边界限制，解决土地资源紧张难题，实现产业梯度分布和园区间错位发展。探索建立开发区“毕业机制”，鼓励产城融合程度高、开发建设空间基本饱和的市域开发区与所在行政区合并，支持原开发区保留牌子、编制等异地重建。

指　导：樊明怀　陈加林

执　笔：田皓洁　王　珏

关于我省培育建设消费中心城市的调研报告

省第十一次党代会指出，支持建设特色商业示范街、夜间文体旅消费集聚区，支持合肥争创国际消费中心城市。省委经济工作会议明确提出，实施皖美消费行动，开展消费中心培育行动。为深入贯彻省第十一次党代会精神，全面落实省委经济工作会议部署，省发展改革委在前期研究的基础上，围绕“打造多层次消费中心城市矩阵”主题，深入分析国内消费中心城市发展的态势和特征、我省消费中心城市发展的差距和机遇，提出了下一步培育建设消费中心城市的目标定位和路径打法，现将有关情况报告如下：

一、国内消费中心城市发展的态势和特征

2018 年 9 月，《中共中央　国务院关于完善促进消费体制机制进一步激发居民消费潜力的若干意见》提出，建设若干国际消费中心城市。2019 年 10 月，14 部委联合印发《关于培育建设国际消费中心城市的指导意见》，国际消费中心城市建设的目标和重点任务被明确化。2021 年 7 月，上海、北京、广州、天津、重庆 5 市获批率先开展国际消费中心城市培育建设，标志着这一工作由谋划部署进入协同推进的新赛道。对标学习先发地区，我们可以发现，消费中心城市拥有诸多共性特征，这是必须把握的基本前提。

（一）拥有高端品牌化的供给能力

我国消费中心城市的功能，不仅仅是为发达国家高质量品牌和高附加值产品销售提供便利，更重要的是培育自主设计、创造和制造全球品牌的能力。北京将“Made in Beijing”和“北京高端制造”作为首都形象的新定位和新内涵，创造和树立一批高科技和历史文化相融合的、标志性的、引领性的品牌，以优质供给带动消费升级。

（二）拥有丰富多元化的消费业态

消费中心城市是商业、文化、旅游、体育、会展等多个行业联动发展的有机

整体，既是传统消费的制高点和常青地，也是新型消费的先行地和策源地。杭州明确打造直播电商发展高地、新零售示范之城、数字生活新服务标杆城市，加快推进“网上菜场”“网上餐厅”等数字生活新服务。重庆努力推动从“打卡游”向“深度游”方面发力，加快塑造文化旅游核心 IP，积极建设城市休闲空间，做到留下游客、增加二次消费。

（三）拥有彰显国际化的地标商圈

可以持续向消费者提供形式多样、快捷便利的消费选择，从单纯的购物场所转变为集体验、社交等于一体的活动中心和展示城市形象的最好名片。上海沿黄浦江东西联动、南北协同，围绕“两街四圈”，打造一条世界级消费“金腰带”，使之成为国际消费中心城市核心承载区。

（四）拥有一流优质化的营商环境

消费中心城市的形成和发展，需要健全的市场监管和消费维权体系、高度开放的贸易投资环境、相对完备的国际商业规则和法律体系，这也是吸引知名企业、高端品牌、消费群体的核心要素。成都创新消费社会保障、消费金融和审慎包容监管，制定境外旅客离境退税便捷化服务项目方案，离境退税商店数量达 149 家。

二、我省消费中心城市发展的差距和机遇

近年来，我省消费发展迈上快车道，2020 年社会消费品零售总额居全国第 8 位，最终消费对经济增长的贡献率超过 50%。具体呈现五个方面特点：一是实物消费结构优化。“十三五”时期新能源汽车累计实现产销量 49.5 万辆，合肥、蚌埠两市入选全国信息消费特色示范城市。二是服务消费扩容提质。连续 7 年举办文化惠民消费季活动，合肥、芜湖、铜陵三市入选首批国家文化和旅游消费试点城市，合肥、黄山两市入选国家体育消费试点城市。三是新型消费增长迅速。2020 年，我省网络零售额居全国第 8 位，快递业务量突破 22 亿件。四是农村消费梯次升级。累计获评中国美丽休闲乡村 43 个，金寨等 6 县纳入国家农村电商综合示范范围。五是消费环境持续改善。联合沪苏浙建立“长三角线下实体店异地异店退换货联盟”，发展放心消费参创经营户超过 5 万户。

但与先发地区相比，我省在培育建设消费中心城市方面差距不少。

（一）消费规模总体偏小，缺少竞争力

2020 年，全省仅合肥市社会消费品零售总额突破 4000 亿元，达到 4514 亿元，但也仅为南京、杭州的 62.7%、75.6%，消费辐射带动效应较弱。省内城市消费场景、模式不够丰富，个性化消费供给效果欠佳，供需适配性不强。缺乏知名度广泛、市场占有率高的品牌。同时，受长三角中心城市虹吸效应，消费外流明显。

（二）知名商圈载体不多，缺少承载力

北京有 SKP 商场、上海有国金中心等百亿级营收的“巨无霸”商业体，重庆解放碑、成都春熙路均是引领消费潮流、提升消费体验、激发消费潜力的“网红”商圈。相比而言，我省消费型产业发展不充分，龙头企业规模小，高能级平台缺乏。各市普遍缺乏知名消费集聚区，商业网点设施供应结构也不够平衡。

（三）开放发展程度不足，缺少吸引力

我省开放型经济发展水平偏低，经济外向度只有 14%，分别比沪苏浙低 76、29.3 和 38.3 个百分点，街头很少见到外国人。特别是会展业发展不足，缺乏国际化的会议、展览、赛事，对消费的拉动作用不明显。内外贸一体化发展水平较低，进口商品消费外溢严重，目前还没有一家商贸业免税店。

（四）商务服务配套不优，缺少软实力

新能源汽车充换电设施、智能零售终端、冷链物流、无接触配送等消费基础设施相对薄弱，有的还在起步阶段，市场监管力度需要进一步加大。2020 年全国消费者满意度调查显示，杭州、南京、上海测评得分居全国第 1、2、6 位，合肥为第 95 位。

（五）居民收入水平偏低，缺少购买力

从收入水平来看，2020 年我省城乡居民收入分别相当于上海的 51.6%、47.6%，浙江的 62.9%、52.1%，江苏的 74.3%、68.7%，全国的 90%、97%。从支出结构来看，我省居民食品等生存资料消费支出占比约 44.6%，相较于全国的 40.4% 明显偏高；同时，医疗、住房、教育等刚性支出对消费的挤出效应明显，整体消费能力偏弱。

当前，我省经济呈现稳中向好态势，“一圈五区”高质量发展动力系统加快打造，城镇化发展质量全面提升，有利于在更大范围、更高层次上集聚配置资源要素，为培育建设消费中心城市提供重要机遇。一是加强国内市场建设，消费需求有望进一步激发。国家加快构建新发展格局，坚定实施扩大内需战略，我省着力打造国内大循环的重要节点、国内国际双循环的战略链接，有效需求将不断扩大。二是区域发展战略叠加，消费空间有望进一步拓展。我省处于全国经济发展的战略要冲和国内几大经济板块的对接地带，是“一带一路”重要枢纽、长江经济带的重要战略节点、长三角一体化发展的重要组成部分、中部地区崛起的重要成员，随着重大战略叠加效应的集中释放，对外开放和区域合作位势将大幅度提升。三是左右逢源优势凸显，消费枢纽有望进一步加强。我省承东启西、连南接北，高铁高速“连线成网”，航空航运“一干多支”，水道航道“通江达海”，随着现代流通体系持续完善，将成为消费集聚的巨大引力场。四是新兴产业加速发展，消费供给能力有望进一步增强。我省制造特色鲜明，以新型显示、新能源汽车等先进制造业为标识的现代产业体系加速构建，随着二产“提质扩量增效”行动计划深入实施，更多高端化、智能化、绿色化创新消费产品将不断涌现。五是“四化同步”向纵深推进，消费能级有望进一步提高。“四化”之间的关联互动，能够有效拓展和改善消费环境，增加投资、就业机会，进而促进消费。特别是皖北地区人口众多、消费潜力巨大，“四化同步”将加快提升皖北地区整体经济发展能级，全面拓展消费需求。

三、我省培育建设消费中心城市的目标和定位

省委十一届二次全会指出，支持合肥创建国际消费中心城市、有条件的地方建设区域性消费中心。针对各市区位交通、市场腹地、要素禀赋、生态环境等优势，坚持着眼全省，科学确定发展定位，加快打造多层次消费中心城市矩阵，把全省的消费潜力激发出来，为服务和融入新发展格局提供坚实的内需基础。

（一）支持合肥申建国际消费中心城市

结合把巢湖打造成合肥最好名片，支持合肥建设长三角世界级城市群副中心，争创国家中心城市，打造全球商贸休闲中心、国际会展中心、知名体育旅游目的地，全面提升国际知名度和影响力，显著增强消费辐射带动能力。

（二）打造一批区域性消费中心城市

支持芜湖建设省域副中心城市，加快建设长三角中心区有特色有魅力的消费

名城。支持阜阳依托国家物流枢纽承载城市建设，打造覆盖城乡、辐射中原城市群的区域消费中心城市。支持蚌埠推进品牌快递区域总部集聚中心和电商物流基地建设，打造成为淮河生态经济带和皖北地区消费枢纽。支持安庆朝着联动长三角与中部地区的区域重点城市发展，打造省内一流、辐射皖鄂赣的区域消费中心城市。

（三）强化毗邻地区消费中心发展

支持滁州深度融入“大江北”，发挥智能家电等制造优势，建设长三角优质消费品供给基地。支持马鞍山对标“杭嘉湖”和苏南，建设文化旅游、运动休闲、健康养老服务发展高地，加快打造长三角“白菜心”。支持宣城把握苏皖合作示范区建设机遇，积极融入宁杭生态经济带，建设长三角文化旅游休闲康养基地。此外，支持宿松、临泉、叶集等省际毗邻地区县（市、区）提升消费供给承载力，打造小尺度消费中心。

（四）鼓励其他城市发展特色化消费中心

支持黄山、池州依托山水生态资源和徽州文化，建设生态型、国际化、世界级休闲度假旅游目的地。支持亳州依托中医药产业和老子文化开拓国际市场，发展打造养生文化旅游目的地。支持铜陵依托老工业基地建设，打造具有鲜明铜特色的文化旅游城市。支持六安利用丰富的森林资源和红色文化资源，建设康养基地和红色旅游基地。支持宿州、淮南、淮北依托现代物流基地、长三角绿色农产品生产加工供应基地建设，打造重要的消费节点城市。

四、我省培育建设消费中心城市的路径和打法

（一）打造多元化消费空间载体

打造地标性商圈。积极推进核心商圈改造提升，依托合肥骆岗中央公园等建设一批新型城市消费地标，拓展365天×24小时×360行多业态、多形态、多时空立体的消费供给，积极招引布局名品名店网红店，努力打造具有全国影响力的标志性商圈。建设特色商业街区。推广合肥罍街模式，引导各地推动产业街区主题化、特色化发展，围绕教育培训、儿童娱乐、健康休养等主题，分类打造主题商业街，形成一街一特色的错位发展格局。培育消费小镇。鼓励各地探索“消费+小镇”发展新模式，整合特色产业，加强与线上消费、体验消费、文旅消费等

跨界融合，建设一批集休闲、娱乐、购物、旅游、康养等于一体的消费型小镇，打造新的消费增长极。

（二）鼓励多业态消费模式创新

突出数字化赋能。引导消费与数字技术深度融合，创新开展云逛街、云购物、云体验等，促进体验经济、创意经济、平台经济、宅经济等有序发展，遴选打造一批数字化步行街。突出新零售转型。依托自贸试验区建设，引进国际优质资源，做大做强“首店经济”“首发经济”“潮店经济”。鼓励各地加强与电商平台合作，开设网上店铺、代销点，拓展乡村物流布点，大力发展社区电商、生鲜电商、跨境电商等新零售。突出徽文化文创。着力打造既有“国际范儿”又有“安徽味儿”的消费场景，大力开发安徽“老字号”商业资源，促进老字号品牌做好跨界带动、联名提升。鼓励各地突出本地文化特质、讲好当地故事、形成特色文化标签，把徽风皖韵的安徽建成近悦远来的消费目的地。

（三）推动多维度消费环境优化

实施“四大工程”提升城市功能品质。结合城市更新，实施城市道路畅通、特色片区打造、科教文卫提升、生态文明提质工程，提高消费出行便利化，提升城市宜居宜业属性，构建人与自然和谐共生的城市生态系统，进一步提升城市魅力水平，集聚消费人群。坚持“双管齐下”完善消费基础设施。一方面，大力推进传统消费基础设施完善升级，优化便利店、农贸市场布局，推进生活服务集聚化、便利化；另一方面，加快5G、充换电服务站等布局建设，规划一批数字消费服务平台和综合体验场所，建设一批综合物流园区、冷链物流骨干基地、公共配送中心、末端配送网点。实施“快到皖里来”系列促消费行动，打造“皖美消费”品牌形象。联动开展“满意消费长三角　放心消费在安徽”创建活动，建立健全产品和服务消费后评价体系，严厉打击各类侵害消费者合法权益行为，提升消费购物体验。

（四）夯实多方位消费支撑体系

深化供给侧改革，以产业升级引领新需求。实施十大新兴产业高质量发展行动，鼓励企业紧跟市场动态，打造更多“爆款”“网红”产品，不断提升有效供给和高端供给能力。实施好三产“锻长补短”行动计划，推动托育、家政、康养、文旅等领域培育更多精品企业，推出更多优质服务产品。聚焦橄榄型结构，努力扩大中等收入群体。实施中等收入群体倍增工程，研究制定促进共同富裕行动纲要实施意见，持续完善税收、住房、社保等配套支持体系，减轻中等收入群体生活成本，加快形成“中等收入—中高端消费—中高端供给”的经济循环。

突出国际化导向，全面提升展览展会影响。持续增强世界制造业大会等展会的吸引力和国际影响力。围绕长三角一体化、“一带一路”建设等主题，策划培育更多特色鲜明的展览展会、高端论坛活动，积极探索展会新模式，线上线下联动打造“365 天不落幕”的特色化城市展会名片。

指　导：胡再生
审　稿：樊明怀　张　云
执　笔：胡　明　朱一凡　左啸飞
江　鑫

我省推进碳达峰、碳中和需应对的风险挑战及对策建议

实现碳达峰、碳中和（简称“双碳”）目标需要对现行社会经济体系进行一场广泛而深刻的系统性变革。我省正处于转型升级、加快打造具有重要影响力的“三地一区”的关键时期，若在推进“双碳”过程中不能有效处理好发展和减排、整体和局部、短期和中长期、投入与效益等关系，可能对我省经济社会发展产生不利的影响，需谨慎分析面临的风险与挑战，坚持先立后破，科学预判，采取有效措施积极应对，促进经济社会向更可持续、更有韧性、更加和谐的方向发展。

一、我省实现“双碳”目标面临的风险和挑战

根据资源禀赋和发展阶段，我省在推进“双碳”的过程中面临巨大压力和挑战，倘若不顾客观条件、超越发展阶段，采取激进减碳措施，可能会出现若干风险。

（一）实现“双碳”时间紧、任务重，面临经济增速减缓风险

“十三五”期间，我省经济年均增长7.3%，高于全国1.6个百分点，但与苏浙相比总量差距还比较大，2020年我省GDP仅相当于江苏的37.7%，浙江的59.9%。建设现代化美好安徽，最紧迫的任务就是做到经济强，这就需要保持一定的经济增长速度。按照到2035年我省人均GDP达到中等发达国家水平（2万美元左右）推算，未来15年我省人均GDP需年均增长5.6%以上，GDP需年均增长6.2%以上。当前我省人均GDP还低于1万美元，尚未实现经济增长与碳排放“脱钩”，在经济结构、技术条件没有明显改善的情况下，盲目加大碳减排力度，短期内会削弱产业竞争力，进而压缩经济增长空间，导致经济增速减缓。

（二）能源结构偏煤，能源需求刚性增长，面临能源供应安全风险

“双碳”的深层次问题是能源问题，非化石能源替代化石能源是实现“双碳”目标的主导方向。我省虽然是传统观念中的“能源大省”，但仅煤炭资源相

对丰富，风能、太阳能资源条件一般，缺乏建设沿海核电、海上风电、沿海 LNG 接收站等资源条件，制约了非化石能源消费规模扩大，2020 年我省非化石能源消费占比为 9.7%，比全国低 6.2 个百分点。“十四五”“十五五”时期是我省深入实施长三角一体化国家战略、缩小与沪苏浙差距的重要机遇期，随着新型城镇化进程的推进和居民生活水平的提高，能源需求仍将保持刚性增长，2010—2020 年我省用电量增速位列全国第 4 位，国家能源局已将我省定为未来三年电力供需形势最为紧张的区域之一。

（三）产业结构偏重，低碳技术水平不高，面临成本价格上涨风险

2020 年，我省第二产业占地区生产总值的比重超过 40%，其能源利用效率总体偏低，六大高耗能行业增加值占规上工业比重为 31.1%，能耗占比却高达 88.7%，调整产业结构、推进节能降碳任务艰巨。我省低碳零碳负碳技术创新能力不足，新能源、可再生能源利用技术仍需提升，传统产业低碳转型技术储备不足，碳捕集、利用和封存等深度脱碳和负排放技术研发力度不够，技术赋能产业升级和新经济发展潜力有待进一步释放。在现有技术条件下，为大力发展新能源，我省必须加强长距离特高压输电通道建设，改造已有电网，建立以新能源为主体的新型电力系统，整个电力系统成本随之增加，最终将由终端用户埋单。同时，为推进高耗能行业低碳转型，碳减排技术应用会导致高耗能行业生产成本的上升。据测算，当前利用 CCUS 实现零排放，水泥成本将增加 156%，火电行业安装碳捕集将导致成本增加 0.26 ~ 0.4 元/kWh。我省水泥、火电企业较多，大规模推广 CCUS 应用成本十分高昂。

（四）降碳脱碳资金需求缺口较大，面临金融系统稳定风险

为实现降碳脱碳，在清洁能源、绿色制造、低碳交通、绿色建筑、低碳技术研发应用推广等领域，有着大量的资金需求。经测算，2021—2030 年我省实现碳达峰目标至少需要新增投资规模近万亿元，年均近千亿元。但当前的资金供给严重不足，政府资金只能覆盖很小一部分，缺口要靠市场资金弥补。在更加严格的碳排放约束下，高碳企业利润水平在一定时期内会有所下降，造成企业偿债能力下降，导致金融机构信用风险增加。以煤电为例，目前我省煤电机组平均在役年限约为 13 年，一般情况下煤电机组平均服役年限在 40 年左右，要在 2030 年前实现碳达峰，可能会有未达到退役年限的煤电资产提前“搁浅”。另外，在

“双碳”战略背景下，金融机构逐步转向绿色金融，高碳企业融资成本上升，可能形成行业内企业关停、产品价格上涨、投资效益减少、员工失业等一系列连锁反应，相关风险溢价传导至金融市场后，可能会带来更大的系统性风险。

二、我省应对“双碳”风险挑战的几点建议

实现“双碳”是一场硬仗，也是一场大考，面对资源消耗多、产业结构重、技术水平低、资金缺口大等高质量发展“困局”，我省必须增强忧患意识，坚持问题导向和目标导向，结合实际有序推动“双碳”工作，加快打造具有重要影响力的经济社会发展全面绿色转型区。

（一）强化风险管理底线意识，统筹有序做好顶层设计

在推进“双碳”目标过程中要统筹发展与安全，强化风险管理底线意识，将防范化解风险内嵌于“双碳”战略框架和政策组合之中，从源头上降低发展方式绿色转型成本，尽力在达成“双碳”目标的同时实现利益最大化、风险最小化。加强对“双碳”政策体系的“成本—收益”定量分析，对不同层级、不同部门出台的政策，要在综合成本评估和风险评估的基础上进行统筹整合，尽可能避免政策叠加带来排放主体负担加重、推高企业成本费用、增大经济风险。对标国家要求，加快构建安徽版“1+N”碳达峰、碳中和政策体系，提出重点部门、重点行业、重点区域达峰目标及重点任务，明确任务分工。按照全省“一盘棋”的原则，部署市级碳达峰行动，推动各市梯次有序实现碳达峰。

（二）守牢能源安全底线，推动能源清洁绿色低碳转型

立足以煤为主的基本省情，继续发挥煤炭“压舱石”作用，加强燃煤清洁高效开发利用，严控新增煤电项目，推动煤电从主体电源向基础保障性和系统调节性电源并重转型。推动整县（市、区）屋顶分布式光伏发电，有序建设皖北平原、皖西南地区集中连片风电场，推动生物质能多元化利用，探索低碳、低成本制氢实现路径，加快发展光伏、风电、生物质能、氢能等可再生能源。争取清洁电力入皖，完善长三角特高压交流环网和加强省际联络线，提升省间输电通道利用效率，打造长三角特高压电力枢纽。加快坚强智能电网建设，推动合肥等重点城市建成坚强局部电网，推进电力源网荷储一体化和多能互补发展，加快构建以新能源为主体的新型电力系统。

（三）坚持绿色低碳导向，推动产业高质量协同发展

稳妥推进钢铁、建材、石化化工、有色金属等高耗能行业碳达峰。坚决遏制“两高”项目盲目发展，依法依规淘汰落后产能和过剩产能。推动重点行业和重点领域绿色化改造，发展绿色供应链，构建绿色制造体系。加快发展新一代信息技术等十大新兴产业，前瞻布局量子科技、生物制造、先进核能等未来产业。深入实施科技强农、机械强农行动，加快绿色高效农机推广应用，研发增汇型农业技术，促进农业固碳增效，大力发展生态循环农业，加快建设长三角绿色农产品生产加工供应基地。推动软件和信息服务、科技服务、现代物流等生产性服务业向专业化和价值链高端延伸，推动物流降本增效，培育一批绿色流通主体，提升服务业绿色发展水平。

（四）突出科技创新核心地位，加快资源依赖向技术依赖转变

实施“碳达峰碳中和”专项，瞄准世界先进水平，综合采用揭榜挂帅、定向委托、竞争赛马等方式，围绕低碳、零碳、负碳领域开展关键和共性技术长期攻关，抢占碳达峰碳中和技术制高点。发挥好合肥综合性国家科学中心能源研究院等重大平台作用，争创一批节能降碳和新能源技术产品研发国家技术创新中心、国家重点实验室、重大科技创新平台。充分发挥安徽创新馆作用，打造绿色低碳科技创新成果转化交易平台。强化技术产业协同发展，培育一批绿色低碳领域“单项冠军”“专精特新”企业，加快建立企业为主体的绿色低碳技术产学研政科技成果转化体系，共同建设长三角科技大市场。

（五）发挥资本市场作用，加大绿色金融助力“双碳”力度

建立健全绿色项目库，为碳减排工具提供支撑，引导资金要素向低碳、环保、节能、降耗等领域聚集。循序渐进完成高碳行业退出，实现资产结构优化和绿色发展的转型。研究建立碳定价机制，积极推进碳排放权交易，健全企业碳排放报告和信息披露制度。研究设立安徽省“双碳”发展基金，鼓励有条件的地方政府和社会资本共同发起区域性“双碳”发展基金。积极发展能效信贷、绿色债券和绿色资产证券化，开展环境权益抵质押融资，探索碳金融、环境污染责任保险、绿色建筑保险和转型融资等创新型产品，发展绿色供应链融资。

指　导：蒋旭东

执　笔：汤丽洁　杨　庆